从开放大市走向开放强市

——青岛开放型经济发展转型升级研究

周升起　兰珍先　郑玉琳　徐永辉 等 著

2014 年度青岛市社会科学规划项目
（批准号：QDSKL1401023）最终研究成果

科 学 出 版 社
北　京

内 容 简 介

本书以青岛市为研究对象，在系统梳理国内外相关文献研究结论，全面回顾青岛开放型经济发展历程，以及对青岛市经济发展和社会进步的贡献的基础上，分析青岛从开放大市走向开放强市所面临的国内外环境。从理论上阐述走向开放强市过程中，青岛开放型经济转型升级的目标、必要条件及可能的选择路径。通过建立开放型经济转型升级评价指标体系和评价模型，对2011～2015年青岛开放型经济转型升级效果进行定量评价，并实证检验影响转型升级的主要因素。最后，提出青岛市实现开放强市目标，向更高层次开放型经济转型升级应采取的战略与对策。

本书适合高等院校和科研机构理论与政策研究人员，政府开放型经济相关管理部门公务人员，国际化经营企业的中高层管理人员，以及高校世界经济、国际贸易专业本科、硕士和博士研究生参考阅读。

图书在版编目(CIP)数据

从开放大市走向开放强市：青岛开放型经济发展转型升级研究 / 周升起等著. —北京：科学出版社，2016.9

ISBN 978-7-03-049888-5

Ⅰ. ①从… Ⅱ. ①周 … Ⅲ. ①开放经济-区域经济发展-研究-青岛 Ⅳ. ①F127.523

中国版本图书馆CIP数据核字(2016)第217454号

责任编辑：魏如萍 / 责任校对：彭珍珍

责任印制：徐晓晨 / 封面设计：蓝正设计

科学出版社 出版

北京东黄城根北街16号

邮政编码：100717

http://www.sciencep.com

北京教图印刷有限公司 印刷

科学出版社发行 各地新华书店经销

*

2016年9月第 一 版 开本：B5（720×1000）

2016年9月第一次印刷 印张：13

字数：250 000

定价：72.00元

(如有印装质量问题，我社负责调换)

前　言

改革开放以来，尤其是1984年被国务院列为“沿海开放城市”、1986年被列为“计划单列市”、1994年被列为“副省级城市”以来，青岛市充分发挥其优越的地理区位、港口运输和产业比较优势，以及国家赋予的对外开放政策优势，大力实施开放型经济发展战略，在对外贸易、利用外资、对外工程承包和境外直接投资等开放型经济领域，均取得巨大成就，对青岛市经济发展和社会进步做出了卓越贡献。无论与同类型的副省级城市和计划单列市相比，还是与多个省（自治区、直辖市）比较，就开放型经济规模及占经济总量（GDP[①]）比重而言，青岛已发展成为名副其实的开放型经济大市。

然而，在全球经济仍未走出2008年国际金融危机阴影，世界经济增长乏力、国际投资大幅波动、世界市场需求疲软，以及国内经济发展进入增速“换挡”、结构调整、“动能”转换的“新常态”背景下，青岛开放型经济发展也进入“爬坡过坎”的艰难期。世界经济、贸易和投资快速增长时期所“掩盖”的开放型经济结构不合理、不均衡，规模大、效益低，国际分工地位低、市场影响力弱，传统竞争优势弱化、新竞争优势缺失，创新发展能力不强等矛盾和问题，陆续显现和“爆发”。这一方面说明，青岛市过去依托传统比较优势，以追求数量、规模和增速为目标的“要素驱动型”开放型经济发展方式已难以为继；另一方面也反映出，青岛市虽然已成长为开放大市，但还不是开放强市。而要从开放大市走向开放强市，必须发现和培育新的竞争优势，由要素驱动向创新驱动发展方式转变，实现开放型经济发展方式的转型升级。

为此，本书综合运用系统归纳、统计比较、定性定量描述、逻辑推理、层次分析、战略分析、实证研究和规范研究等方法与工具，在系统梳理国内外相关文献研究结论，全面回顾青岛开放型经济发展阶段及其特征、开放型经济对青岛市经济社会发展贡献及从沿海开放城市到开放大市发展历程基础上，从所面临的国内外环境阐述青岛走向开放强市，必须实现开放型经济转型升级的迫切性，以及开放型经济转型升级的目标、条件及路径。通过尝试建立开放型经济发展转型升级评价指标体系和评价模型，对2011年以来，青岛开放型经济转

---

① GDP：gross domestic product，国内生产总值。

型升级效果进行定量考察，并实证检验影响转型升级发展进程的主要因素。在此基础上，提出青岛市走向开放强市，向更高层次开放型经济转型升级应实施的战略、应采取的对策及保障机制。

期望本书研究成果，尤其是对开放型经济转型目标、条件与路径的理论阐述，所建立的开放型经济发展转型升级评价指标体系和评价模型，以及走向开放强市，向更高层次开放型经济转型升级应采取的战略及对策，能对其他学者开展更深入研究，以及对国内其他开放大市探索走向开放强市的新战略、新路径和新对策，起到一定的借鉴和启示作用。

本书研究成果是团队努力的结果。青岛大学图书馆、商学院和经济学院的多位教师与研究生参与了本书的写作。周升起承担第二章、第三章和第八章的撰写；兰珍先承担国内外文献的检索、综述及第一章的撰写；郑玉琳承担第四章的撰写；徐永辉承担第五章的撰写；李青鹤承担第六章的撰写；张然承担第七章的撰写；李春承担相关统计数据的收集和处理工作。全书由周升起负责统稿和语言风格的统一。

本书是 2014 年度青岛市社会科学规划项目（批准号：QDSKL1401023）最终研究成果。特别感谢青岛市社会科学基金对本书出版的资助。

受可获得文献资料、统计数据和研究能力所限，本书内容所阐述观点及研究结论尚有待做进一步讨论和论证，敬请业界同行和专家、学者斧正。

作　者

2016 年 6 月

目　　录

第一章　绪论 ………………………………………………………… 1

第一节　研究背景及意义 …………………………………………… 1

第二节　国内外研究动态 …………………………………………… 2

一、开放型经济发展方式转型升级相关研究 …………………… 2

二、开放强国相关研究 ………………………………………… 7

第三节　研究思路与研究特点 …………………………………… 13

一、研究思路 …………………………………………………… 13

二、研究特点 …………………………………………………… 14

第二章　从封闭发展走向开放发展——青岛开放型经济发展历程 ……… 17

第一节　起步探索阶段（1981～1992 年） ………………………… 17

一、货物贸易 …………………………………………………… 18

二、旅游服务贸易 ……………………………………………… 21

三、利用 FDI …………………………………………………… 22

四、国际经济合作 ……………………………………………… 24

第二节　快速推进阶段（1993～2001 年） ………………………… 26

一、货物贸易 …………………………………………………… 27

二、旅游服务贸易 ……………………………………………… 30

三、利用 FDI …………………………………………………… 31

四、国际经济合作 ……………………………………………… 35

第三节　全面发展阶段（2002～2010 年） ………………………… 37

一、货物贸易 …………………………………………………… 37

二、服务贸易 …………………………………………………… 43

三、利用 FDI …………………………………………………… 46

四、国际经济合作 ……………………………………………… 49

第四节　转型升级阶段（2011 年至今）…………………………53
一、货物贸易…………………………55
二、服务贸易…………………………60
三、利用 FDI…………………………63
四、国际经济合作…………………………66
第三章　从沿海开放城市到对外开放大市——青岛开放型经济发展贡献……72
第一节　开放型经济大市的形成…………………………72
第二节　开放型经济发展贡献…………………………78
一、对外贸易贡献…………………………78
二、FDI 贡献…………………………94
三、国际经济合作贡献…………………………98
第四章　从开放大市走向开放强市面临的国内外环境——青岛开放型经济转型升级的迫切性…………………………110
第一节　国际环境…………………………110
一、世界经济增长放缓，各国增速趋于分化…………………………110
二、国际贸易增速下滑，结构性差异显现…………………………114
三、国际直接投资大幅波动，投资市场此消彼长…………………………116
第二节　国内环境…………………………119
一、经济转入中高速增长，质量不断提高…………………………119
二、对外贸易增速放缓，结构不断改善…………………………121
三、“引进来”步伐减慢，“走出去”步伐加快…………………………126
第五章　从开放大市走向开放强市的路径选择——青岛开放型经济转型升级目标与路径…………………………132
第一节　转型升级目标…………………………132
第二节　转型升级条件…………………………134
一、持续优化升级的产业基础…………………………134
二、适应高层次开放型经济的管理体制与机制…………………………135
三、适应复杂多变国际市场的企业决策与行为能力…………………………136
四、不断提高的人力资本水平…………………………137

五、日益便利的国际营商环境……138
六、不断增强的国际市场需求创新能力……141
第三节　转型升级路径……143
一、大力发展服务贸易……145
二、积极扩大货物进口……146
三、努力提高机电和高新技术产品出口比重……147
四、大力开拓发展中经济体市场……148
五、着力提升利用外资水平……149
六、加快境外直接投资步伐……150
第六章　开放强市进程评价及影响要素分析——青岛开放型经济转型升级评价……153
第一节　开放型经济转型升级评价指标体系……153
一、评价指标体系构建思路……153
二、评价指标选取……154
三、评价指标体系构成……155
第二节　开放型经济转型升级评价模型……157
一、评价模型建立……157
二、指标权重确定……158
三、评价时间区间及指标数据来源……160
第三节　开放型经济转型升级效果评价……161
一、整体转型升级效果评价……161
二、"转型"效果评价……162
三、"升级"效果评价……164
第四节　开放型经济转型升级影响因素实证检验……166
一、影响要素选择与数据来源……166
二、模型建立及实证检验……168
三、实证结果分析……169
第七章　走向开放强市的战略及对策——青岛开放型经济转型升级战略……171
第一节　开放型经济转型升级战略内容……171

一、战略定位 …… 171
二、战略内涵 …… 172
三、战略目标 …… 172
第二节 开放型经济转型升级战略实施对策 …… 174
一、加快供给侧结构性改革，为转型升级奠定坚实的产业基础 …… 174
二、通过制度体制机制创新，建立开放型经济新型管理体制 …… 175
三、通过提高企业行为能力，创造和引领国际市场需求 …… 176
四、通过引入高端国内外教育资源，提升人力资本水平增强创新能力 …… 177
五、通过提升贸易投资便利化水平，大幅改善营商环境 …… 178
六、利用互联网大数据技术，精准定位和开拓新市场 …… 182
七、借力“自贸区”和“一带一路”战略，加快市场多元化进程 …… 183
八、通过创新利用 FDI 方式，加快提升利用外资质量、水平和结构 …… 184
九、通过完善服务体系，加速提高 ODI 对开放型经济转型升级的促动作用 …… 185
第三节 开放型经济转型升级战略保障机制 …… 186
一、建立基于开放型经济转型升级效果评价体系的行政绩效考核机制 …… 186
二、强化开放型经济转型升级发展政策实施效果评价机制 …… 187
三、健全开放型经济转型升级数据信息统计与发布机制 …… 187
四、完善国际化经营企业公共服务和风险保障机制 …… 188
第八章 研究结论 …… 189
参考文献 …… 192

第一章 绪 论

第一节 研究背景及意义

改革开放以来，由于其特有的区位、产业和口岸优势，较早实施对外开放政策的 14 个沿海开放城市在我国开放型经济发展中，发挥了重要的引领和示范作用，在各自所在区域（省份）的进出口贸易、利用外资、对外投资和国际工程承包劳务合作等开放型经济的各个领域均占有较大比重，居于区域开放的“龙头”地位，成为所在区域乃至全国对外贸易、利用外资“大市”。因此，这些城市如能继续发挥其在“更高层次开放型经济”发展中的引领作用，通过培育竞争新优势、构建开放新机制和探索转型升级新模式，率先实现开放型经济发展方式的转型升级，实现从开放大市向开放强市的跨越，无疑对推进全国开放型经济转型升级，加快从经济大国走向经济强国，具有重要的示范效应。

无论从山东省来看，还是从全国同类城市比较而言，青岛市目前都可被称为开放大市。2015 年青岛市货物贸易、服务贸易、利用外资、境外投资和国际工程与劳务合作规模，均位居山东省首位，占全省的比重分别达到 29.0%、37.3%、41.0%、22.7%和 35.8%。在全国 15 个副省级城市中，2015 年青岛进出口贸易、利用外资、境外投资和国际工程与劳务合作完成额，也分列第 5、第 4、第 5 和第 2 位。很显然，青岛已成为名副其实的开放型经济大市。

然而，同我国其他对外开放大市一样，“大而不强”也是制约青岛市迈向国际化城市的最主要障碍。青岛市向更高层次开放型经济发展过程中，仍存在着结构不合理、不均衡，规模大、效益低，国际分工地位低、市场影响力弱，传统竞争优势弱化、新竞争优势不明显等突出矛盾和问题。为此，如何通过培育竞争新优势、构建开放新机制和创新开放模式，实现开放型经济发展方式的转型升级，来推进青岛市从开放大市向开放强市跨越，无疑也对青岛市实现经济发展“转方式、调结构”目标具有重要的战略意义。

本书将在对青岛开放型经济发展历程、演变特点、存在问题做出回顾总结，和对青岛开放型经济转型升级迫切性开展分析的基础上，就青岛开放型经济发展方式转型升级目标、必要条件和路径选择进行深入探讨。尝试建立开放型经济发展方式转型升级评价指标体系和评价模型，并对2011年以来青岛开放型经济发展方式是否在不断转型升级，以及转型升级效果如何做出定量评价。同时，对影响青岛开放型经济发展转型升级的主要因素，通过构建计量模型进行实证检验。在上述分析的基础上，提出青岛市由开放大市走向开放强市，实现开放型经济转型升级目标应采取的战略与对策。

本书通过研究针对青岛市提出的开放型经济发展方式转型升级目标、约束条件和路径选择所构建的开放型经济转型升级评价指标体系与评价模型，以及开放型经济转型升级战略与对策，对处于开放型经济前沿的我国其他同类城市从开放大市走向开放强市，实现更高层次开放型经济发展目标，无论在理念、观点和方法上，都具有显著的研究启示、理论推广和借鉴价值。

第二节 国内外研究动态

一、开放型经济发展方式转型升级相关研究

自20世纪90年代初我国提出开放型经济发展思想，并从加入世界贸易组织（World Trade Organization，WTO）起开始实施“开放型经济”发展战略以来，发展开放型经济以及不断提升开放型经济水平，就成为对外开放实践和学术研究的热点之一（薛荣久，2007；裴长洪，2008；王子先，2008；蔡爱军等，2011）。2008年国际金融危机爆发给中国开放型经济带来的严重负面影响，以及由此暴露出的中国开放型经济发展中存在的各种问题，进一步引发学术界对“建立开放型经济新体系、新体制”的思考和对“全面提升开放型经济水平”“转变开放型经济发展方式”的探索（张松涛，2008；刘勇，2009；洪银兴，2010；唐海燕，2011；张二震等，2012；陈德铭，2012；高虎城，2013；夏先良，2013）。

（一）国外相关研究

文献检索发现，与开放型经济发展方式转型有关的绝大多数研究成果来自国内，国外对此研究得不多。Palleye（2006）认为，中国经济发展面临外部约束和失衡，应促进现有出口导向的经济发展模式向内需驱动的发展模式转变。Motohashi等（2007）强调，加快开放型经济转型升级，中国应改革创新制度，强化科技对产业的支撑。Lanchard（2009）则提出减少国内储蓄、增加内需和减少外需“三管齐下”的开放型经济发展转型策略。Brandt等（2010）的实证研究表明，加入WTO以来，中国的产业升级表现出显著的“国内驱动”特征，

因此，实现开放型经济的转型升级，中国应进一步激发国内企业的竞争活力。Amighinia 等（2014）的实证研究发现，“南南国家”（发展中国家）之间的外国直接投资（foreign direct investment，FDI）合作，有助于提升农业和纺织业等关键低技术产业的产品多样化，而来自发展中国家的进口有助于扩大制成品出口品种、提高出口质量，从而加快贸易结构优化升级。

（二）国内相关研究

国内研究主要集中在以下几个方面。

1. 国外开放型经济发展方式转型经验研究

周肇光等（2006）的研究发现，发挥政府主导作用，实施出口导向发展战略，增强政府公共该服务效率，充分利用经济杠杆调控市场，完善市场竞争机制，强化金融风险管理，重视传统文化与现代化的结合，以及积极寻求国际经济合作等，在韩国开放型经济发展转型中发挥了至关重要的作用。邵志勤（2009）在研究日本和亚洲“四小龙”开放型经济发展模式演变后认为，持续的经济制度改革和调整，强化区域内分工和贸易，大力发展知识型产业，通过科技创新提升本国企业在全球价值链分工地位等，是日本和亚洲“四小龙”开放型经济发展不断转型升级的关键。广东省外事调研小组(2010)的研究认为，充分发挥政府在区域协调中的作用，不断培育新的经济增长点，努力缩小地区间的贫富差距，重视培养高素质、实用型人才，大力培育本土跨国公司等，是日韩实现开放型经济转型升级的成功经验做法。沈铭辉（2014）的研究结果表明，利用外资和外部市场，是亚洲经济体开放型经济增长共性经验和增长路径。

2. 创新开放模式、建立开放型经济新体系研究

许佩倩（2010）认为，推进开放型经济转型升级必须突破对旧体制的“路径依赖”，强化市场对资源配置的基础性作用，让企业真正成为对外开放的主体，强化规则的规范性和稳定性，增强体制机制的透明性和预期性，鼓励探索开放型经济的多样化模式，努力增强开放型经济的支撑基础。程恩富等（2011）的研究认为，应建立“新开放策论”，在巩固和完善自力（更生）主导型多方位开放体系的基础上，更加注重经济开放中的自主发展、高端竞争、经济安全、国家权益和民生实惠，以促进经济大国向经济强国的根本转变。李恒（2011）认为，内陆省份的开放型经济发展模式，不应再采取东部地区的加工贸易出口带动型模式，而应该是强调生产要素流入型的资源要素整合型模式。张莉（2012）针对中国外贸发展方式转型升级，提出应构建基于发挥比较优势和培育竞争新

优势理论、协调增长与创新增长理论和转型升级理论的新的外贸发展理论体系。黎峰（2012）认为，开放型经济的转型升级，不仅是调结构的问题，重点是发展模式的转型，应积极培育购买力优势，增强我国要素集聚能力、要素购买能力及要素创新能力。陈飞翔（2013）则认为，实现开放型经济的转型升级，应创新对外开放模式，转换开放模式的战略导向，大力培育中国本土跨国公司，夯实参与未来新型国际竞争的微观基础，立足培育自主创新能力、优化开放流程，形成对外开放的动态比较优势，优化区域经济一体化布局，努力形成扩大开放的有利外部环境，加快人民币国际化进程，为全方位提升对外开放水平创造条件。殷阿娜等（2014）在对我国开放型经济进行定量绩效评估后，提出了中国开放型经济转型升级的路径，商品贸易出口由低附加值的数量发展模式向高附加值的质量发展模式实现转型，贸易结构由商品贸易主导向服务贸易发展实现转型，利用外商投资由低效率的数量发展模式向高效率的质量发展模式实现转型，国外资本"引进来"发展战略向国内资本"走出去"集约型发展战略实现转型。

3. 开放型经济发展方式转型升级战略与对策研究

王子先（2008）认为，实现开放型经济专线升级目标，要坚持多边、双边、区域与主动开放相结合，进一步提高贸易投资自由化、便利化程度；坚持"引进来"与"走出去"相结合，进一步提高生产要素双向跨境流动的水平，创造参与国际合作与竞争的新优势；进一步深化金融体制改革，加快金融国际化进程；对外经济政策逐步中性化，公平公开、非歧视和国民待遇原则在双向投资和贸易领域得到更全面的贯彻；强化利率、汇率等价格信号在对外经济活动中的基础性作用，妥善处理内外均衡的关系，保证宏观经济稳定目标的实现。唐海燕（2010）认为，加快开放型经济转型升级，应以准确把握外部环境为前提，以推动国家整体经济发展为立足点，以人力资源建设为支撑，以技术创新为动力，以结构调整为载体，以战略性新兴产业为依托，以加快先进制造业与现代服务业发展为重点，以质量与效益为根本，以长三角经济区、京津冀经济圈、珠三角经济圈为基地，以完善体制机制为保证。李翀（2011）认为，要加快推进我国开放型经济发展方式的转变，就要构建和实施我国对外经济新的国家发展战略，包括以"超比较优势"为核心的梯形对外货物贸易发展战略、以比较优势变迁为背景的"雁型"（flying-geese paradigm）对外服务贸易发展战略、以超所有权优势为重点的多方位对外直接投资发展战略、以调整结构为主线的质量型引进外国直接投资发展战略、以渐进的人民币国际化为中心的对外金融发展战略、以防范风险为目标的宏观审慎金融监管体系，通过对外贸易、直接投资、对外金融发展战略的相互作用，通过对内和对外经济发展方式转变的相互影响，可以有效地促进我国经济持续发展。张二震等（2012）研究认为，充分利用国际国内两个市场、两种资源，不断提高开放型经济发展水平，抓住新一轮经济全球化发展所带来的重要机遇，应该成为我们发展开放型经济的基本战略。裴长洪（2013）则认为，实现开放型经济转型升级，应借鉴和引申供应经济学的理论，未来培育我国国际竞争的新优势，包括：培育人力资本新优势，提高企业技术创新能力和产品的研发能力，并积极参与国际标准的制定，采取精致化生产，通过管理创新提升产品质量和档次，培育新的商业模式，发展电子商务，打造新型的国际商务平台，企业“走出去”建立国际商务渠道，在产业转移中形成沿海与内地互连互补的专业分工关系。戴翔等（2015）进一步研究认为，随着中国经济增长进入“新常态”，开放型经济也进入转型发展新阶段。转型发展的新目标，是从开放型经济大国向强国升级，发展效益从粗放向精致升级，开放领域从窄向宽升级，分工地位从被整合向整合升级，以及话语权从被动到主动升级。实现转型目标升级的具体路径，是从依托传统优势到培育开放型经济竞争新优势、从“世界工厂”到“世界办公室”、从简单“引进来”到集聚全球先进创新要素、注重“引进来”和“走出去”相结合以及从被动接受到积极参与全球经济规则制定。要构筑全面对外开放新格局，实施“一带一路”和“自由贸易区”（以下简称“自贸区”）建设两大开放战略。

4. 中国区域开放型经济发展方式转型路径选择及对策研究

高晓梅（2006）在分析山东开放型经济面临的挑战后，提出“以人为本”的开放型经济转型升级思路，加快实施“走出去”战略，加快经济运行机制与国际接轨，提升国际物流效率，推动企业组织结构重整，加强跨国经营人才培养。郭占恒（2008）在概括浙江开放型经济发展出现的新趋势、新特点及面临严峻形势基础上，认为浙江实现开放型经济的转型升级，应树立互利共赢、双向互动、以质取胜、安全高效的开放新理念；实施自主创新，品牌、企业和产业国际化，内外市场统筹建设新战略；构筑全方位对外开放、进出口平衡发展、“引资”与“引智”并举、“引进来”与“走出去”相结合的开放新格局。梁丹（2009）在考察河南开放型经济所处阶段后认为：河南不能再沿袭沿海地区的开放型经济传统发展模式，河南应在开放型经济转型升级的体制创新上有所作为。王立杰（2011）在分析了北京开放型经济格局和特征后，提出北京开放型经济的转型升级方向，应是国际商贸中心，升级商贸发展方式，提升资源配置能力，促进高端要素聚集，提升贸易地位。张雨等（2012）在深入分析江苏开放型经济转型升级的必要性、面临机遇和现实条件后认为，坚持引进“外资”和“外智”并重，坚持调整出口结构和优化进口结构并重，坚持更高水平“引进来”和更大步伐“走出去”并重，坚持提升集约功能和创新功能并重，是实现江苏开放型经济转型的有效路径。张汉东等（2013）认为，浙江实现开放型转型升级，应增强企业技术创新、品牌培育、质量服务等内生动力，大力引进国际优质资本、先进技术、高端人才，增强企业跨国经营能力和水平，推进服务贸易从松散自发发展向全方位推进合力发展。姚宜（2013）研究认为：广东开放型经济，应朝着优化结构、拓展深度、提高效益方向转变，实现投资方式多元化、贸易形式多样化、内外贸市场一体化、发展动力机制现代化。刘惟蓝（2014）研究后认为，战略机遇期内涵和条件的重大变化以及“在现代化建设中继续走在前列”的历史使命要求东部地区开放型经济率先转型升级，东部地区开放型经济率先转型升级，必须率先实现开放型经济质量效益型增长，率先实现开放型经济结构优化升级，率先实现开放型经济创新驱动发展。中国浦东干部学院昆山分院课题组（2015）研究认为，江苏昆山适应和引领经济“新常态”，形成昆山开放型经济新的区位优势、新的产业优势、新的资源集聚优势、新的创新优势和新的制度优势，进行理念创新，推动“昆山之路”从头越；进行服务创新，打造“昆山服务”升级版；进行科技创新，进行引领“昆山智造”新发展；进行功能创新，开创“产城一体”新局面；进行管理创新，释放“负面清单”新红利；进行制度创新，探索“区镇联动”新机制。杜秀芝（2015）基于天津加快开放型经济转型升级的必要性、紧迫性及主攻方向，认为天津市政府在推动开放型经济转型升级上，应加强战略规划研究和转型升级进程监测，推动开放载体创新发展，强化政策引导支持，创新考核评价机制，营造市场化、国际化、法制化的营商环境。李广杰（2015）结合新常态下山东开放型经济转型升级面临的有利条件和制约因素，提出山东省应加快转变外贸发展方式，培育外贸发展新优势；进一步拓宽对外开放领域，着力加快服务业开放步伐；加快“走出去”步伐，提升对外投资规模和水平；以推进投资贸易便利化为核心，加快构建开放型经济新体制积极融入国家扩大开放战略布局，深度参与国际区域合作；加快开发区转型升级，提升对外开放载体功能；完善对外开放区域布局，提升全方位开放水平；与国际规则、国际惯例接轨，打造法治化国际化营商环境。

（三）国内外研究评述

综上可以看出，国内外尤其是国内针对我国开放型经济转型升级的研究，文献十分丰富，研究内容涵盖经验借鉴、模式创新、战略选择及政策措施等各个方面。这些文献的研究方法和研究结论，无疑为本书的研究奠定了良好的知识、理论和经验基础。但是，已有研究绝大部分是基于国家宏观层面展开，对区域开放型经济转型升级的研究文献，也都是聚焦于省级行政区域或地理上的跨省区域。以城市这一行政区域开放型经济如何实现转型升级为研究对象的国内外文献，尚未检索到，而针对青岛开放型经济发展方式转型升级的研究，除周升起（2009，2011a，2011b）、周升起等（2009，2011，2012，2013，2014）负责完成的多篇研究报告和相关论文外，检索后也尚未发现其他相关研究文献。

二、开放强国相关研究

自 21 世纪初，我国对外贸易和利用外资规模分别跃升至世界前十位，正式步入全球“贸易大国”和“利用外资大国”行列起，学术界就开始逐步关注和研究我国对外开放升级和深化，从开放大国如何走向开放强国问题。在 2009 年中国超越德国成为世界第一货物出口大国，2013 年中国超越美国成为世界第一货物贸易大国之后，学术界对从贸易大国走向贸易强国的研究进入新的高潮。综合归纳来看，已有研究大致可以分为三类。

（一）对开放强国衡量标准和评价指标的研究

何新华等（2000）认为“对外经济贸易强国”的共同特征是：经济规模庞大、收入高，拥有以服务业为主的产业结构，贸易依存度高，汇率稳定，良好的贸易条件，高水准的金融服务业。余芳东等（2001）认为，对外贸易强国有四个基本特征：经济高度发达，对外经济贸易规模大，国际竞争优势明显，对外开放度大。王冉冉（2005）从产品国际市场占有率、人均贸易额、国际竞争力指数、贸易分工地位、参与国际分工的方式、商品结构、品牌竞争力、企业竞争力、技术竞争力、出口市场控制权和外贸产业组织等 11 个指标来比较考察贸易强国。魏浩等（2006）认为，衡量贸易强国的指标有：贸易条件、贸易结构、贸易主体、贸易内容、贸易方式、贸易品牌和贸易市场等。陈泽星（2006）通过构建贸易业绩指数，得出贸易强国的基本特征有：出口产品以高附加值为主，产业处在价值链高端，企业具有较强抵御国际市场风险能力，出口产品品牌价值高。陈飞翔等（2006）认为贸易强国是指出口商品和服务中高级生产要素含量高，以价值型贸易为主体，能在国际贸易中获得主要利益的国家或经济实体。从世界贸易模式的发展历史看，随着出口产品（包括商品与服务）中高级生产要素含量的增长，一国从对外贸易中获得的贸易利益不断增长。孙杭生（2006）在综合国内外专家观点的基础上认为，贸易强国的指标体系应该包括以下三个部分：①贸易规模指标，这类指标反映贸易对世界经济和国内经济的影响力与推动力，包括贸易总额和人均贸易额；②核心竞争力指标，具有自主知识产权的核心技术、自主出口品牌和全球营销网络；③贸易结构指标，包括贸易类型结构、贸易方式结构、贸易商品结构和贸易地区结构等。李琦（2007）在对“贸易强国”内涵做出详细定义的基础上，提出贸易强国的衡量标准包括以下六个：是世界经济强国；贸易总量位居全球前列；贸易结构中服务和资本密集型产品出口占较高比重；长期贸易条件得到改善；对外投资能力强，有一批大型跨国公司；参与国际贸易谈判和制定国际贸易规则的能力强。张亚斌等（2007）基于全球生产网络理论，从供应商升级、贸易内容（总量、价值链、产品和利益）升级和市场升级三个方面，构建了包含10个三级指标的贸易强国评价指标体系。张亚斌等（2013）在前期研究成果的基础上，将贸易强国评价的三级指标进一步扩展到15个，并对中国与世界贸易强国的差距，从贸易效益、贸易结构、贸易规模和贸易安全四个方面，进行了定量比较。李钢等（2010）从数量和质量指标相结合界定了贸易强国的标准：数量指标上，保持并巩固出口货物贸易规模居世界第一的地位，服务贸易位次提升至前三位，拥有若干世界顶级的跨国公司和一大批中小型跨国公司，拥有一批世界级品牌；质量指标上，应在贸易规模、进出口结构、贸易模式、产品质量（标准）、技术、货币国际化、国际投资等方面达到世界领先水平，逐步占据国际标准高地，逐步把握规则主导权，力争战略性资源产品定价主导权，人民币逐步成为世界贸易结算、流通、投资和储备货币。根据上述衡量标准和评价指标对中国的定量分析，得出的一致性结论表明，中国离贸易强国仍有较大差距，这些差距主要表现在贸易效益低下、贸易结构失衡。

（二）对开放大国走向开放强国的战略研究

魏浩等（2004）在详细分析了我国与贸易强国的差距后认为，为使我国顺利地从贸易大国向贸易强国转变，应实施规范出口管理制度战略、新型市场多元化的战略和培育大型跨国公司的战略。陈丽丽（2006）借鉴迈克尔·波特的国家竞争优势思想，提出中国迈向贸易强国的战略选择，即高级竞争要素的培育、贸易体制的重构、准确定位政府在贸易发展中的功能、开创良好的国际经贸环境、提升知识竞争力和环境竞争力。赵仁康（2005）在分析我国外贸发展面临困境的基础上，提出在我国迈向贸易大国的进程中，需要制定和实施实现贸易强国的综合发展战略，要对原有各种对外经贸发展战略进行有效的整合，在继续强化实施这些战略的同时提高其整体运作的水平，并对有关战略构想加以必要的调整、深化和发展。魏浩等（2006）进一步研究后提出，实现“贸易强国”目标，应实施规范出口管理制度战略、新型市场多元化的战略、大力发展服务贸易战略、增加进口战略、培育大型跨国公司战略和维护良好国际贸易环境战略。李钢等（2006）认为，在由贸易大国走向贸易强国的进程中，应加快转变贸易增长方式，以提升质量效益为核心，在继续发挥动态比较优势的同时，构筑新的竞争优势，深化实施和升级“以质取胜”“市场多元化”“科技强贸”“走出去”战略。黄锦明（2007）在阐述如何重构我国外贸新优势的基础上，提出迈向贸易强国应实施提升我国外贸核心竞争力的三大战略，即完善国家创新系统、实施知识产权和推行名牌发展战略。门洪华（2008）提出了通过全面开放、追求互利共赢实现从开放型大国到开放型强国的战略目标，并提出为实现开放型强国目标，应坚持对外开放的主体战略定位，促进对外开放的观念创新，优化国家战略、深化全球战略、强化地区战略。杨圣明（2011）依据马克思主义国际价值与分工理论，提出中国走向贸易强国，应实施互利共赢开放新战略、“五外”（外贸、外资、外汇、外债和外援）和谐新战略、“科技兴贸”新战略、“两洋”（太平洋、印度洋）新战略。肖璞等（2011）认为，建设贸易投资强国，应大力度推进标准化战略，获得标准竞争优势。钟山（2012）认为，走向贸易强国的战略，就是加快转变外贸发展方式的战略，是坚持互利共赢，提升我国国际竞争力的战略，是总体平衡的发展战略，是加快“走出去”的战略，是“人才强贸”的战略，是加工贸易转型升级战略。陈文敬等（2012）认为，中国迈向贸易强国的战略应坚持开放发展、包容性发展、平衡发展和可持续发展四个原则，确定新的对外贸易战略取向，即从商品国际化转向要素国际化、从贸易投资战略转向要素分工战略、从出口导向转向进出口协调均衡发展战略。赵蓓文（2013）认为，走向“贸易强国”，应实施加工贸易转型升级战略、贸易结构优化调整战略、企业国际竞争力再提升战略、贸易投资一体化战略、打造世界品牌战略、金融服务配套支持战略和国际话语权提升战略。张幼文等（2014）认为，中国对外开放由“大”走“强”，应采取新的南南合作战略、积极参与全球经济治理和国际经济协调战略、金融开放与国际金融货币合作战略、基于高级要素的加工贸易发展战略、进出口平衡发展战略、国际投资目标创新与升级战略、推动包容性发展的区域经济合作战略。

（三）对实现开放强国目标的对策研究

魏浩等（2003）在分析我国对外贸易目前存在的问题的基础上，提出我国从贸易大国向贸易强国转变，应在贸易结构调整中积极培育竞争优势，加快加工贸易转型升级，积极发展高新技术产业贸易。曲如晓（2005）在分析贸易强国特征和中国的差距后，提出实现贸易大国向贸易强国的飞跃，应大力发展服务业，提升服务贸易国际竞争力；充分发挥现有比较优势，实施品牌国际化战略；深入实施科技兴贸战略，提高出口企业核心竞争力；推进对外直接投资（outward direct investment，ODI），打造中国跨国公司；全面融入全球经济，提高对外开放水平。魏浩等（2005）研究认为，为促进我国从贸易大国向贸易强国转变，应实施规范的出口管理制度，实施新型市场多元化，培育大型跨国公司。刘旭（2006）认为，加快转变外贸增长方式，是中国迈向贸易强国的必由之路，为此，应建立“内生性”外贸增长机制，实现贸易政策的“中性化”，推进内外贸一体化，制定互补性大国竞争战略，发挥服务贸易在促进货物贸易结构升级中的作用。张宗斌（2006）在比较中国与美国、日本、德国、法国、英国等世界公认的贸易强国在贸易结构、出口产品竞争力、对外贸易主体、对外投资、国际贸易标准和规则的制定等方面的差距后认为，中国要成为贸易强国，必须实施品牌战略，完善技术创新机制，实行大公司、大集团化战略，大力发展 ODI，积极参与国际贸易标准和规则的制定。胡鞍钢（2007）认为，实现开放型强国目标，应建立一个更加开放的基于 WTO 规则的国际贸易体制；经济发展战略与对外开放战略相协调、相结合；不断扩大和延伸中国对外开放的范围、领域、地域与空间；积极鼓励、刺激进口增长，减少国际收支盈余；支持中国企业“走出去”，形成更大规模的跨国公司；主动和加快双边与多边的自由贸易协定谈判；中国既要全面参与世界经济，更要全面参与全球治理。蒋德恩（2007）研究认为，世界上贸易强国均有其“超比较优势”产品，而中国从贸易大国向贸易强国的转变，也必须发挥“超比较优势”产品的作用。胡鞍钢（2007）认为，中国从世界性开放型经济大国到世界性开放型经济强国，应建立一个更加开放的基于 WTO 规则的国际贸易体制，主动参与更加开放、更加竞争的全球贸易，实现经济发展战略与对外开放战略相协调，不断扩大和延伸中国对外开放的范围、领域、地域与空间，支持中国企业“走出去”形成更大规模的跨国公司，主动和加快双边与多边自由贸易协定（free trade agreement，FTA）谈判进程，既要全面参与世界经济，更要全面参与全球治理。毛群英（2008）、李青等（2008）认为，在迈向贸易强国的进程中，应立足比较优势，争取竞争优势；促进贸易制度的调整和重构；将自主创新作为外贸发展转型升级的基本出发点。而陈中豪（2008）在考察服务贸易与货物贸易和利用外资关系的基础上，提出我国从贸易大国到贸易强国转变必须加强和改善服务贸易。李胜（2009）认为，走向贸易强国，必须全方位构建多边贸易与地区经济一体化体制，推行“创新强贸”和跨国公司战略，大力推动服务贸易发展，提高服务贸易国际竞争力。

吴汉嵩（2009）则进一步认为，应通过加大人力资本投资和技术创新，提升资源禀赋结构；通过加快高新技术产业、金融业和服务业发展，提高国际分工地位；通过扩大战略资源进口，提升进口对经济发展作用；采取“多层次、多元化”错位竞争策略，优化贸易区域结构；优化引资结构并积极开展跨国并购；加强外贸管理体制机制创新。柳思维（2011）研究认为，制度滞后是中国从贸易大国走向贸易强国的主要障碍，因此，应加大制度改革和创新力度，完善促进创新自主化制度、促进科技兴贸的财税金融制度、促进贸易流通产业集聚发展制度、促进内外贸易一体化发展制度。刘艳光（2011）、杨宏华等（2012）认为，走向贸易强国，出口贸易结构必须进一步优化调整，鼓励民营外贸企业出口发展，实现贸易方式结构的一般化，提高国家金融发展水平，促进制造业逐步向国际制造产业链的上游、价值链的高端实现战略转型。徐铁（2011）认为，实现中国从贸易大国向贸易强国跨越，从根本上要加快中国经济增长模式的转型，大力发展服务贸易，加快培育一批真正具有国际竞争力的跨国公司，提高企业从事技术创新的积极性，完善支持国内企业、民族自主品牌出口的措施。卢进勇（2012）则强调，通过推动 ODI，大力发展跨国公司是中国转变开放型经济发展方式，从经济大国走向经济强国的必由之路。钟山（2012）认为，培育我国外贸发展新优势是实施贸易强国战略的关键之举，应以建设创新型国家为目标，以科技创新为支撑，以人力资本优化为保障，从提高我国出口商品和企业国际竞争力，提高行业组织协调能力，提高政府参与国际贸易规则制定的能力入手，培育技术、品牌、质量和服务新优势，打造跻身世界顶级跨国公司行列的产业领导者，全面提升中国参与国际合作和竞争的能力。张亚斌等（2013）基于中国经济发展的“不均质”特征，认为中国建设贸易强国与实现外贸发展方式转变的关键，是贸易结构升级、要素结构升级和制度与模式创新。为此，中国应走“圈层式”升级与发展道路，选择适宜技术进步模式和科技创新政策，以价值链攀升带动外贸发展方式转变，积极利用加工贸易强化上下游产业关联效应①。

裴长洪等（2013）研究认为，实现开放型经济强国，应培育新的国际竞争优势；采取有效政策激励，有针对性地扩大商品和服务进口；提高利用外资的综合优势和总体效益；对外投资应以建立全球性生产经营的供应链网络为重要政策目标；以全球跨国生产经营为基础推进人民币国际化发展；采取更加积极主动的开放战略，应对参与全球经济治理的新挑战。洪涛等（2013）从经济全球化背景下，国内外市场需求一体化的角度，提出走向贸易强国应实现内外贸联动发展，政府搭建内外贸联动的多种平台，完善内外贸一体化市场体系，优化内外贸产业结构，发挥流通产业在内外贸联动中的先导性和

① 按照张亚斌等（2013）的研究，国家的“不均质”是指：一个国家的不同区域区域之间，在“要素结构”“技术水平”“制度框架”（以市场化指数表示）等方面存在显著差距。“圈层式”升级是指：一国某经济区域内，处于“中心”圈层的经济发达城市，通过要素、产业和技术转移、流动，来带动“外围”圈层经济次发达城市产业、技术结构升级，次发达城市再带动更“外围”圈层经济不发达城市产业、技术结构升级的过程。

基础作用，培育内外贸产供销一体化的跨国经营企业。郑甘澍等（2013）在探析国家贸易生态位变化规律基础上，提出中国实现贸易强国的可能路径：继续增强对现有资源的利用能力，提高科研攻关和持续创新的能力，对传统优势产业进行资源整合和转型升级，培育以特色资源为基础的新兴重点产业，谋求多边和区域范围的多层次合作，加大力度推进区域和双边自贸区建设。崔日明等（2014）研究认为，贸易强国目标要求中国必须构建对外贸易新型竞争力，而构建新型竞争力应提升全要素质量，进行产品技术、质量和品牌创新，大力发展生产性服务业，调整产业及贸易政策，创新产业、企业、产品、标准管理制度安排。魏礼群等（2015）认为在从经济大国迈向经济强国的进程中，应构建开放型经济新体制，提高开放型经济水平。具体而言，就是要创新开放模式，形成分工协作、优势互补、均衡协调的区域开放格局；进出口并重，形成以技术、品牌、质量和服务为核心的出口竞争新优势，促进加工贸易从组装向研发、设计等价值链高端升级；提高利用外资的综合优势和总体效益；加快“走出去”步伐；创新与发达国家的合作模式、完善合作机制、拓展合作领域，推进“一带一路”和“自贸区”战略的加快实施。李俊（2015）基于对全球要素分工特点及趋势的深入研究，提出中国建设贸易强国，加快转变对外经济贸易发展方式，必须培养新型核心要素资源，着重提升参与国际分工的生产要素品质，优化参与国际分工的要素结构，使高级人力资源、原创技术和知识产权、标准、品牌等高级要素与新型要素构成国际竞争力的重要源泉，使我国企业在全球价值链分工中居于更有利地位，同时还应加快对外经济贸易制度创新和改革进程，形成有利于中国企业参与国际生产要素分工的制度环境、制度安排和政策体制。

（四）研究评述

综上可以看出，就“开放强国”的研究，现有文献基本上是以“贸易强国”为研究侧重点，在“贸易强国”评价标准和评价指标、走向“贸易强国”的战略转变以及对策措施等方面，做出了较为全面深入的研究，并且得出较为一致的研究结论，即实现贸易强国目标，必须转变对外经济贸易发展方式，实现开放型经济的转型升级。这无疑对本书的研究主题：“从开放大市走向开放强市——青岛开放型经济转型升级研究”提供了充分的研究依据和文献基础。但遗憾的是，现有文献从开放强国这一更广的视野，针对发展更高层次开放型经济的研究还很缺乏，聚焦于某一城市或区域开放型经济转型升级的研究文献则更鲜见。虽然，现有文献在对“贸易强国”发展战略及对策的研究中，或多或少地涉及利用外资、对外投资、跨国经营、知识、智力和技术跨国流动等对外贸易之外的开放型经济其他领域，但多数文献都是把这些开放领域作为实现贸易强国目标的支持或辅助措施来看待和论述，而不是把其视作为与对外贸易同等重要，甚至更加重要的开放型经济转型升级的关键给予关注和研究。

在经济全球化继续推进，国际分工由“产业间分工”和“产业内分工”深化，并日益向全球价值链分工为特征的“产品内分工”拓展的背景下，资本、技术、知识、智力、品牌等要素流动的规模和范围逐步扩大，这就使得利用外资、对外投资、国际工程承包与劳务合作等国际经济活动，在一国（或区域、城市）更高层次开放型经济发展中的作用和地位逐步提升。因此，以开放强国或开放强市为目标，来探讨如何向更高层次开放型经济转型升级，对深入贯彻十八届五中全会提出的“创新、协调、绿色、开放、共享”五大发展新理念，实现全面建成小康社会目标和“经济强国”的中国梦，具有更加重要而深远的战略意义和实际应用价值。

第三节　研究思路与研究特点

一、研究思路

本书将在系统梳理和总结国内外相关文献研究结论，全面回顾青岛开放型经济发展历程、从沿海开放城市到开放大市形成、对青岛市经济社会发展贡献的基础上，分析青岛从开放大市走向开放强市所面临的国内外环境，从理论上阐述从开放大市走向开放强市过程中，青岛开放型经济转型升级的目标、面临的约束条件及可能的选择路径。然后，探索建立开放型经济发展转型升级评价指标体系，对青岛开放型经济转型升级效果进行评价，并实证检验影响转型升级的关键要素。最后，提出青岛市实现开放强市目标，向更高层次开放型经济转型升级应采取的战略与对策。

根据研究内容不同，本书将分别运用综合归纳、统计分析、定性定量描述、逻辑推理、层次分析、战略分析、实证研究和规范研究等研究方法，以实现论证过程的充分性和逻辑严谨性。具体研究路线、研究内容和拟采用的具体研究方法见图 1-1。

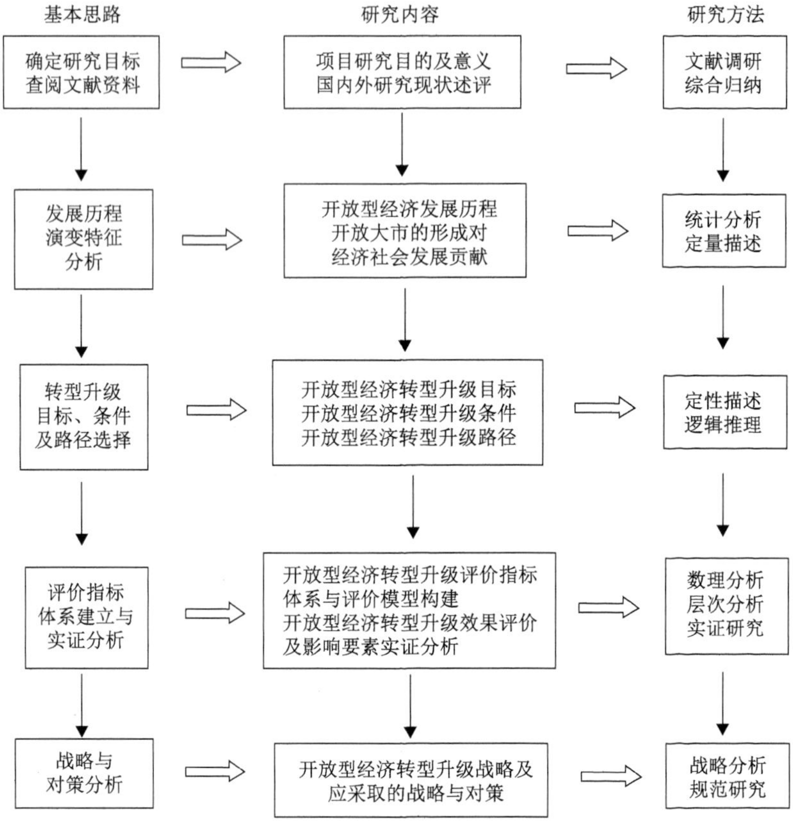

图 1-1　本书研究思路、内容与方法

二、研究特点

（一）学术思想

经济全球化日益深化的今天，一个城市或一个国家的开放型经济由低层次向高层次发展的过程，也是该城市或国家开放型经济实力和竞争力由大到强的升级过程。在这一升级过程中，“外贸”（包括货物与服务贸易）、“外资”（利用外资）和“外经”（国际工程承包劳务合作与境外直接投资）三者之间逐渐一体化。实现“大而强”的开放型经济发展目标，离不开三者之间的相互支持和融合发展。

（二）结构安排

本书从回顾青岛开放大市形成过程入手，在深入分析未来开放型经济发展面临国内外环境的基础上，阐述从开放大市走向开放强市的路径选择、构建开放强市评价指标体系并提出青岛市走向开放强市的发展战略与对策。各章节之间前后衔接，逻辑关系严谨。

第一章：绪论。介绍本书研究背景、研究意义，国内外相关研究动态，研究思路、方法及研究特点。

第二章：从封闭发展走向开放发展——青岛开放型经济发展历程。回顾总结改革开放以来，尤其是被批准为沿海开放城市以来，青岛开放型经济发展演变历程、取得的具体成就及其阶段性特点。

第三章：从沿海开放城市到对外开放大市——青岛开放型经济发展贡献。通过与同类型的副省级城市和计划单列市，以及部分省（自治区）的开放型经济发展数据的比较，揭示青岛市已成为开放大市的事实。同时，定量考察了开放型经济对青岛市经济发展和社会进步的贡献及其变化。

第四章：从开放大市走向开放强市面临的国内外环境——青岛开放型经济转型升级的迫切性。从经济、投资和贸易视角，详细分析青岛从开放大市走向开放强市所面临的国内外形势及变化趋势，从中探究青岛开放型经济转型升级的必要性和迫切性。

第五章：从开放大市走向开放强市的路径选择——青岛开放型经济转型升级目标与路径。从理论上阐述走向开放强市过程中，青岛开放型经济转型升级的总体及具体目标、必须具备的条件及可行的路径选择。

第六章：开放强市进程评价及影响要素分析——青岛开放型经济转型升级评价。通过建立开放型经济转型升级评价指标体系和评价模型，对2011年以来青岛开放型经济转型升级效果进行定量评价，以此判断青岛是否在向开放强市目标迈进、进度如何，并对影响开放型经济转型升级的主要因素进行实证检验，以便为实施开放型经济转型升级战略及对策提供依据。

第七章：走向开放强市的战略及对策——青岛开放型经济转型升级战略。提出青岛走向开放强市应实施的开放型经济转型升级战略的定位、内涵和目标，开放型经济转型升级战略实施对策及应建立的保障机制。

第八章：研究结论。归纳本书主要研究结论，指出可能存在的不足及未来研究方向。

（三）基本观点

劳动力、土地、环境要素优势、地理区位优势和特殊政策优势，既是青岛开放型经济取得巨大成功，推动全市经济社会实现快速发展，成为开放大市的重要动因，也是造成目前青岛开放型经济结构不合理、不均衡，规模大、效益低，国际分工地位低、市场影响力弱等矛盾和问题，仍不是开放强市的主要根源。而更深层次的原因，则是政府开放型经济管理体制、机制改革滞后，导致企业新技术、新产品开发和运营管理、市场营销模式创新缺乏动力，使市场配置国内外资源的活力和作用受到抑制。

因此，要解决青岛开放型经济发展中存在的突出矛盾和问题，实现由开放大市向开放强市跨越，就要加快培育和引入高级生产要素，尽快形成以人才、技术、知识、质量、品牌、渠道、文化和服务为核心的新的竞争优势，推动开放型经济发展由低附加值要素驱动型向高附加值创新驱动型转型升级。而实现转型升级的关键，则是要改革创新开放型经济管理体制、机制，推进国际贸易、投资便利化和一体化，增强企业创新动力和释放市场活力。

第二章　从封闭发展走向开放发展——青岛开放型经济发展历程

作为首批 14 个沿海开放城市和国家计划单列市之一，青岛市外向经济发展水平始终居于全国同类城市前列，不仅推动了青岛国民经济和社会发展水平的持续提升，而且对山东省外向经济发展起到了重要的引领和带动作用。

以 1992 年党的十四大确立建设中国特色社会主义市场经济体制，2001 年 11 月中国加入 WTO 和 2008 年国际金融危机为界，改革开放以来青岛开放型经济发展，可以划分为起步探索（1981～1992 年）、快速推进（1993～2001 年）、全面发展（2002～2010 年）和转型升级（2011 年至今）四个阶段[①]。

第一节　起步探索阶段（1981～1992 年）

1978 年党的十一届三中全会确立改革开放国策之后，对外贸易领域率先开始了“经营下放”“工贸结合”改革试点，引进 FDI 也逐步从“经济特区”向“沿海开放城市”推开。

作为轻纺工业发达的沿海重要对外贸易口岸城市，青岛在山东省也率先开始了“工贸结合”改革试点。1981～1985 年先后成立了“青岛市纺织品联合进出口公司”“青岛市饮料进出口公司”“青岛橡胶制品联合进出口公司”三家“工贸结合”进出口公司。1984 年青岛市被列入中国首批 14 个沿海开放城市之一，1984 年 5 月青岛市第一家中外合资企业——青岛华和国际租赁有限公司成立。以 1985 年 3 月正式动工兴建、位于黄岛的“青岛国家级经济技术开发区”为对外开放“窗口”，FDI 企业开始发挥其对青岛经济社会发展的示范、辐射和带动作用。而 1987 年 9 月青岛市成为计划单列市，并获得对外贸易全面“自营”进出口权，则成为青岛开放型经济发展的重要“引擎”，激发了青岛市企业开

① 我国对外开放开始于 1978 年，但对青岛市而言则起步于 1981 年获批成立“青岛市纺织品联合进出口公司”（1982 年 4 月营业）。为此，本书将青岛开放型经济起步探索阶段的起点定为 1981 年。

展进出口贸易的主动性、积极性，越来越多的贸易和生产企业及其产品，开始走出“国门”参与国际市场竞争。

但由于受到开放意识薄弱、理论准备不足、体制改革滞后、市场竞争经验不足等各种条件和因素的制约，本时期的青岛开放型经济还只是处于在“试错”中积累经验的探索阶段。

一、货物贸易

本阶段，青岛市借助先行开放的政策优势、传统贸易港口的区位优势和轻纺工业发达的产业基础优势，积极开拓国际市场，大力开展进出口贸易，使货物贸易成为引领本时期青岛开放型经济发展的“先导领域”。“自营”进出口贸易额由 1985 年的 2.27 亿美元增加到 1992 年的 8.86 亿美元，年均增长率达到 25.13%。其中出口额从 0.68 亿美元增加到 6.63 亿美元，进口从 1.59 亿美元增加到 2.23 亿美元，年均增长率分别为 38.79%、18.31%（表 2-1）①。本阶段，除进口贸易增速低于山东省平均水平外，青岛市货物贸易总额、出口贸易和进口贸易增速，都显著快于山东省和全国平均水平（表 2-2）。这就使得青岛市货物贸易在山东省和全国的地位不断提高，所占比重由 1985 年的 5.48%和 0.33%，分别提升到 1992 年的 11.39%和 0.54%（表 2-1）。

表 2-1　1985～1992 年青岛市货物贸易变化情况

年份	贸易总额/亿美元	贸易总额增长率/%	出口金额/亿美元	出口金额增长率/%	进口金额/亿美元	进口金额增长率/%	贸易差额/亿美元	贸易额占山东省比重/%	贸易额占全国比重/%
1985	2.27		0.68		1.59		−0.91	5.48	0.33
1986	1.59	−29.96	0.98	43.67	0.61	−61.79	0.37	4.15	0.22
1987	1.96	23.27	1.38	40.26	0.58	−5.06	0.80	5.52	0.24
1988	2.81	43.37	2.17	57.25	0.64	9.84	1.53	4.90	0.27
1989	3.93	39.86	2.78	28.11	1.15	79.69	1.63	6.37	0.35
1990	4.16	5.85	3.35	20.50	0.81	−42.00	2.54	9.71	0.36
1991	5.46	31.25	4.47	33.43	0.99	22.22	3.48	11.30	0.40

① 由于正式发布的青岛市进出口贸易统计数据始于 1985 年，本书此处比较分析所采用青岛市、山东省和全国的进出口贸易数据均为 1985～1992 年的统计数据。

续表

年份	贸易总额/亿美元	贸易总额增长率/%	出口金额/亿美元	出口金额增长率/%	进口金额/亿美元	进口金额增长率/%	贸易差额/亿美元	贸易额占山东省比重/%	贸易额占全国比重/%
1992	8.86	62.27	6.63	48.32	2.23	125.25	4.40	11.39	0.54
合计	31.04	25.13	22.44	38.79	8.60	18.31	13.84	7.69	0.36

资料来源：根据《青岛统计年鉴 1992》《山东统计年鉴 1992》《中国统计年鉴 1992》发布数据整理

表 2-2　1985～1992 年青岛市、山东省与全国进出口贸易金额及增长对比

项目	贸易总额/亿美元	贸易总额增长率/%	出口金额/亿美元	出口金额增长率/%	进口金额/亿美元	进口金额增长率/%	贸易差额/亿美元
青岛市累计	31.04	25.13	22.44	38.79	8.60	18.31	13.84
山东省累计	403.23	14.39	250.40	11.01	152.83	56.43	97.57
全国累计	8572.30	15.51	4167.30	16.05	4405.10	15.91	–237.80

资料来源：同表 2-1

为发挥进口贸易对提升青岛市工业技术和设备水平、改善产业和产品结构和促进青岛开放型经济发展的促进作用，青岛市大力实施技术和设备引进战略。利用引进现代化技术和设备，在改造升级传统产业的同时，逐步建立起满足国内外市场需求的家电、电子产业。本阶段，青岛市共签订并批准引进技术设备项目 1061 项，成交额达 5.41 亿美元。这些技术设备引进项目，重点改造了纺织、机械、轻工、电子仪表、橡胶、石化、建材等传统行业，新建并生产出一批技术水平较高的电视机、电冰箱、照相机、洗衣机等“拳头”产品。到 1992 年年底，全市累计有近 1000 项引进技术设备投产，形成了年产值超过 100 亿元，年上缴利税 21 亿元的能力①。

在积极扩大进出口贸易品种和规模的同时，青岛市企业也在努力开拓新市场和新的销售渠道，与越来越多国家或地区贸易企业开展并建立起贸易关系。统计显示，青岛市出口贸易国别（地区）市场，由 1985 年的 20 个迅速增加到 1992 年的 100 个。进口贸易国别（地区）市场数量也由 17 个增加到 25 个。出口、进口贸易国别（地区）市场分别增加 4 倍和 1 倍（表 2-3）。与此同时，伴随着外商投资企业的不断进入和投产，青岛市出口贸易企业结构在在迅速发生变化。内资企业出口所占比重逐渐下降，由 1985 年的 96.9%下降到 1992 年的 69.5%；而外资企

① 数据来自《青岛年鉴》（1988～1993 年），http://qdsq.qingdao.gov.cn/n15752132/n20546841/index. html [2016-04-25]。

业出口所占比重则快速上升，由 1985 年的 3.1%上升到 1992 年的 30.5%。这反映出，外资企业在青岛市对外贸易发展中的作用和地位在逐步增强（表 2-4）。

表 2-3 1985～1992 年青岛市进出口贸易市场（国别或地区）（单位：个）

项目	1985 年	1986 年	1987 年	1988 年	1989 年	1990 年	1991 年	1992 年
出口国别（地区）数	20	26	29	62	75	87	97	100
进口国别（地区）数	17	22	24	27	30	31	34	35

资料来源：根据《青岛年鉴》（1988～1993 年）发布数据整理

表 2-4 1985～1992 年青岛市出口贸易企业结构（单位：%）

项目	1985 年	1986 年	1987 年	1988 年	1989 年	1990 年	1991 年	1992 年
内资企业出口占比	96.9	94.8	92.6	97.0	84.8	78.1	72.9	69.5
外资企业出口占比	3.1	5.2	7.4	13.0	15.2	21.9	27.1	30.5

资料来源：同表 2-3

但是，受政府贸易管理与治理能力不高、贸易政策调控灵活度不够、出口产品质量不稳定、贸易竞争手段单一、企业贸易经验不足和市场销售渠道匮乏等因素制约，这一阶段青岛市进出口贸易增长表现出明显的波动性，尤其是进口贸易的波动性更加显著（表 2-1）。本阶段，青岛市进出口商品结构虽然呈现逐步改善趋势，但与山东省和全国平均水平相比，青岛市出口商品中工业制成品所占比重显著偏低，1992 年这一比重才刚刚超过 50%，而山东省和全国工业制成品出口所占比重则分别达到 71.1%和 80.0%。进出口贸易市场"集中度"，青岛市也明显高于山东省和全国水平。1992 年青岛市前十位出口市场（国别）占全部出口贸易的比重为 92.8%，高于山东省和全国的 86.7%和 82.6%；同年青岛市前十位进口市场（国别）占全部进口贸易的比重更高达 96.6%，也明显高于山东省和全国的 88.6%和 80.0%（表 2-5）。这说明，青岛市对外贸易（尤其是进口贸易）规模的扩张严重依赖前十位国家和地区，虽然进出口贸易国别（地区）数量在不断增加，但贸易企业对新国别（地区）市场的开拓力度、深度和广度，仍有待加强。

表 2-5 1992 年青岛市、山东省与全国进出口贸易结构对比（单位：%）

项目	出口商品结构		进口商品结构		进出口市场结构	
	初级产品占出口比重	工业制成品占出口比重	初级产品占进口比重	工业制成品占进口比重	前十位出口市场占比	前十位进口市场占比
青岛市	49.6	50.4	16.1	83.9	92.8	96.6

续表

项目	出口商品结构		进口商品结构		进出口市场结构	
	初级产品占出口比重	工业制成品占出口比重	初级产品占进口比重	工业制成品占进口比重	前十位出口市场占比	前十位进口市场占比
山东省	28.9	71.1	18.4	81.6	86.7	88.6
全国	20.0	80.0	16.5	83.5	82.6	80.0

资料来源：同表 2-1

二、旅游服务贸易

作为具有丰富自然、人文和历史旅游资源，气候宜人的滨海城市，青岛历来就是中国著名的国际旅游胜地。改革开放以来，除单纯来青岛旅游度假的国际游客持续增长外，进出口贸易增长和外商投资项目增多，也吸引越来越多的境外商人和投资者来青岛从事商贸投资和旅游活动，使得入境国际旅游成为推动青岛开放型经济发展的另一重要“窗口”和促进青岛服务贸易发展的重要力量。

统计数据显示，随着青岛市对外开放的不断扩大，本阶段青岛市入境国际旅游人数由 1985 年的 3.6 万人次，快速增长到 1992 年的 10.8 万人次，是 1985 年的 3 倍[①]。旅游外汇收入更是由 400 万美元提高到 4500 万美元，为 1985 年的 11 倍。入境旅游人均外汇支出规模也持续扩大，由 1985 年的 125.3 美元增加到 1992 年的 416.7 美元。这反映出，青岛市入境旅游服务在人数规模持续扩大的同时，入境旅游服务贸易收入和贸易效益在有大幅度提升。与此相对应，青岛市入境旅游服务外汇收入占青岛市货物出口贸易的比重，由 1985 年的 5.88%提高到 1992 年的 6.79%，其占山东省和全国的比重，也分别由 1985 年的 52.6%和 0.31%，提升到 1992 年的 72.8%和 1.14%，入境旅游服务贸易在山东和全国的地位明显提高。不过，1990 年后，青岛市入境旅游外汇收入增长速度放缓，入境旅游外汇收入占山东省和全国的比重也成下降趋势（表 2-6）。

① 旅游服务只是国际服务贸易部门之一，按照 WTO 的分类，其他服务部门还包括：通信服务，建筑服务，分售服务，教育服务，环境服务，金融服务，健康及社会服务，专业性服务，文化、娱乐及体育服务，交通运输服务和其他服务。由于以城市为对象的各部门服务贸易统计只有入境旅游最为详细且时间上连续，对青岛市服务贸易发展变化的总结分析，在这一部分仅以 1985 年有统计数据以来的入境旅游服务贸易为例。

表 2-6 1985～1992 年青岛市入境旅游及外汇收入变化情况

年份	入境旅游人数/万人	旅游外汇收入/亿美元	旅游外汇收入增长率/%	外汇收入占货物出口比重/%	人均外汇支出/美元	外汇收入占山东省比重/%	外汇收入占全国比重/%
1985	3.6	0.04	29.5	5.88	125.3	52.6	0.31
1986	4.8	0.07	75.1	7.14	147.5	54.7	0.42
1987	5.4	0.08	14.3	5.80	166.7	57.7	0.68
1988	6.1	0.13	62.5	5.99	206.5	58.2	0.72
1989	5.7	0.16	23.1	5.76	280.7	78.5	1.34
1990	7.2	0.28	75.0	8.36	388.9	77.7	1.26
1991	8.3	0.35	25.0	7.83	401.7	67.5	1.23
1992	10.8	0.45	28.6	6.79	416.7	72.8	1.14
合计	51.9	1.56	41.6	6.95	300.9	62.7	0.87

资料来源：同表 2-1

三、利用 FDI

积极利用境外资金弥补经济改革和发展所需的资金不足，并同时提高国内企业技术、设备和管理水平，是开放型经济的内涵要求，也是青岛开放型经济发展“探索”阶段的必然选择。但由于利用 FDI 受政策变动、国内基础设施状况、产业配套能力以及外汇管制政策的影响较大，总体来看，本阶段青岛市利用 FDI 呈现前十年（1981～1990 年）发展缓慢，后期迅猛增长的特点。1981～1990 年，青岛市利用 FDI 项目合计为 180 项，合同外资金额 2.94 亿美元，实际使用外资金额 1.61 亿美元。而 1990 年当年青岛利用 FDI 项目就达到 140 项、合同外资金额达到 1.54 亿美元，分别为前十年的 77.8%和 52.3%。1991 年利用外资项目迅速增加到 755 项，合同外资金额也大幅增加到 10.99 亿美元，分别是前十年的 4.2 倍和 3.7 倍。由于后期利用 FDI 的迅速增长，青岛实际使用 FDI 占全国的比重也明显提高，由前十年的 0.78%提高到 1992 年的 1.84%（表 2-7）。

表 2-7 1981～1992 年青岛市利用 FDI 情况

年份	外资项目数/个	合同外资/亿美元	项目平均合同外资额/万美元	实际使用外资/亿美元	实际利用外资占合同外资比重/%	实际使用外资占山东省比重/%	实际使用外资占全国比重/%
1981～1990	180	2.94	163.3	1.61	54.76	43.4	0.78

续表

年份	外资项目数/个	合同外资/亿美元	项目平均合同外资额/万美元	实际使用外资/亿美元	实际利用外资占合同外资比重/%	实际使用外资占山东省比重/%	实际使用外资占全国比重/%
1991	140	1.54	110.0	0.46	29.87	25.6	1.05
1992	755	10.99	145.6	2.02	18.38	20.8	1.84
合计	1075	15.47	143.9	4.09	26.43	26.8	1.15

资料来源：同表 2-1

在利用外资项目数、合同外资规模和实际使用外资金额不断扩大的同时，青岛市利用 FDI 的来源地（国别和地区）也在不断拓展，FDI 企业类型逐步多样化，而外资企业所在行业以第二产业为主。统计资料显示，青岛市利用 FDI 资金来源地由“六五”期间（1981～1985 年）的 10 个国别或地区，逐步增加到 1992 年的 28 个国别或地区。FDI 企业中，中外合资企业和中外合作企业所占比重逐步降低，由“六五”期间的 78.9%和 21.1%分别下降到 1992 年的 55.9%和 7.5%，而外商独资企业所占比重则由零快速上升到 36.6%。本阶段，青岛第一产业利用 FDI 项目所占比重呈逐步下降趋势，由“六五”期间的 9.2%下降到 1992 年的 2.1%；第三产业利用 FDI 所占比重呈不断上升趋势，由“六五”期间的 10.7%波动中提高到 1992 年的 17.6%；而第二产业利用 FDI 所占比重，虽有波动但相对稳定，保持在 75%～80%（表 2-8）。

表 2-8　1981～1992 年青岛市 FDI 来源国及行业结构变化

项目	1981～1985 年	1986 年	1987 年	1988 年	1989 年	1990 年	1991 年	1992 年
外资来源国别（地区）/个	10	9	11	7	12	14	19	28
中外合资企业占比/%	78.9	83.3	85.7	75.9	73.8	61.9	60.5	55.9
中外合作企业占比/%	21.1	16.7	14.3	20.7	17.1	11.1	8.3	7.5
外商独资企业占比/%	0.0	0.0	0.0	3.4	9.1	27.0	31.2	36.6
第一产业利用 FDI 比重/%	9.2	8.5	7.1	3.5	4.5	11.1	5.7	2.1
第二产业利用 FDI 比重/%	80.1	75.0	75.4	79.3	78.3	84.1	78.6	80.3
第三产业利用 FDI 比重/%	10.7	16.5	17.5	17.2	9.1	4.8	15.7	17.6

资料来源：同表 2-3

不过，受基础设施规划建设滞后、国内产业配套能力差以及行政审批手续繁琐、效率低等因素影响，本阶段青岛市实际使用外资占合同外资的比重不断下降，由前十年的 54.76%下降到 1991 年的不到 30%，1992 年这一比重进一步下滑到 18.38%（表 2-7）。整体而言，本阶段青岛市实际使用外资占合同外资的比重与山东省平均水平相当，但明显低于全国平均水平（表 2-9）。同时，随着国家把山东半岛列为对外开放区，山东其他地区利用 FDI 加快，也使得青岛实际使用外资在山东省所占比重，出现大幅下滑，由前十年的 43.4%下降到 1991 年的 25.6%和 1992 年的 20.8%（表 2-7）。

表 2-9　1981～1992 年青岛市、山东省与全国利用 FDI 对比

项目	外资项目数/个	合同外资/亿美元	项目平均合同外资额/万美元	实际使用外资/亿美元	实际使用外资占合同外资比重/%
青岛市累计	1 075	15.47	143.9	4.09	26.43
山东省累计	5 883	56.71	96.4	15.24	26.87
全国累计	90 807	1 074.66	118.3	351.86	32.74

资料来源：同表 2-1

四、国际经济合作

传统习惯上，国际经济合作是指除进出口贸易、利用外资之外的其他开放型经济领域，一般包括国际工程承包、国际劳务合作与 ODI 等。由于人员素质低、技术设备水平落后、资本稀缺以及国际经济合作经验缺乏，在开放型经济发展的起步探索阶段，青岛市国际经济合作虽然也取得快速发展，但从规模和层次上仍处于较低水平，以在发展中国家的国际工程承包和船员为主要工作的劳务合作为主，ODI 处于起步期。

根据《青岛年鉴》发布的统计信息，1981～1985 年的“六五”计划时期，青岛市国际工程承包和劳务合作共完成营业额 1121 万美元，占同期山东省和全国国际工程承包和劳务合作共完成营业额的比重分别为 44%和 0.36%。1986 年之后，青岛市国际工程承包和劳务合作实现了快速增长，营业额从 75.4 万美元迅速增长到 1504.6 万美元，增加了 19 倍，年均增速接近 80%。营业额占山东省和全国的比重，也从 1986 年的 23.3%和 0.38%提高到 1992 年的 51.3%和 0.66%（表 2-10）。这说明，青岛市国际工程承包和劳务合作规模在迅速扩大的同时，其在山东省和全国的地位也相应提升。但是，本阶段青岛市国际工程承包和劳务合作规模，与同期进出口贸易规模相比还很小。其营业额增长速度和年末在境外劳务人数，波动性较大。

表 2-10　1981～1992 年青岛市国际工程承包与劳务合作情况

年份	合同金额/万美元	营业金额/万美元	营业金额增长率/%	年末在外人数/人	营业金额占山东省比重/%	营业金额占全国比重/%
1981～1985	—	1121.0	—	—	44.0	0.36
1986	—	75.4	—	64	23.3	0.38
1987	—	111.3	47.6	175	31.0	0.42
1988	—	124.0	11.4	698	12.0	0.26
1989	—	275.5	147.5	1136	28.0	0.18
1990	—	832.6	202.2	737	48.8	0.44
1991	3205.9	1278.9	53.6	526	56.7	0.72
1992	3828.0	1504.6	17.7	852	51.3	0.66
合计	—	5323.3	79.9	—	34.5	0.35

资料来源：同表 2-3

本阶段，青岛市 ODI 活动也开始起步，第一个海外投资项目，是 1981 年中国政府提供无息贷款，由青岛纺织总公司负责实施的赞比亚中赞合资企业——“穆隆古希纺织有限公司”。在经过几年停顿后，1987 年参与中国水产联合总公司与新西兰合资举办的海外投资项目“基维-中国对虾有限公司”，中方投资 128 万美元。同年，青岛渔业公司与冈比亚合资经营远洋捕捞活动，中方投资人民币 454 万元（约合 122 万美元）。到“七五”期末，青岛共有 6 个海外投资项目获外经贸部批准立项。1991 年又签订 5 个海外直接投资项目合同，其中 2 个项目领取经贸部颁发批准证书，分别是青岛市自行车工业公司在土耳其伊斯坦布尔市的合资项目——“金鹿自行车有限公司”，项目总投资 30 万美元，其中中方投资 15 万美元，年组装各类自行车（BMX 自行车、变速自行车、山地车及健身器材）6 万辆；青岛机绣花边总厂在安提瓜和巴布达的合资项目——“青岛美洲轻工产品制造有限公司”，该项目总投资 65 万美元，其中中方投资 32.5 万美元，生产机绣花边产品及工艺品，销往美国及其他地区①。

总体而言，本阶段青岛外向型经济发展的基本特征可以概括为：通过“窗口”式对外开放，在不断“摸索”中积累外向型经济发展经验；依托轻纺工业发达、传统外贸口岸和贸易渠道优势，选择货物进出口贸易作为外向型经济发

① 数据来自《青岛年鉴 1992》，http://qdsq.qingdao.gov.cn/n15752132/n20546841/index.html [2016-04-28]。

展战略重点和“先导”，以利用FDI为“窗口”，以国际工程承包与劳务合作、旅游服务贸易等为支撑，逐渐探索外向型经济发展的途径和经验。本阶段，青岛市对外贸易虽然发展快，但存在进出口贸易不平衡、贸易商品结构不合理、贸易市场集中度高的问题；FDI 项目的数量和金额也增长较快，但外商投资项目的规模较小，实际投资资金到位率低；旅游服务贸易和国际经济合作快速增长，但增速波动性明显，总体规模仍较小。

第二节　快速推进阶段（1993～2001年）

1992年秋季召开的党的十四大，正式确立建立中国特色的社会主义市场经济体制，并将对外开放确立为长期基本国策。如同全国一样，青岛市开放经济开始步入快速推进期。随着青岛保税区一期工程 0.86 平方千米，于 1993 年 3 月 29 日顺利通过国家海关总署验收并正式对外营运，青岛市“一园三区三线”对外开放布局开始形成①，各园、区、线对外贸易、利用外资及国际经济合作的快速推进，对青岛开放型经济发展的引导和辐射作用开始得到有效发挥。在此期间，经山东省政府批准设立的对外开放“先导区”——青岛环海经济开发区（1992年3月批准设立）、胶州市经济开发区（1992年4月批准设立）、即墨市工业开发区（1992年5月批准设立，1998年更名为即墨经济开发区）、胶南市经济开发区（1992年6月批准设立）、莱西市经济开发区（1992年6月批准设立）、平度市经济开发区（1992 年 12 月批准设立）以及青岛琅琊台省级旅游度假区（1995年12月批准设立）等，陆续建设运营并发挥“示范”作用，进一步带动了本阶段青岛开放型经济的快速发展。

本阶段青岛市定期举办的“青岛对外经济贸易洽谈会”“青岛国际电子家电博览会”“青岛国际啤酒节”“青岛食品、饮料国际博览会”“青岛国际航海展”等一系列国内展会，政府和行业商协会每年组织外经贸企业赴境外参加的众多国际商贸、投资博览会，以及在境内、境外不定期举办的各种“招商会”“青岛日”“青岛周”等专题经贸和招商推介活动，不仅让越来越多的境外客商全方位了解了青岛市经济社会发展状况和对外开放政策，而且推动了更多国内企业走出“国门”直面国际市场竞争，全方位考察国际市场需求。这都对本阶段青岛开放型经济的快速推进，创造了良好的发展环境和市场机会。

① “一园三区三线”是指：青岛高科技工业园（1992年11月批准设立）；青岛经济技术开发区（1984年10月批准设立）、保税区（1992年11月批准设立）、石老人国家旅游度假区（1992年10月批准设立）；济青、烟青、环海三条公路沿线的55个乡镇工业园区。

一、货物贸易

在前期进出口贸易经营权下放、工贸结合、外贸代理制改革，外贸承包经营责任制改革和轻工、纺织、服装行业外贸自负盈亏改革试点的基础上，1993年起我国开始了以完善外贸立法、加强依法管理，强化经济手段引导外贸企业行为、进一步减少行政干预，逐步在外贸企业建立现代企业制度，按国际惯例开展经营，逐步建立外贸服务协调机制等，适应市场经济制度的外贸经营管理体制改革。与此同时，我国也开始积极主动实施以增强企业及产品国际市场竞争力和影响力为目标的“以质取胜”“市场多元化”“科技兴贸”“走出去”外贸发展战略。这些改革政策和发展战略的实施，大大激发了各类对外贸易主体，尤其是外资企业和民营企业的进出口贸易积极性，有效推动了本阶段青岛市货物贸易的快速增长和结构改善。

本阶段，青岛市货物贸易总额从 1993 年的 13.9 亿美元增加到 2001 年的 123.58 亿美元，为 1993 年的 8.9 倍，年均增长率达到 34.55%。出口和进口贸易规模也分别由 10.02 亿美元、3.88 亿美元增加到 71.20 亿美元、52.38 亿美元，增长率分别达到 31.38%和 44.98%（表 2-11）。由于本阶段青岛市进出口贸易增速，均显著高于山东省和全国平均水平（表 2-12），青岛市货物贸易额占山东省和全国的比重日益提高，由 1993 年的 19.08%和 0.71%分别提高到 2001 年的 42.67%和 2.42%（表 2-11）。

表 2-11 1985～1992 年青岛市货物贸易变化情况

年度	贸易总额/亿美元	贸易总额增长率/%	出口金额/亿美元	出口金额增长率/%	进口金额/亿美元	进口金额增长率/%	贸易差额/亿美元	贸易额占山东省比重/%	贸易额占全国比重/%
1993	13.90	56.88	10.02	51.13	3.88	73.99	6.14	19.08	0.71
1994	23.50	69.06	16.41	63.77	7.08	82.40	9.33	24.40	0.99
1995	37.64	60.17	24.51	49.36	13.13	85.45	11.38	26.98	1.34
1996	46.20	22.74	28.71	17.14	17.48	33.13	11.23	28.58	1.55
1997	52.20	12.99	33.85	17.90	18.34	4.92	15.51	29.76	1.61
1998	59.58	14.14	38.27	13.06	21.32	16.25	16.95	35.85	1.84
1999	77.56	20.07	44.63	16.62	32.93	54.46	11.70	42.45	2.15
2000	108.31	39.65	61.14	36.99	47.17	43.24	13.97	43.34	2.28
2001	123.58	15.27	71.20	16.45	52.38	11.05	18.82	42.67	2.42
合计	542.47	34.55	328.74	31.38	213.71	44.98	115.03	35.36	1.81

资料来源：根据《青岛统计年鉴 2002》《山东统计年鉴 2002》《中国统计年鉴 2002》发布数据整理

表 2-12　1993～2001 年青岛市、山东省与全国货物进出口贸易金额及增长对比

项目	贸易总额/亿美元	贸易总额增长率/%	出口金额/亿美元	出口金额增长率/%	进口金额/亿美元	进口金额增长率/%	贸易差额/亿美元
青岛市累计	542.47	34.55	328.74	31.38	213.71	44.98	115.03
山东省累计	1 534.06	18.35	938.61	18.27	595.45	15.36	343.16
全国累计	29 967.5	13.68	15 893.1	14.07	14 074.4	13.63	1 818.46

资料来源：同表 2-11

货物贸易规模迅速扩大的同时，本阶段青岛市对外贸易国别（地区）市场也在不断拓展，对外贸易企业主体持续增加和多元化。统计数据显示，青岛市出口国别（地区）市场，由 1993 年的 103 个增加到 2001 年的 185 个，进口国别（地区）市场，也由 32 个增加到 89 个（表 2-13），占 2001 年世界国别（地区）经济体数量的比重分别为 82.6%和 40%。表明青岛市货物贸易开放度日益扩大。同时，随着外商投资企业数量和出口规模的快速增加，以及越来越多的国内集体及民营企业获得进出口权，青岛市货物贸易主体结构逐步多元化，各类企业占出口贸易比重发生明显变化。其中，国有外贸企业出口所占比重快速下降，由 1993 年的 45.6%下降到 2001 年的 15.1%，而外资企业和其他企业（包括集体企业和民营企业）所占比重则逐步提升，其中外资企业所占比重由 46.1%上升到 70.7%（1999 年后比重开始下降），其他类型企业所占比重由 8.3%提高到 14.2%。这两类企业在青岛市出口中所占比重，显著高于山东省和全国平均水平（表 2-14）。这反映出青岛市外贸企业经营体制改革和外贸经营权扩大改革的成效，以及外资企业对贸易发展的促进作用更加显著。

表 2-13　1993～2001 年青岛市进出口贸易市场（国别或地区）（单位：个）

项目	1993 年	1994 年	1995 年	1996 年	1997 年	1998 年	1999 年	2000 年	2001 年
出口国别（地区）数	103	107	123	129	139	147	178	179	185
进口国别（地区）数	32	35	35	41	47	61	78	81	89

资料来源：根据《青岛年鉴》（1994～2002 年）发布数据整理

表 2-14　1993～2001 年青岛市出口贸易企业结构

年份	国有企业	外资企业	其他企业
1993	45.6	46.1	8.3
1994	40.7	49.3	10.0

续表

年份	国有企业	外资企业	其他企业
1995	37.8	52.0	10.2
1996	29.6	59.3	11.1
1997	24.8	65.2	10.0
1998	20.5	69.2	10.3
1999	16.1	73.9	10.0
2000	15.8	72.6	11.6
2001	15.1	70.7	14.2
2001（山东省）	37.0	51.0	12.0
2001（全国）	42.5	50.1	7.4

资料来源：《青岛年鉴》（1994～2002 年）、《山东统计年鉴 2002》《中国统计年鉴 2002》

与此同时，随着前一阶段引进技术设备在改造、提升传统制造业生产水平和建立新型制造业产能效果的日益显现，青岛市出口贸易商品结构也逐步改善和优化。统计数据表明，青岛市出口贸易中，初级产品所占比重不断下降，由 1993 年的 21.0%下降到 2001 年的 13.2%。而工业制成品所占比重则持续提高，由 79.0%提高到 86.8%，其中“机电产品”和“高新技术产品”出口所占比重 2001 年分别达到 28.2%和 5.5%，均高于山东全省平均水平（表 2-15）。这反映出青岛市在改善和优化出口商品结构上在山东省起到了带头和示范作用。

表 2-15　1993～2001 年青岛市出口贸易商品结构变化（单位：%）

年份	初级产品占出口比重	工业制成品占出口比重	其中		
			机电产品	高新技术产品	纺织服装
1993	21.0	79.0	—	—	—
1994	14.9	85.1	—	—	—
1995	15.9	84.1	—	—	—
1996	17.0	83.0	13.4	—	—
1997	14.3	85.7	18.2	—	—
1998	17.5	82.5	20.6	4.3	—
1999	13.2	86.8	22.8	4.7	36.1
2000	14.3	85.7	26.5	5.0	34.2
2001	13.2	86.8	28.2	5.5	30.8
2001（山东省）	23.7	76.3	21.0	4.3	28.5
2001（全国）	9.9	90.1	44.6	17.5	19.9

资料来源：同表 2-14

但本阶段货物贸易的迅猛增长，也造成贸易企业一定程度上出现对传统比较优势、区域市场发展的“路径依赖”，产品、技术、贸易方式创新和竞争压力不足，新市场开拓的积极性和投入不够。表现在贸易商品结构上，本阶段末（2001 年）青岛市工业制成品出口所占比重，以及其中机电产品和高新技术产品出口所占比重，均明显低于全国平均水平（表 2-15）。在贸易方式上，本阶段末青岛市一般贸易出口所占比重，不仅低于全国平均水平，而且大大低于山东省平均水平（表 2-16）。在贸易国别（地区）市场结构上，青岛市对前五位国别（地区）的进出口市场依赖程度，也明显高于全国和山东省平均水平（表 2-17）。

表 2-16　2001 年青岛市、山东省和全国出口贸易方式结构对比（单位：%）

项目	一般贸易占出口比重	加工贸易占出口比重	其他贸易占出口比重
青岛市	27.1	71.4	1.5
山东省	50.4	49.0	0.6
全国	42.1	55.4	2.5

资料来源：《青岛统计年鉴 2002》《山东统计年鉴 2002》《中国统计年鉴 2002》

注：其他贸易包括易货贸易、补偿贸易、保税贸易和租赁、寄售、边境小额贸易、对外承包工程出口等

表 2-17　2001 年青岛市、山东省及全国货物贸易国别（地区）市场结构（单位：%）

项目	前五位出口国家（地区）占总出口比重	前五位进口国家（地区）占总进口比重	前五位贸易国家（地区）占总贸易比重
青岛市	70.8	75.6	72.2
山东省	68.8	67.6	67.8
全国	63.1	54.8	59.2

资料来源：同表 2-16

二、旅游服务贸易

伴随着青岛对外开放进程的加快和领域的不断扩大，作为服务贸易主要项目的入境旅游服务贸易，也实现了较快发展。统计资料显示，本阶段青岛市入境旅游人数，由 1993 年的 13.7 万人增长到 2001 年的 32.3 万人，为 1992 年的 3.2 倍。同期，旅游外汇收入由 0.48 亿美元增加到 1.78 亿美元，约是 1992 年的 4 倍。随着涉外旅游景点的增加和服务质量的提高，入境游客人均旅游外汇支出也逐渐增加，由 1993 年的 350.4 美元增加到 2001 年的 551.1 美元，本阶段合计入境游客人均旅游外汇支出达到 456.5 美元，显著高于同期山东省（391.1

美元）和全国（188.9 美元）平均水平（表 2-18）。

表 2-18　1993～2001 年青岛市入境旅游及外汇收入变化情况

年份	入境旅游人数/万人	旅游外汇收入/亿美元	旅游外汇收入增长率/%	外汇收入占货物出口比重/%	人均外汇支出/美元	外汇收入占山东省比重/%	外汇收入占全国比重/%
1993	13.7	0.48	6.67	4.79	350.4	66.67	1.02
1994	15.8	0.50	4.17	3.05	316.5	46.73	0.68
1995	17.8	0.58	16.00	2.37	325.8	37.66	0.66
1996	19.1	0.66	15.30	2.30	345.5	33.67	0.64
1997	19.9	0.98	48.48	2.90	492.5	48.04	0.81
1998	20.0	1.02	4.08	2.67	510.0	46.36	0.81
1999	22.8	1.14	11.76	2.55	500.0	43.02	0.81
2000	26.1	1.42	24.56	2.32	544.1	45.08	0.88
2001	32.3	1.78	25.35	2.50	551.1	46.60	1.00
1993～2001 年青岛市合计	187.5	8.56	17.37	2.60	456.5	44.70	0.83
1993～2001 年山东省合计	489.6	19.15	23.16	2.04	391.1	—	—
1993～2001 年全国合计	54 904.5	1 037.30	18.97	6.53	188.9	—	—

资料来源：同表 2-16

但是，本阶段青岛市入境旅游服务外汇收入增长波动性较大，且明显低于上一阶段的外汇收入增速。整体来看，本阶段青岛市年均旅游外汇收入增速仅为 17.37%，不仅大大低于山东省平均增速（23.16%），而且低于全国平均增速（18.97%）。这就导致青岛市入境旅游外汇收入占山东省和全国的比重，呈现出波动中下滑趋势。并且，由于本阶段青岛市入境旅游外汇收入增速远远低于货物出口增长（31.38%），入境旅游外汇收入占货物出口贸易的比重出现较大程度下降（表 2-18）。这在一定程度上反映出，青岛市入境旅游服务业对外开放和国际竞争力的提升步伐，慢于山东省和全国平均水平，更是大大落后于同期青岛市货物贸易及利用外资领域对外开放发展进程。

三、利用 FDI

为在中国特色社会主义市场经济体制建设和扩大对外开放中发挥更加积极的引领作用，青岛市充分利用了中央赋予计划单列城市的“先行先试”政策优势和地缘区位优势，以“一园三区三线”为载体，以吸引中国香港、中国台湾、韩国和日本投资为重点，以扩大区县“招商引资”权限为手段，大力推进制约利用FDI的交通、通信、水电气等基础设施建设，努力提高外资企业服务质量和效率，持续拓展利用外资区域和产业空间，使本阶段利用FDI不仅延续了上一阶段后期快速增长趋势，而且利用外资的水平、质量和结构都有显著提高和改善，成为本阶段推动青岛开放型经济发展的主导力量。

本阶段，青岛市利用FDI项目数累计达到7790个，是探索阶段利用FDI项目的7倍。合同利用外资和实际利用外资规模分别达到427.4亿和78.50亿美元，分别是上一阶段的27.6倍和19.1倍。虽然本阶段青岛市实际利用FDI增速由于受到亚洲金融危机影响而出现较大波动，但平均增速仍达到28.56%，超过上阶段26.43%的年均增速，也高于本阶段全国实际利用FDI的平均增速（26.53%），更是显著高于同期山东省利用FDI的年均增速（18.65%）。更快速的增长，使青岛市实际利用FDI占山东省和全国的比重，也得以不断提高，由1993年的21.70%和1.45%分别提高到2001年的43.66%和3.37%（表2-19）。与此同时，青岛市利用FDI项目平均外资规模也在不断扩大，由1993年的131.5万美元增加到2001年的286.2万美元，比1992年的项目平均外资额增加近1倍。尤其值得关注的是，本阶段FDI超过千万美元的大项目数量成倍增长（虽然受亚洲金融危机影响，出现明显波动），由1993年的68项增加到2001年的127项，大项目金额占全部利用FDI合同金额的比重，也由48.9%提高到54.8%（表2-20）。《财富》世界500强企业对青岛的直接投资项目，由1992年年末的15家企业21个项目增加到2001年年末的45家企业72个项目[①]。这充分反映出，随着规模的扩大，本阶段青岛市利用FDI的水平和质量也逐步提升。

表2-19 1993～2001年青岛市利用FDI情况

年份	外资项目数/个	合同外资/亿美元	项目平均合同外资额/万美元	实际使用外资金额/亿美元	实际使用外资金额增长率/%	实际利用外资占合同外资比重/%	实际使用外资占山东省比重/%	实际使用外资占全国比重/%
1993	1351	17.77	131.5	4.00	98.02	22.5	21.70	1.45
1994	739	12.01	162.5	6.11	52.75	50.9	24.10	1.81
1995	718	14.67	204.3	7.03	15.06	47.9	26.97	1.87
1996	716	16.30	227.7	7.89	12.23	48.4	30.46	1.89

① 数据来自《青岛年鉴2002》，http://qdsq.qingdao.gov.cn/n15752132/n20546841/index.html [2016-04-28]。

续表

年份	外资项目数/个	合同外资/亿美元	项目平均合同外资额/万美元	实际使用外资金额/亿美元	实际使用外资金额增长率/%	实际利用外资占合同外资比重/%	实际使用外资占山东省比重/%	实际使用外资占全国比重/%
1997	617	7.39	119.8	7.92	0.38	107.2	31.68	1.75
1998	553	9.84	177.9	7.83	−1.14	79.6	35.22	1.72
1999	714	17.27	241.9	9.30	18.77	53.9	37.67	2.31
2000	1 128	26.62	236.0	12.61	35.59	47.4	42.44	3.10
2001	1 254	35.89	286.2	15.81	25.38	44.1	43.66	3.37
1993～2001 年青岛市合计	7 790	157.76	202.5	78.50	28.56	49.8	33.60	2.19
1993～2001 年山东省合计	26 216	427.40	163.0	233.60	18.65	54.7	—	—
1993～2001 年全国合计	298 758	6 346.37	212.4	3 591.61	26.53	56.6	—	—

资料来源：同表 2-11

表 2-20　1993～2001 年青岛市利用 FDI 超千万美元项目数

比较项目	1993 年	1994 年	1995 年	1996 年	1997 年	1998 年	1999 年	2000 年	2001 年
项目数/个	68	38	38	56	30	33	44	93	127
合同金额/亿美元	8.7	5.63	7.4	7.7	3.7	4.7	8.9	14.2	19.7
占全部比重/%	48.9	46.83	50.4	47.2	50.1	50.7	51.4	53.4	54.8

资料来源：《青岛年鉴》（1994～2002 年）

不仅如此，本阶段青岛市利用 FDI 的结构也出现一定程度的改善和优化。统计数据显示，青岛利用 FDI 资金来源，由 1993 年的 41 个增加到 2001 年的 67 个，除传统的中国香港、中国台湾、韩国、日本和新加坡等亚洲国家或地区外，来自欧美的直接投资有明显增加，其所占青岛合同利用 FDI 的比重由 1993 年的 15%提高到 2001 年的 23%[①]。从外资企业类型来看，本阶段外商独资企业所占比重迅速提高，由 1993 年的 37.8%提高到 2001 年的 73.0%，而中外合资和中外合作企业所占比重则大幅下降，由 53.1%和 9.1%分别下降到 23.3%和

① 数据来自《青岛年鉴 2002》，http://qdsq.qingdao.gov.cn/n15752132/n20546841/index.html [2016-04-28]。

3.7%。实际利用外资产业结构上，第二产业虽然仍占绝大部分比例，但第三产业所占比重由上一阶段的 15%左右提升到本阶段的 20%左右（表 2-21）。这说明，FDI 在推进青岛工业化进程加速的同时，也在对青岛产业结构优化升级日益发挥作用。

表 2-21　1993～2001 年青岛市 FDI 来源国及行业结构变化

项目	1993 年	1994 年	1995 年	1996 年	1997 年	1998 年	1999 年	2000 年	2001 年
外资来源国别（地区）/个	41	48	51	54	61	56	50	54	67
中外合资企业占比/%	53.1	52.3	44.2	33.9	26.8	29.5	28.8	26.9	23.3
中外合作企业占比/%	9.1	9.4	8.3	6.5	5.3	7.1	6.3	5.1	3.7
外商独资企业占比/%	37.8	38.3	47.5	59.6	67.9	63.4	64.9	68.0	73.0
第一产业利用 FDI 比重/%	1.3	2.1	1.4	1.7	2.6	2.3	1.3	3.1	3.6
第二产业利用 FDI 比重/%	80.9	74.7	75.9	77.7	75.5	77.0	78.7	72.5	77.8
第三产业利用 FDI 比重/%	17.8	23.2	22.7	20.6	21.9	20.7	20.2	24.4	18.6

资料来源：《青岛年鉴》（1994～2002 年）、《青岛统计年鉴》（2001～2002 年）

不过，从统计数据也可以发现，虽然本阶段青岛市实际利用外资到位率（实际利用外资占合同外资比重），与探索阶段相比有明显提高，个别年份接近 80%（1998 年）甚至超过 100%（1997 年），但平均来看，青岛市实际利用外资到位率仍低于山东省（54.7%）和全国（56.6%）平均水平。青岛市利用 FDI 合同外资规模虽然也有扩大，但与全国平均水平相比仍有一定差距（表 2-19）。另外，FDI 来源地虽然有所增加，但来自韩国、日本、中国香港、中国台湾地区的境外资金仍占绝大部分份额，2001 年来自上述四个来源地的合同外资和实际利用外资额，分别占青岛全部合同外资和实际利用外资额的 67%和 70%[①]。

① 数据来自《青岛年鉴 2002》，http://qdsq.qingdao.gov.cn/n15752132/n20546841/index.html [2016-04-28]。

四、国际经济合作

本阶段，青岛市国际经济合作也呈现出快速增长局面。国际工程承包和劳务合作市场范围日益扩大，合作国家（地区）数由 1993 年的 11 个迅速扩展到 2001 年的 71 个。对外工程承包和劳务合作合同金额、营业金额，分别由 1993 年的 0.48 亿美元和 0.25 亿美元，增长到 2001 年的 1.24 亿美元和 0.80 亿美元，年末在外劳务人员数，由 1809 人增长到近 6000 人。对外工程承包和劳务合作营业额的增长虽然呈现明显的波动性，但本阶段年均增速仍然达到 58.33%，远远高于同期山东省（38.56%）和全国（17.36%）的平均增速。更快速的增长，使本阶段青岛市对外工程承包和劳务合作营业额占山东省和全国的比重逐步提高（尽管所占比重出现较为明显的波动），分别由 1993 年的 35.71%和 0.55%提高到 2001 年的 66.91%和 3.08%（表 2-22）。

表 2-22　1993～2001 年青岛市国际工程承包与劳务合作情况

年份	合作国家（地区）数/个	合同金额/亿美元	营业金额/亿美元	营业金额增长率/%	年末在外人数/万人	营业金额占山东省比重/%	营业金额占全国比重/%
1993	11	0.48	0.25	25.00	0.18	35.71	0.55
1994	16	0.50	0.32	28.00	0.32	26.22	0.54
1995	22	0.37	0.40	25.00	0.50	21.85	0.61
1996	26	0.41	0.51	27.50	0.56	17.59	0.66
1997	39	0.54	0.47	−7.84	0.45	12.94	0.56
1998	54	0.60	0.50	6.38	0.44	10.75	0.49
1999	58	0.90	0.67	34.00	0.51	10.53	0.60
2000	63	1.24	0.80	19.40	0.60	17.69	0.71
2001	71	4.07	3.74	367.50	0.59	66.91	3.08
1993～2001 年青岛市合计	—	9.11	7.66	58.33	0.59	24.40	0.98
1993～2001 年山东省合计	—	50.81	31.40	38.56	3.65	—	—
1993～2001 年全国合计	—	1022.62	780.16	17.36	47.47	—	—

资料来源：《青岛年鉴》（1994～2002 年）、《青岛统计年鉴 2002》《山东统计年鉴 2002》《中国统计年鉴 2002》

尤其值得关注的是，在经过前一阶段探索基础上，本阶段青岛市企业ODI取得快速突破。本阶段，青岛市境外直接投资项目累计达到66个，累计投资总额达15 529万美元，其中中方投资9270万美元（表2-23）。境外投资项目分布也日趋广泛，由1993年的11个国家（地区），拓展到2001年年末的34个国家（地区）。同时，境外直接投资形式也由以贸易性为主，过渡到生产加工为主。截至2001年年末，青岛市境外生产性企业和境外加工贸易企业已经达到34家（其中加工贸易企业22家、生产性企业12家），占全部境外投资企业的51.5%。境外加工贸易企业投资规模平均在500万美元以上，高于山东省260万美元的平均水平。在引进国外先进技术设备迅速成长起来的家电电子知名企业海尔、海信，成为本阶段青岛市境外直接投资的主力。海尔集团通过境外直接投资，建立境外项目23个（其中加工贸易项目16个），最大项目投资达2890万美元；海信集团1997年在南非投资建立第一条海外彩电生产线，2001年又增资至1220万美元。境外投资带动设备、技术、原材料、零部件出口，已成为青岛市外贸出口新的增长点。2001年青岛市境外投资项目带动出口1.02万美元，增长86.62%（表2-23）。

表2-23　1993～2001年青岛市境外投资发展情况

年份	项目数/个	协议金额/万美元	中方投资额/万美元	境外投资带动出口/万美元
1993～1998	38	2 964.0	1 719.0	—
1999	10	5 026.0	3 502.3	—
2000	9	2 270.0	1 459.7	5 454.9
2001	9	5 269.0	2 589.0	10 180.0
合计	66	15 529.0	9 270.0	—

资料来源：《青岛年鉴》（1994～2002年）

综合以上分析可以看出，本阶段青岛市外向型经济发展呈现以下基本特点：充分发挥本地要素资源比较优势和对外开放区位优势，充分利用国家赋予的“计划单列市”权限和优惠政策，更加积极主动地参与区域国际分工，通过举办和参加境内外投资贸易洽谈会、展销会等“走出去”和“请进来”等手段，展示开放优势、拓展开放空间，调动一切积极因素改善开放环境。随着社会主义市场经济体制的逐步建立，青岛市外向型经济发展空间、产业领域和市场范围迅速扩大，外向型经济发展主体日益多元化；货物进出口、旅游服务贸易、利用外资、国际工程承包与劳务合作等全面扩张，ODI也开始起步。本阶段青岛开放型经济发展，虽然仍以依托国内生产体系和引进境外资金、技术等要素资源来优化配置国内资源为主，但率先成长起来的部分国内企业，已经开始主动“走出去”，积极参与国际生产分工，在境外市场优化配置国际生产要素资源。

第三节 全面发展阶段（2002～2010年）

2001年11月中国成功加入WTO，成为WTO第143个成员，标志着中国对外开放进入一个全新的发展阶段，也推动着青岛开放型经济进入全面发展的新阶段。按照加入WTO协议，一方面，WTO其他成员逐步放宽对中国的各种贸易和投资限制，国际市场环境大大改善，为更多国内企业“走出去”创造了条件；另一方面，中国加快了以市场经济体制为目标的改革进程和国内市场对外开放的步伐，国内企业也日益面临实力更强大的国际企业的竞争压力。这无疑大大激发了中国各类经济主体按照国际规则和国际惯例，深入参与经济全球化和国际分工的自觉性和主动性，也进一步推动了包括青岛在内的中国各地政府，采取更加积极主动的政策措施，从个别、局部、区域的开发开放走向全方位、多层次和宽领域的开发开放，从而促进开放型经济向更高层次和更高水平发展。

本阶段青岛开放型经济发展，紧密结合城市现代化、经济全球化以及企业与市场竞争国际化的要求，更加着眼于完善有中国特色的社会主义市场经济体制，按照“大青岛”发展框架，统筹国内发展与对外开放之间的关系，通过对外开放范围的继续拓展和进一步深化，来推进全市经济体制改革，继续巩固青岛市在山东开放型经济发展中的“龙头”引领地位。在本阶段青岛开放型经济的全面发展中，已经建立的国家和省级对外开放“先导区”继续发挥着其引领、示范和带动作用。2003年3月和2006年5月分别由国务院获批设立的青岛出口加工区、青岛西海岸出口加工区，对进一步提升加工贸易在青岛开放型经济发展中的带动作用发挥了积极作用。由山东省政府批准，2006年8月设立的青岛临港经济开发区和2009年10月设立的青岛董家口循环经济区，大大加快了青岛市区域国际航运和贸易中心建设进程，促进了青岛市对外开放的经济、社会与资源、环境效益的不断协调。而逐步推进和深入参与实施的“走出去”“自贸区”“自主创新”“品牌国际化”“服务外包”等战略，则推进了本阶段青岛开放型经济发展质量、层次和效益的持续提升。

一、货物贸易

加入WTO后，不仅由关税不断削减和非关税措施逐步减少所带来的中国与其他成员方的市场开放度不断提高，而且，由WTO各项协定所推动的以各类企业为主体、以市场配置资源为导向的对外贸易经营管理体制改革进一步深化。其最直接的效应是降低进出口贸易成本、扩大贸易规模，而间接效应则是贸易结构不断优化、贸易质量和水平逐渐提高。上述效应在本阶段青岛市货物贸易发展中的得到了较好的体现。

本阶段，青岛市货物贸易总额由 2002 年的 140.9 亿美元增加到 2010 年的 561.5 亿美元，年均增速为 19.9%，其中出口、进口额分别由 85.0 亿美元、55.9 亿美元增加到 333.5 亿美元、228.0 亿美元，年均增速分别为 20.8%和 19.0%。受 2008 年由美国"次贷危机"引发的国际金融危机影响，2009 年青岛市货物贸易虽然出现较大幅度下滑，但在提高出口退税率、降低贸易环节收费等多项政策的激励作用下，2010 年对外贸易又迅速得到恢复，实现了 31.9%的本阶段第二高的贸易增速（表 2-24）。在对外（货物）贸易规模继续扩大的同时，本阶段青岛市国别（地区）贸易市场范围也在持续扩大，出口和进口贸易国别（地区）分别由 2002 年的 189 个和 102 个扩大到 2010 年的 209 个和 132 个（表 2-25）。从贸易市场集中度来看，虽然 2010 年前五位出口、进口和进出口贸易市场所占比重，仍分别高于全国平均水平，但却已明显低于山东省平均水平（表 2-26）。这反映出，本阶段青岛市贸易开放度继续提高的同时，对外贸易市场"多元化"战略实施效果明显，贸易市场结构有了显著改善。

表 2-24　2002～2010 年青岛市货物贸易变化情况

年度	贸易总额/亿美元	贸易总额增长率/%	出口金额/亿美元	出口金额增长率/%	进口金额/亿美元	进口金额增长率/%	贸易差额/亿美元	贸易额占山东省比重/%	贸易额占全国比重/%
2002	140.9	14.1	85.0	19.4	55.9	6.8	29.1	41.5	2.3
2003	178.5	26.6	103.6	21.8	74.9	33.9	28.7	39.9	2.1
2004	243.3	36.3	139.1	34.4	104.2	39.1	34.9	40.0	2.1
2005	304.6	25.2	175.9	26.4	128.7	23.5	47.2	39.6	2.2
2006	365.6	20.0	216.5	23.1	149.1	15.9	67.4	38.4	2.1
2007	436.1	19.3	267.8	23.7	168.3	12.9	99.5	35.6	2.0
2008	521.6	19.6	314.6	17.5	206.9	23.0	107.7	33.0	2.0
2009	439.9	−13.3	269.2	−10.3	170.6	−17.6	98.6	31.7	1.9
2010	561.5	31.9	333.5	31.0	228.0	33.6	105.5	29.7	1.9
2002～2010 年青岛市合计	3 192.0	19.9	1 905.2	20.8	1 286.6	19.0	618.6	34.7	2.0

续表

年度	贸易总额/亿美元	贸易总额增长率/%	出口金额/亿美元	出口金额增长率/%	进口金额/亿美元	进口金额增长率/%	贸易差额/亿美元	贸易额占山东省比重/%	贸易额占全国比重/%
2002～2010年山东省合计	9 197.4	24.1	5 407.3	22.4	3 789.9	26.7	1 617.4	—	—
2002～2010年全国合计	157 276.3	22.6	85 142.9	22.9	72 106.2	22.4	13 036.7	—	—

资料来源：根据《青岛统计年鉴 2011》《山东统计年鉴 2011》《中国统计年鉴 2011》发布数据整理

表 2-25　2002～2010 年青岛市货物进出口贸易市场（国别或地区）（单位：个）

项目	2002 年	2003 年	2004 年	2005 年	2006 年	2007 年	2008 年	2009 年	2010 年
出口国别（地区）数	189	194	204	212	210	209	205	208	209
进口国别（地区）数	102	122	123	139	139	135	138	134	132

资料来源：根据《青岛年鉴》（2003～2011 年）发布数据整理

表 2-26　2010 年青岛市、山东省及全国货物贸易国别（地区）市场结构（单位：%）

项目	前五位出口国别（地区）占总出口比重	前五位进口国别（地区）占总进口比重	前五位贸易国别（地区）占总贸易比重
青岛市	53.0	50.6	51.8
山东省	68.1	61.6	63.4
全国	48.1	43.5	42.6

资料来源：同表 2-24

随着社会主义市场经济体制改革的不断深入，尤其是对外贸易经营权由“审批制”转变到“备案制”（2004 年），大大激发了民营企业的对外贸易活力。这就使本时期青岛市货物贸易企业结构发生显著变化：国有企业和外资企业出口占全部出口贸易比重逐步下降，分别由 2002 年的 16.8%、68.9%下降到 2010 年的 11.5%、50.5%；而民营企业出口所占比重，自 2004 年起则迅速上升，2002 年仅占 2.3%，2003 年也仅为 5.0%，2004 年就快速提高到 15.3%，之后这一比重稳步提高，2010 年达到 29.8%，高于同年山东省和全国平均水平；本阶段其他企业（主要为集体企业）出口所占比重，也呈现不断下滑趋势（表 2-27）。这说明青岛市出口贸易企业结构，本阶段由严重依赖外资企业的局面，逐步向多种企业类型均衡发展的方向进行调整和优化。

表 2-27　2002～2010 年青岛市出口贸易企业结构（单位：%）

年份	国有企业	外资企业	民营企业	其他企业
2002	16.8	68.9	2.3	11.8
2003	17.4	67.2	5.0	10.4
2004	15.6	64.1	15.3	5.0
2005	22.9	55.3	15.5	6.3
2006	12.2	60.2	18.7	8.8
2007	12.0	58.3	21.7	8.0
2008	12.4	54.5	25.0	8.1
2009	10.7	53.8	27.2	8.3
2010	11.5	50.5	29.8	8.2
2010（山东省）	11.6	54.3	27.0	7.1
2010（全国）	14.9	54.7	27.3	3.1

资料来源：同表 2-24

随着经济发展、技术进步和工业化水平的快速提升，本阶段青岛市货物贸易商品结构继续延续了上阶段的优化趋势。出口贸易中初级产品所占比重，由 2002 年的 15.9%下降到 2010 年的 9.4%；制成品出口所占比重则相应地由 84.1%提高到 90.6%，其中机电产品和高新技术产品出口所占比重，分别由 31.9%、7.5%提高到 38.9%、9.8%。从初级产品和工业制成品出口所占比重比较，青岛市出口贸易结构优于山东省，但低于全国水平。从工业制成品出口贸易内部结构比较，青岛市机电产品出口，特别是高新技术产品出口所占比重，明显低于山东省和全国平均水平（表 2-28）。这反映出，本阶段青岛市出口商品结构虽然继续得到改善，但是，在改善的速度和程度上，仍然落后于山东省和全国平均水平。

表 2-28　2002～2010 年青岛市出口贸易商品结构变化（单位：%）

年份	初级产品占出口比重	工业制成品占出口比重	其中	
			机电产品	高新技术产品
2002	15.9	84.1	31.9	7.5
2003	14.4	85.6	31.9	8.0

续表

年份	初级产品占出口比重	工业制成品占出口比重	其中	
			机电产品	高新技术产品
2004	14.2	85.8	35.2	8.6
2005	13.3	86.7	32.6	10.2
2006	12.7	87.3	38.3	11.7
2007	9.8	90.2	40.6	10.4
2008	9.5	90.5	41.6	11.5
2009	9.7	90.3	38.3	10.8
2010	9.4	90.6	38.9	9.8
2010（山东省）	12.9	87.1	43.2	16.9
2010（全国）	5.2	94.8	59.2	31.2

资料来源：同表 2-24

本阶段，青岛市的出口贸易方式结构也呈现加快改善态势。一般贸易出口所占比重快速提升，由 2002 年的 32.7%提升到 2010 年的 47.5%；加工贸易出口所占比重大幅下降，由 66.3%下降到 46.9%；同时，其他出口贸易方式所占比重由 1.1%增加到 5.6%，也有明显提高（表 2-29）。一般贸易出口所占比重与山东省平均水平相当，但高于全国水平；加工贸易出口所占比重与全国平均水平相同，但略低于山东全省比重。需要特别关注的是，青岛市加工贸易增值率 2004 年之前一直低于山东和全国平均水平，但自 2004 年起青岛市加工贸易增值率开始超过山东和全国水平①，而且高于后两者的程度，继续呈逐步提高趋势。2001 年青岛市加工贸易增值率仅为 31.3%，分别比山东、全国低 27.7 个、25.6 个百分点，2004 年青岛市该指标提高到 70.5%，分别比山东、全国高 6.4 个、32.6 个百分点，2010 年青岛市这一指标进一步提升到 128.2%，分别比山东、全国高出 35.4 个、50.8 个百分点（图 2-1）。这在很大程度上说明，本阶段青岛市出口贸易方式结构逐步得到优化的同时，其加工贸易效益和转型升级效果，显著优于山东和全国平均水平。

表 2-29　2002～2010 年青岛市、山东省和全国出口贸易方式结构对比（单位：%）

年份	一般贸易占出口比重	加工贸易占出口比重	其他贸易占出口比重
2002	32.7	66.3	1.1
2003	36.8	61.9	1.3

① 加工贸易增值率=（加工贸易出口额—加工贸易进口额）/加工贸易进口额。

续表

年份	一般贸易占出口比重	加工贸易占出口比重	其他贸易占出口比重
2004	35.9	62.5	1.6
2005	42.5	55.3	2.2
2006	40.6	56.5	2.9
2007	43.5	52.0	4.5
2008	45.6	49.7	4.7
2009	45.5	49.9	4.6
2010	47.5	46.9	5.6
2010（山东省）	47.7	47.8	4.5
2010（全国）	45.7	46.9	7.4

资料来源：同表 2-24

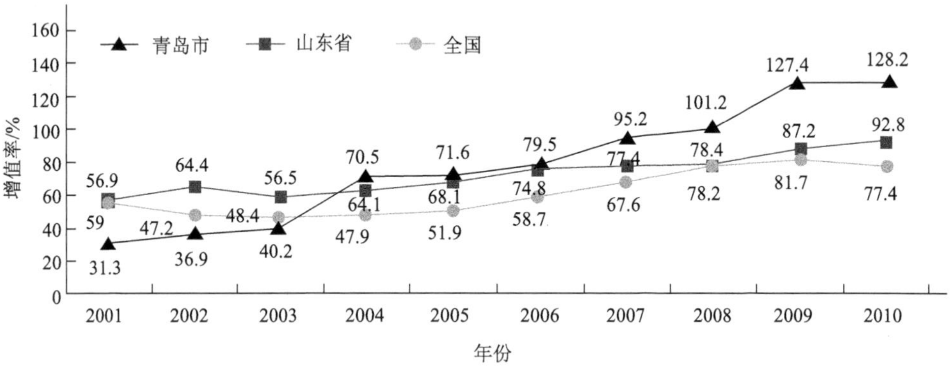

图 2-1 2002～2010 年青岛市、山东省和全国加工贸易增值率比较

资料来源：国家商务部网站：进出口贸易统计（2001～2010 年）

不过，也应该清醒地认识到，本阶段青岛市货物贸易增速，不仅大大低于上一阶段，而且明显低于山东和全国平均水平，这就导致青岛市货物贸易占山东省和全国的比重不断下降，由 2002 年的 41.5%、2.3%分别下降到 2010 年的 29.7%、1.9%（表 2-24）。与全国平均水平相比，本阶段青岛市贸易市场集中度仍然较高（表 2-26）；青岛市工业制成品出口所占比重，尤其是工业制成品中附加值较高的机电产品和高新技术产品出口所占比重，仍有很大发展空间和改善潜力（表 2-28）。当然，从另一个角度考虑，本阶段青岛市贸易增速放缓，而贸易市场结构、贸易企业结构和贸易市场结构等多个方面的明显改善，也反过来说明，青岛市本阶段货物贸易发展的重点，已开始从“数量增长和规模扩张”逐步转向“质量提升和结构优化”。

二、服务贸易

对外贸易由货物贸易和服务贸易两个部分构成，但由于我国服务贸易统计制度，尤其是区域层面的服务贸易统计发布制度建立较晚，区域层面完整的服务贸易统计数据难以获得。更重要的是由服务业发展滞后、国际竞争力不强所导致的服务贸易规模偏小，使得无论在学术研究还是在政策实践上，从区域角度分析研究对外贸易都把关注重点放在货物贸易上，涉及服务贸易时绝大多数也都集中在“旅游服务（出口）贸易”这一项上[①]。基于上述原因，在对青岛开放型经济发展历程前两个阶段的分析中，本书也仅涉及“旅游服务（出口）贸易”。随着国际服务外包业务的迅速兴起和区域层面服务贸易统计数据发布制度的逐步建立，自 2006 年起较为完整的青岛市服务贸易数据得以获取，这就使得本阶段从整体角度分析青岛市服务贸易发展变得可行。

统计数据显示，青岛市服务贸易总额、出口额和进口额，分别由 2006 年的 29.33 亿美元、10.93 亿美元和 18.38 亿美元增长到 2010 年的 56.88 亿美元、26.42 亿美元和 30.46 亿美元。五年的平均增速分别达到 21.8%、29.9% 和 16.8%，不仅明显高于 2006～2010 年货物贸易增速[②]，也高于同期山东省和全国服务贸易年均增速，使本阶段青岛市服务贸易占山东省和全国的比重逐步提高。虽然，本阶段青岛市服务贸易同山东省和全国一样，也出现持续贸易逆差，但逆差额呈现缩小趋势（表 2-30）。由此可见，本阶段青岛市服务贸易发展，不仅明显快于货物贸易，而且好于山东省和全国平均发展水平，服务贸易对青岛市整体对外贸易发展的贡献度不断提升，青岛市服务业国际竞争力在山东省和全国处于较高地位。这也预示着，在未来青岛市对外贸易发展方式转型、结构优化和向更高层次开放型经济升级过程中，服务贸易将发挥越来越重要的推动作用。

---

① 按照 WTO《服务贸易总协定》的定义和分类，国际工程承包中的“建筑服务”以及属于自然人流动的“劳务输出”，也都属于服务贸易范畴，但是，按照我国传统实践分类以及现有商务部门统计，仍把这两类列入“国际经济合作”范畴。为便于理解和避免引发歧义，本书仍沿用我国的传统分类和统计习惯，把“建筑服务”“劳务输出”列入“国际经济合作”部分进行分析阐述。

② 根据表 2-24，2006～2010 年，青岛市货物贸易总额、出口额和进口额年均增速分别为 15.5%、17.0% 和 13.6%。

表 2-30　2006～2010 年青岛市服务贸易变化情况

年份	贸易总额/亿美元	贸易总额增长率/%	出口金额/亿美元	出口金额增长率/%	进口金额/亿美元	进口金额增长率/%	贸易差额/亿美元	服务贸易占总贸易比重/%	贸易额占山东省比重/%	贸易额占全国比重/%
2006	29.33	20.6	10.93	28.5	18.38	17.3	−7.45	7.4	35.4	1.53
2007	37.49	27.8	14.87	36.1	22.61	23.0	−7.74	7.9	39.3	1.59
2008	56.68	51.2	25.06	68.5	31.63	39.9	−6.57	9.8	46.2	1.66
2009	42.06	−25.8	18.62	−25.7	23.44	−25.9	−4.79	8.7	43.7	1.70
2010	56.88	35.2	26.42	41.9	30.46	29.9	−4.04	9.2	42.6	1.76
2006～2010 年青岛市合计	222.44	21.8	95.90	29.8	126.52	16.8	−30.59	8.7	41.9	1.63
2006～2010 年山东省合计	530.22	19.9	210.10	22.5	320.12	18.3	−110.02	7.0	—	—
2006～2010 年全国合计	13 962.13	18.9	6 583.09	19.5	7 379.04	18.6	−795.95	10.7	—	—

资料来源：作者根据青岛商务局、山东省商务厅和国家商务部发布数据整理

在入境旅游服务领域中，入境旅游服务出口外汇收入和人均外汇支出继续呈现波动中增加趋势，入境旅游外汇收入由 2002 年的 2.4 亿美元增加到 2010 年的 6.0 亿美元，同期入境游客人均外汇支出也由 574.2 美元增加到 594.1 美元。虽然由于年均增速略低于同期货物贸易增速和同期山东省旅游外汇收入增速，青岛市旅游服务出口外汇收入占货物贸易比重，以及占山东省旅游外汇收入比重有所下降，但由于本阶段旅游外汇收入增长速度大大高于全国平均增速，青岛市旅游外汇收入占全国的比重出现一定程度提升，由 2002 年的 1.2%提高到 2010 年的 1.4%。并且，本阶段青岛市旅游外汇收入占货物贸易比重，仍然高于山东省平均水平，显示出青岛市入境旅游服务在山东省仍具有较强竞争优势（表 2-31）。

表 2-31　2002～2010 年青岛市入境旅游及外汇收入变化情况

年份	入境旅游人数/万人	旅游外汇收入/亿美元	旅游外汇收入增长率/%	外汇收入占货物出口比重/%	人均外汇支出/美元	外汇收入占山东省比重/%	外汇收入占全国比重/%
2002	41.8	2.4	34.8	2.82	574.2	50.9	1.2
2003	34.1	1.8	–24.6	1.74	530.8	48.9	1.1
2004	52.2	2.9	61.3	2.08	559.4	51.5	1.1
2005	68.4	4.2	42.1	2.38	606.7	53.2	1.4
2006	85.5	5.4	30.8	2.49	635.1	53.6	1.6
2007	108.2	6.8	24.4	2.54	623.8	49.9	1.6
2008	80.1	5.0	–25.9	1.59	624.2	35.9	1.2
2009	100.1	5.5	10.3	2.04	551.4	31.2	1.4
2010	108.1	6.0	19.9	1.79	594.1	30.7	1.4
2002～2010 年青岛市合计	678.5	40.0	19.2	2.10	589.5	40.5	1.4
2002～2010 年山东省合计	1 823.1	98.7	22.9	1.83	541.4	—	—
2002～2010 年全国合计	106 597.5	2 950.3	12.3	3.46	276.8	—	—

资料来源：同表 2-24

在起步较晚的离岸服务外包领域，青岛市也取得快速发展，成为引领本阶段服务贸易发展的新兴力量。统计数显示，2006 年青岛市承接离岸服务外包合同额和执行额，仅分别为 0.31 亿美元和 0.16 亿美元，到 2010 年就增加到 1.92 亿美元和 1.56 亿美元，分别增长 5.2 倍和 8.7 倍。从事离岸服务外包业务的企业有 2006 年的 20 家增加到 2010 年的 167 家，从业人员由 1500 人增加到 13 500 多人。与 2006 年的 23.2%相比，2010 年青岛市离岸服务外包执行额占山东省的比重达到 32.2%，也有明显提升，显示出青岛市在推动山东省离岸服务外包发展上居于“龙头”主导地位。不过，与全国离岸服务外包发展相比，无论合同额还是执行额，本阶段青岛市的增速还相对较慢，导致离岸服务外包占全国的比重呈现下降趋势（表 2-32）。

表 2-32　2006～2010 年青岛市离岸服务外包发展情况

年份	合同额/亿美元	合同额增长/%	执行额/亿美元	执行额增长/%	离岸外包企业数/个	从业人员数/万人	执行额占山东省比重/%	执行额占全国比重/%
2006	0.31	43.2	0.16	50.0	20	0.15	23.2	1.19
2007	0.42	35.5	0.25	56.3	63	0.45	25.1	1.20
2008	0.54	28.6	0.38	52.1	73	0.92	34.5	1.15
2009	1.63	202.6	0.96	152.6	117	1.13	38.4	0.95
2010	1.92	17.8	1.56	62.5	167	1.35	31.2	1.08
2006～2010 年青岛市合计	4.82	65.6	3.31	74.7	167	1.35	—	—
2006～2010 年山东省合计	15.23	72.6	10.29	70.6	236	8.25	—	—
2006～2010 年全国合计	455.36	82.6	326.70	76.5	2810	232.80	—	—

资料来源：作者根据青岛商务局、山东省商务厅和国家商务部发布数据整理

三、利用 FDI

加入 WTO 后，中国在利用外资法规上的不断完善，对外资开放领域的逐步扩大，对外资企业“国民待遇”的逐渐落实，利用外资方式的日益国际化，以及对利用外资综合带动效应的更加重视[①]，使得本阶段青岛市利用 FDI，从“个别区域、部分产业”为开放阶段，走向“全方位、多层次、宽领域”开放阶段，同时，青岛市利用 FDI 的重点，也逐步从注重外资数量向更加注重外资质量和水平转变。

从统计数据来看，本阶段青岛市利用 FDI 项目数、合同外资额和实际利用外

① 利用外资的综合效应，是指外资为中国所带来的经济增长、税收增加、就业促进、技术进步、管理提升、产业结构优化、收入水平提升以及资源节约和环境改善等效应的综合。

资额，在经过了2002～2005年四年的不断增加后，即转入明显的波动中逐步缩小阶段，2010年利用FDI项目数、合同FDI金额和实际利用FDI金额分别为731项、47.6亿美元和28.4亿美元，仅实际利用FDI金额一项超过2002年的规模。由于青岛实际利用FDI增长波动性较大，且年均增速仅为10.68%，不仅大大低于上一阶段28.56%的增速，而且低于本阶段山东省和全国平均水平，导致本阶段青岛市实际利用FDI占山东省和全国的比重，均呈现明显的不断下降趋势，到2010年才又出现回升（表2-33）。在青岛市利用FDI大项目（超千万美元项目）和利用世界500强企业FDI项目上，也基本呈现同样的特点（表2-34）。

表2-33　2002～2010年青岛市利用FDI情况

年份	外资项目数/个	合同外资/亿美元	项目平均合同外资额/万美元	实际使用外资金额/亿美元	实际使用外资金额增长率/%	实际利用外资占合同外资比重/%	实际使用外资占山东省比重/%	实际使用外资占全国比重/%
2002	1 832	55.2	301.3	23.1	46.24	41.85	41.4	4.4
2003	2 248	52.8	234.9	28.2	21.76	53.41	39.7	5.3
2004	2 423	67.7	279.4	37.9	34.96	55.98	43.7	6.3
2005	2 530	95.5	377.5	36.5	–3.76	38.22	40.8	6.1
2006	1 397	31.2	223.3	36.6	0.05	117.31	36.6	5.3
2007	1 068	38.3	358.6	38.1	4.10	99.47	34.6	5.1
2008	640	30.5	476.6	26.4	–30.6	86.56	32.2	2.9
2009	647	27.2	420.4	18.6	–29.4	68.38	23.2	2.1
2010	731	47.6	651.2	28.4	52.8	59.66	31.0	2.7
2002～2010年青岛市合计	13 516	446.0	330.0	273.8	10.68	61.39	35.7	2.8
2002～2010年山东省合计	33 049	1 319.8	399.4	767.4	12.81	58.15	—	—
2002～2010年全国合计	683 297	—	—	9 778.04	11.70	—	—	—

资料来源：同表2-24

表2-34　2002～2010年青岛市利用FDI超千万美元项目数

项目	2002年	2003年	2004年	2005年	2006年	2007年	2008年	2009年	2010年
FDI项目数/个	173	180	213	213	160	133	82	105	158

续表

项目	2002 年	2003 年	2004 年	2005 年	2006 年	2007 年	2008 年	2009 年	2010 年
FDI 合同金额/亿美元	27.80	20.70	21.48	23.62	15.94	20.64	17.85	16.0	31.36
占全部 FDI 比重/%	50.33	39.17	32.3	24.7	51.1	53.96	58.5	58.8	65.9
世界 500 强项目/个	23	25	12	13	11	13	7	11	12

资料来源：《青岛年鉴》（2003～2011 年）

不过，本阶段青岛市利用 FDI 项目平均合同外资额显著增加，由 2002 年的 301.3 万美元增加到 2010 年的 651.2 万美元，项目平均外资规模扩大 1 倍多。本阶段合计的 FDI 项目平均合同外资额也达到 330 万美元，是上一阶段平均外资规模 202.5 万美元的 1.6 倍。本阶段的 FDI 实际到位率也明显提高，由 2002 年的 41.85%提高到 2010 年的 59.66%。合计来看本阶段青岛市利用 FDI 实际到位率达到 61.39%，显著高于上一阶段的 49.8%，也超过了同期山东省 58.15%的外资实际到位率平均水平（表 2-33）。另外，虽然本阶段利用 FDI 大项目数量 2010 年仍低于 2002 年，但是大项目合同 FDI 金额合计占全部利用 FDI 合同额的比重，却有了明显提高，由 2002 年的 50.33%提高到 2010 年的 65.9%（表 2-34）。本阶段青岛市利用 FDI 来源继续呈现增加趋势，由 2002 年的 54 个国家（地区）增加到 2010 年的 63 个国家（地区）；在利用 FDI 企业类型中，外商独资企业继续占据主导地位；第三产业利用外资所占比重虽然 2005 年一度下滑到 10.1%，但之后迅速提高，2010 年这一比重已经达到 45%（表 2-35）。

表 2-35　2002～2010 年青岛市 FDI 来源国及行业结构变化

项目	2002 年	2003 年	2004 年	2005 年	2006 年	2007 年	2008 年	2009 年	2010 年
外资来源国别（地区）/个	54	58	57	48	59	56	53	60	63
中外合资企业占比重/%	19.4	17.9	13.1	10.8	19.1	15.4	15.5	15.3	20.9
中外合作企业占比重/%	2.4	1.7	0.8	0.8	0.9	1.0	0.6	0.3	0.5
外商独资企业占比/%	78.2	80.4	86.1	88.4	80.0	83.6	83.9	84.4	78.6
第一产业利用 FDI 比重/%	2.6	3.6	3.2	3.6	2.3	2.5	0.7	1.2	3.5

续表

项目	2002 年	2003 年	2004 年	2005 年	2006 年	2007 年	2008 年	2009 年	2010 年
第二产业利用 FDI 比重/%	79.3	83.4	86.5	86.3	78.1	76.2	67.3	60.2	52.8
第三产业利用 FDI 比重/%	18.1	13.0	10.3	10.1	19.6	21.3	32.0	38.6	43.7

资料来源：《青岛统计年鉴》（2003～2011 年）

综上可以看出，本阶段青岛市利用 FDI 项目数、合同 FDI 金额虽然呈现下滑态势，实际利用 FDI 金额增速与上一阶段相比也大幅放缓，但是，青岛市利用 FDI 项目规模成倍扩大、外资实际到位率明显提高、超千万美元大项目的规模显著扩大、外资来源国别（地区）持续增加、第三产业利用 FDI 所占比重在下降到“谷底”后快速反弹。这在很大程度上反映出，本阶段青岛市利用 FDI 发展模式，已从过去只注重外资项目数量和外资增长速度，逐步向注重提高外资项目质量、水平和外资产业结构优化转变。

四、国际经济合作

中国加入 WTO 后，成员方市场对中国企业开放的不断扩大，尤其是中国企业竞争实力的迅速增强，也推动中国国际工程承包、劳务合作，尤其是境外投资合作进入新的发展时期。作为最早对外开放、名牌企业云集、经济实力位居前列的青岛，国际经济合作也进入新的发展阶段。

从国际工程承包与劳务和劳务合作领域来看，合作市场持续扩大，合作国家（地区）数量由 2002 年的 73 个增加到 2010 年的 101 个。国际工程承包与劳务合作合同金额虽有所波动，但实际完成营业金额在经历 2003 年的大幅下滑后，保持了稳定增长趋势，累计达到 48.9 亿美元，是上一阶段的 6.8 倍。年末在外从事国际工程承包与劳务合作的人数由 2003 年的 0.38 万人增加到 2010 年的 1.86 万人，增加 3.9 倍。本阶段青岛市国际工程承包与劳务合作完成营业额年均增速低于山东省平均水平，导致其占山东省比重低于上一阶段，但由于年均增速高于全国平均数，营业额占全国的比重与上一阶段相比明显提升（表 2-36）。这反映出在全国比较来看，青岛市在国际工程承包与劳务合作领域，仍具有较强竞争优势。值得一提的是，“青建集团”自 2005 年起就进入最大 225 家国际承包商行列，2010 年位列第 133 位，在入选的 54 家中国企业中列第 28 位。

表 2-36 2002～2010 年青岛市国际工程承包与劳务合作情况

年份	合作国家（地区）数/个	合同金额/亿美元	营业金额/亿美元	营业金额增长率/%	年末在外人数/万人	营业金额占山东省比重/%	营业金额占全国比重/%
2002	73	5.4	4.6	21.7	0.52	54.8	3.2
2003	76	2.1	1.4	–225.0	0.38	14.1	0.8
2004	72	2.1	2.1	47.1	0.48	13.6	1.0
2005	77	2.8	2.7	32.5	0.64	15.6	1.0
2006	79	4.5	4.1	49.8	0.53	17.6	1.2
2007	84	6.3	6.3	54.0	1.49	20.8	1.3
2008	88	7.9	7.0	11.5	1.49	19.5	1.1
2009	93	14.3	9.9	37.8	1.83	19.6	1.2
2010	101	6.7	10.8	8.0	1.86	17.9	1.1
2002～2010 年青岛市合计	—	52.1	48.9	29.1	1.86	19.5	1.2
2002～2010 年山东省合计	—	428.0	251.3	30.9	10.21	—	—
2002～2010 年全国合计	—	6475.5	4161.6	26.8	84.66	—	—

资料来源：《青岛年鉴》（2003～2011 年）、《青岛统计年鉴 2011》《山东统计年鉴 2011》《中国统计年鉴 2011》

国家大力推进的企业“走出去”战略在青岛的有效实施，推动本阶段 ODI 得到迅猛发展，ODI 地域范围不断扩张、投资规模持续扩大、境内投资企业类型日趋多元化、投资对出口的带动作用日益提升。统计数据显示，青岛市 ODI 国别（地区）已从 2002 年的不到 20 个增加到 2010 年的 64 个，分布在世界五大洲①。青岛市 ODI 项目数量由 2002 年的 18 个增加到 2010 年的 91 个，合计达到 533 个，是上一阶段的 8.1 倍。ODI 协议金额由 0.4134 亿美元增加到 5.3105 亿美元，合计为 14.1667 亿美元，是上一阶段的 9.1 倍。其中，中方投资金额由 0.1629 亿美元增加到 4.6959 亿美元，合计为 10.3530 亿美元，是上一阶段的 11.2 倍。青岛市企业实际完成 ODI 金额由 2003 年的 0.0392 亿美元增加到 2010 年的 4.6197 亿美元，增加 117 倍；ODI 存量同期由 1.0848 亿美元增加到 12.3774 亿美元，增加 11 倍。青岛市 ODI 存量占山东省比重虽然呈下降趋势，但仍占到全省的近 1/4，并且 ODI 存量占全国的比重呈现波动中提高态势（表 2-37）。本阶段，青岛市 ODI 数量和规模扩张的同时，单个项目的中方投资额也显著提高。统计数据显示，青岛市 ODI 项目中方平均投资额，在由 2002 年的 90.5 万美元，下降到 2004 年的 21.6 万美元之后，逐步恢复到 2007 年的 87.4 万美元，2008 年达到 329.5 万美元，虽然 2009 年又有所缩小，但 2010 年再次提高到 516 万美元（图 2-2）。

① 数据来自《青岛年鉴 2011》，http://qdsq.qingdao.gov.cn/n15752132/n20546841/index.html [2016-04-28]。

表 2-37　2002～2010 年青岛市境外投资发展情况

年份	项目数/个	协议金额/亿美元	中方投资额/亿美元	实际投资流量/亿美元	实际投资存量/亿美元	投资存量占山东省比重/%	投资存量占全国比重/%	带动出口/亿美元
2002	18	0.4134	0.1629	—	—	—	—	3.22
2003	43	2.0376	0.1398	0.0392	1.0848	35.50	0.33	4.47
2004	61	0.1884	0.1315	0.0018	1.5752	32.29	0.35	5.00
2005	56	0.2094	0.1542	0.0864	1.9752	29.19	0.35	—
2006	64	0.4036	0.3115	0.2237	3.9067	35.41	0.52	—
2007	57	0.6264	0.4981	0.4898	6.9352	32.96	0.59	—
2008	58	2.1260	1.9110	0.1547	5.9636	28.67	0.40	6.34
2009	85	2.8514	2.3481	1.0472	7.2723	27.73	0.36	9.70
2010	91	5.3105	4.6959	4.6197	12.3774	24.96	0.47	11.20
合计	533	14.1667	10.3530	6.6625	12.3774	24.96	0.47	—

资料来源：《山东统计年鉴》（2003～2011 年）、《中国对外直接投资统计公报》（2003～2011 年）

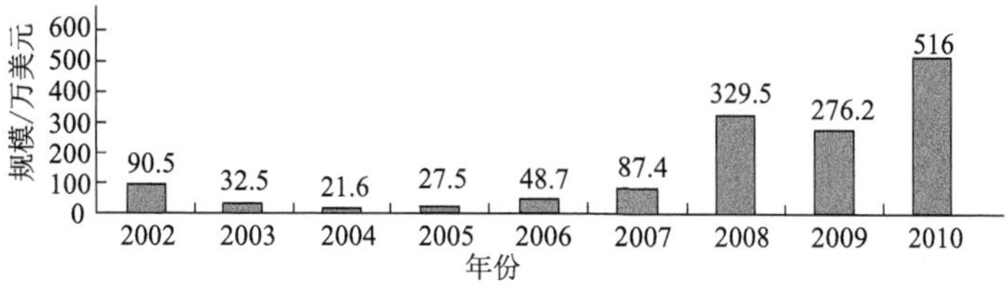

图 2-2　2002～2010 年青岛市 ODI 项目中方平均投资规模变化

资料来源：根据表 2-37 数据计算

在 ODI 国内投资企业类型上，逐步从上一阶段的国有企业为主，向国有企业、民营企业和外资企业等多种所有制企业类型转变，民营企业已逐渐成为境外直接投资的主力军。统计显示，在 2003 年的 43 个 ODI 项目中，民营企业设立 19 个占 44.2%，外商投资企业设立 9 个占 20.9%，合计超过 65%。截至 2010 年年底，青岛市开展 ODI 的国内企业主体已经达到 199 家，包括国有企业、集体企业、民营企业和股份制企业等各种性质的企业。在 2010 年核准的 91 个 FDI 项目中，民营企业设立 77 个，占全部 ODI 项目的 84.6%①。

从青岛市 ODI 项目行业分布来看，虽然贸易类项目（包括贸易公司和代表处）仍占绝大部分比例，但所占比重下降明显，由 2002 年的 77.8%下降到 2010 年的 52.7%。与此同时，生产类 ODI 项目（包括资源开发项目）数量和多占比重则迅速提高，由 2002 年的 16.7%快速提高到 2010 年的 40.6%。从 2007 年起，境外研发类 ODI 项目也开始出现（主要由海尔、海信和金王集团投资设立），

① 数据来自《青岛年鉴 2011》，http://qdsq.qingdao.gov.cn/n15752132/n20546841/index.html [2016-04-28]。

但所占比重仍然较低。境外投资类 ODI 项目所占比重保持稳定（表 2-38）。从具体细分行业来看，本阶段青岛市 ODI 项目分布，由前一阶段的贸易、轻工、纺织、家电为主，迅速向机械与金属制造、水海产品加工、日用品生产以及建筑安装、航运物流、超市经营、不动产销售、旅游资源开发、金融保险，以及技术研发、品牌营销网络等领域拓展。由此可见，本阶段青岛市境外投资，逐步从带动贸易发展的投资贸易互补型投资模式，向带动国内过剩产业转移的市场寻求型模式和促进技术研发能力提升的技术寻求型模式转变。但无论投资模式如何变化，本阶段境外直接投资对促进出口的作用逐步显现，境外投资带动出口由 2002 年的 3.22 亿美元增加到 2010 年的 11.2 亿美元（表 2-37）。

表 2-38　2002～2010 年青岛市境外投资项目行业分布

年份	项目总数/个	生产类项目		投资类项目		贸易类项目		研发类项目	
		数量/个	比重/%	数量/个	比重/%	数量/个	比重/%	数量/个	比重/%
2002	18	3	16.7	1	5.5	14	77.8	0	0.0
2003	43	6	13.9	0	0.0	37	86.1	0	0.0
2004	61	20	32.8	4	6.6	37	60.6	0	0.0
2005	56	8	14.3	0	0.0	48	85.7	0	0.0
2006	64	11	17.2	6	9.4	47	73.4	0	0.0
2007	57	11	19.3	2	3.5	41	71.9	3	5.3
2008	58	17	29.3	0	0.0	41	70.7	0	0.0
2009	85	23	27.1	4	4.7	56	65.9	2	2.3
2010	91	37	40.6	5	5.5	48	52.7	1	1.2
合计	533	136	25.5	22	4.1	369	69.2	6	1.2

资料来源：根据《青岛年鉴》（2003～2011 年）、《山东统计年鉴》（2004～2011 年），以及青岛市商务局、山东商务厅发布境外直接投资数据整理

本阶段青岛市企业 ODI 实现方式，也由过去单一的新建型“绿地”投资，向参股、并购及战略联盟等多种形式发展。如 2009 年海尔集团通过参与新西兰高端白色家电企业“斐雪派克”（Fisher＆Paykel）的融资计划，取得该公司 20%股权；青岛新华锦集团海川饰品收购美国假发经销商 OR 公司；金王集团投资近 6000 万美元收购美国两块油田。海尔集团先后与日本三洋、美国英特尔、中国台湾声宝等联合投资建立研发与销售战略联盟等。据青岛市商务局统计，2010 年青岛市企业完成海外并购项目 21 个，占项目总数的 22.3%，是 2009 年同期的 4.5 倍。

综上所述，本阶段青岛开放型经济发展呈现以下特点：以中国加入 WTO，中

国与世界市场的双向扩大开放为契机，青岛开放型经济发展从过去主要依靠政府主导下的优惠性开放政策，逐步向政府引导下企业发挥市场主导作用转变；由个别方位、优势产业和重点领域开放型经济的率先发展，逐步走向“全方位、多层次、宽领域”的开放型经济全面发展。外贸、外资和外经等开放型经济各个领域均取得较快增长，外贸、外资和外经等三个开放型经济领域之间发展的非均衡性，以及各领域内部发展的非均衡性，都有一定程度改善（表 2-39）。对外贸易领域，货物贸易增速放缓，但贸易商品、贸易市场、贸易方式和企业结构逐步优化，服务贸易日益成为推动对外贸易发展的新动力。利用 FDI 进入深度调整期，外资项目数大幅下滑的同时，实际利用外资增速大幅下滑，但是，单个项目平均外资额、超千万美元项目投资额以及第三产业 FDI 占比，均有显著提升，反映出利用 FDI 的水平得到提升、结构实现优化。在国际经济合作领域，国际工程承包与劳务合作规模保持快速增长趋势，在山东省的地位得到巩固，在全国的地位不断提升；境外直接投资步入“快车道”，投资国别（地区）范围迅速扩大，投资规模（包括流量和存量）呈数倍增长，生产类 ODI 项目所占比重日益提高，投资方式日趋多元化、国际化，民营企业已成为青岛市 ODI 的主力军。本阶段青岛开放型经济发展的特点变化，为下一阶段开放型经济发展方式的转型升级，奠定了较好的基础。

表 2-39　2006～2010 年青岛开放型经济领域占比重变化

年份	开放型经济总规模/亿美元	对外贸易占比/%		利用 FDI 占比/%	国际经济合作占比/%	
		货物贸易	服务贸易		工程承包	境外 ODI
2006	435.85	83.88	6.73	8.40	0.94	0.05
2007	518.48	84.11	7.23	7.35	1.22	0.09
2008	611.83	85.25	9.26	4.31	1.14	0.04
2009	511.51	86.00	8.22	3.64	1.94	0.20
2010	662.20	84.79	8.59	4.29	1.63	0.70

资料来源：根据表 2-24、表 2-30、表 2-33、表 2-36 和表 2-37 数据计算

注：开放型经济总规模为当年对外贸易（包括货物与服务贸易）、实际利用外资和国际经济合作（包括国际工程承包劳务合作营业额与境外 ODI 实际流量）之和

第四节　转型升级阶段（2011 年至今）

在“逆周期”宽松货币政策和积极财政政策的刺激下，我国虽然于 2010 年在全球率先走出 2008 年国际金融危机影响，实现经济和贸易的迅速恢复性增长。但随后爆发的持续时间更长的欧债危机，不仅使世界经济、贸易和投资增长失去动力，造成世界市场需求陷入低迷，而且使发展明显依赖外部市场和资源的中国经济遭受严重打击。更为严峻的是，改革开放以来“要素驱动型”“粗放式”发展方式下，

所长期积累的体制性、社会性、结构性矛盾和问题，也在本时期集中爆发。在开放型经济各领域，这些矛盾和问题的突出表现有：出口产品缺乏自主品牌、自主知识产权和自主营销渠道；传统的低价竞争策略在人民币升值和综合贸易成本不断上升趋势下，导致贸易企业效益下滑、持续发展能力降低；企业创新动力不足、跨国经营能力弱、国际分工地位低，不仅导致在全球价值链分工中所获利益小，而且缺乏贸易规则话语权、产品国际标准确定权、国际市场价格掌控权；“规模数量型”贸易发展和利用FDI方式，加剧了国内资源破坏和生态环境恶化；进口贸易在满足国内市场需求、优化资源配置、促进产业优化升级等方面的作用仍未得到有效发挥；服务业开放滞后、劳动力成本和环境成本快速提高，使我国利用FDI的传统优势逐步丧失；境外ODI在促进国内过剩产业和技术转移、研发和创新能力提升和全球价值链分工地位提高上的作用仍然很小；国际工程承包与劳务合作市场范围、产业领域开发的广度和深度仍然不够；互联网、大数据等信息技术在贸易模式、市场开发、利用外资、境外投资以及国际经济合作等方面的创新性应用及效果仍不明显。上述矛盾和问题，在青岛开放型经济各领域也不同程度地存在。而要化解这些矛盾和问题，必须通过深化改革、扩大开放，实现开放型经济发展方式的转型升级。

为加快推进青岛开放型经济发展的转型升级，按照国际化城市标准，以“世界眼光、国际标准、本土优势”为发展理念，青岛市对开放型经济发展空间格局、城市功能和产业分工等进行了精心规划和顶层设计，聚焦于在进一步发挥传统区位和比较优势的同时，努力培育更多富有本土特色的新型竞争优势，在“新常态”的国内外经济背景下，打造青岛开放型经济发展的“新强态”。为此，青岛市对城市发展空间格局和功能进行了新的调整。为发挥在“山东半岛蓝色经济区”建设中的引领作用，青岛市2012年1月设立“青岛蓝色硅谷核心区”①；2012年5月成立“红岛经济区”②；2014年6月“青岛西海岸经济新区”国务院正式批复成立，成为中国第九个国家级新区③。2016年1月中国首个地方经贸合作推进机制——“青岛国

① 青岛蓝色硅谷核心区位于崂山北麓、黄海之滨、鳌山湾畔，包括鳌山卫、温泉两个街道办事处，规划总面积443平方千米，其中陆域面积218平方千米，海域面积225平方千米，辖116个村庄10.29万人。该区紧紧围绕“中国蓝色硅谷，海洋科技新城”发展定位，突出科技孵化和创新驱动功能，规划建设成为我国科学开发利用海洋资源、走向深海的桥头堡，成为链接全球海洋科研资源的创新平台。

② 青岛红岛经济区，管辖高新区、青岛出口加工区、红岛街道和河套街道。该行政区内有35个社区，户籍总人口8.1万人，陆地面积167平方千米。

③ 青岛西海岸经济新区，管辖规划范围为原青岛市黄岛区、胶南市全域，陆域面积2096平方千米，海域面积约5000平方千米，常住人口139万人。已设立的青岛经济技术开发区，青岛前湾保税港区（国家级），董家口循环经济区，中德生态园，古镇口海洋科技创新区，西海岸国际旅游度假区，青岛（胶南）新技术产业开发试验区，胶南经济开发区（省级开发区），琅琊台省级旅游度假区，临港经济开发区（省级开发区），青岛（开发区）新技术产业开发试验区和西海岸出口加工区，均归属青岛西海岸经济新区。

家自贸区战略地方经贸合作推进工作机制"，经商务部批复后正式启动①。针对青岛开放型经济发展面临的世界经济增长乏力、市场去求疲软、国际竞争加剧，国内资源环境约束趋紧、传统比较优势丧失、区域竞争压力增大等挑战，青岛市在"十二五"发展规划中，也制订了"商务发展流通体系建设""外资赶超战略""创建国际贸易中心城市"行动计划，加快推进内外贸融合发展、联动发展和转型升级，创新商务发展体制机制，拓展发展空间、激发创新活力，优化发展环境、培育竞争新优势。这些计划和措施的有序推进和实施，有效提升了本阶段开放型经济发展水平。

一、货物贸易

由于引发2008年国际金融危机和2010年欧债危机的深层次原因——世界经济失衡——这一结构性矛盾难以在短期内解决，在各种激励政策刺激下快速恢复增长的中国对外（货物）贸易，在世界经济增长乏力、国际市场需求疲软、商品价格持续走低的背景下，开始转入由"高速"到"中低速"增长的"换挡期"，贸易增速大幅放缓甚至出现负增长。

作为典型的出口导向型经济，青岛自然也不可能"独善其身"。统计数据显示，受前期贸易激励政策滞后效应和已有贸易订单后续执行效果的影响，2011年青岛市货物贸易仍实现了27.2%的高速增长，出口和进口贸易增速也均超过两位数，分别达到20.5%和36.9%。但2012年起，青岛市货物贸易增速大幅下滑，2014年货物进口额甚至出现-5.1%的萎缩。2015年以美元计算的货物贸易，则出现全面下跌，货物贸易总体下跌幅度略小于山东省，但明显大于全国平均水平，而货物进口贸易下跌幅度，则均大于山东省和全国的平均水平。综合来看，本阶段青岛市货物出口表现，稍好于山东省整体水平，但明显落后于全国平均水平；货物进口表现则差于山东省和全国整体水平。这就导致青岛市货物贸易占山东和全国的比重，双双出现下降，由上一阶段的34.7%和2.0%分别下降到29.4%和1.9%。这说明，青岛市货物贸易在山东省和全国的地位，整体有所下降（表2-40）。

① 青岛国家自贸区战略地方经贸合作推进工作机制，于2016年1月22日在青岛启动。该推进机制的核心工作是建设"五大基地"：自贸区政策与知识培训基地、实施效果评价基地、对外谈判数据调研基地、复制推广创新研究基地、交流合作活动基地。建立地方经贸合作推进工作机制的主要目的是探索在国家自贸区战略框架下促进地方经贸合作的路径和机制，提高政府机关和企业利用自由贸易协定开展对外经贸合作的使用率和覆盖率，运用自由贸易协定提升地方经贸发展水平，同时为国家自贸协定谈判提供基础材料和数据。

表 2-40　2011～2015 年青岛市货物贸易变化情况

年份	贸易总额/亿美元	贸易总额增长率/%	出口金额/亿美元	出口金额增长率/%	进口金额/亿美元	进口金额增长率/%	贸易差额/亿美元	贸易额占山东省比重/%	贸易额占全国比重/%
2011	712.6	27.2	400.5	20.5	312.1	36.9	88.4	30.2	2.0
2012	732.1	4.2	408.2	3.6	323.9	5.0	84.3	29.8	1.9
2013	779.1	6.5	419.8	2.9	359.3	11.0	60.5	29.2	1.9
2014	798.9	2.5	457.8	9.1	341.1	−5.1	116.7	28.8	1.9
2015	702.0	−12.1	453.3	−1.0	248.7	−27.1	204.6	29.0	1.8
2011～2015 年青岛市合计	3 724.7	5.7	2 139.6	7.0	1 585.1	4.1	554.5	29.4	1.9
2015（山东省）	2 417.5	−12.7	1440.6	−0.5	976.9	−26.2	463.7	—	6.1
2011～2015 年山东省合计	12 675.6	5.8	6 778.4	6.9	5 897.4	4.7	881.0	—	6.4
2015（全国）	39 586.4	−8.0	22 765.7	−2.8	16 820.7	−14.1	5 945.0	—	—
2011～2015 年全国合计	199 281.4	6.3	107 749.5	7.9	91 531.8	4.5	16 187.7	—	—

资料来源：根据《青岛统计年鉴 2015》《山东统计年鉴 2015》《中国统计年鉴 2015》和国家海关总署发布的 2015 年进出口贸易数据整理

但是，国际市场需求疲软所带来的货物贸易金额（规模）增长速度的放缓，却为青岛市贸易企业转变贸易发展方式，优化贸易结构带来机遇，迫使贸易企业加大创新投入，开发新产品、开拓新市场，推广自主品牌、构建营销网络，提升产品质量、降低贸易成本，实施“外贸自主品牌”出口基地培育、“外贸创新服务平台”、建立“海外营销基地”和外贸“总部企业”引进等行动计划。这些努力无疑都将对青岛市贸易结构优化、国际分工地位和市场竞争力提升，对青岛市贸易发展从规模数量型向质量效益型转变，产生积极的促进作用。从现有贸易统计数据已能较为清楚地看出这一转型趋势。本阶段，青岛市货物贸易国别（地区）市场范围持续扩大，出口、进口国别（地区）分别增加 20 个和 40 个，进口国别（地区）市场来源数量增加更为显著（表 2-41）。以此同时，青岛市货物贸易市场集中度与上阶段相比也明显下降，前五位出口、进口和进出口国别（地区）占总出口、总进口和总贸易比重，已全部低于山东省平均水平，上述比重虽仍高于全国整体水平，但高出的幅度显著缩小（表 2-42）。这反映出，本阶段青岛市货物贸易市场结构持续优化，积极开拓新市场的贸易市场多元化战略实施效果明显。

表 2-41　2011～2015 年青岛市进出口贸易市场（国别或地区）（单位：个）

项目	2011 年	2012 年	2013 年	2014 年	2015 年
出口国别（地区）数	212	215	220	229	232
进口国别（地区）数	141	146	155	167	181

资料来源：根据青岛海关发布数据和青岛市商务局业务统计数据整理

表 2-42　2015 年青岛市、山东省及全国贸易国别（地区）市场结构（单位：%）

项目	前五位出口国别（地区）占总出口比重	前五位进口国别（地区）占总进口比重	前五位贸易国别（地区）占总贸易比重
青岛市	43.4	46.6	46.5
山东省	45.3	48.5	47.6
全国	41.5	41.6	46.0

资料来源：同表 2-41

培育壮大贸易企业主体、优化贸易企业结构行动，也取得显著成效。根据青岛商务局统计，2011 年青岛市有进出口贸易实绩的企业为 12 176 家，其中进出口过亿美元企业 105 家，2015 年有进出口实绩企业增加到 19 773 家，其中进出口过亿美元企业增加到 151 家。在青岛市货物贸易企业主体结构中，曾经发挥过重要作用的国有企业和外资企业，其出口所占比重双双下降，分别从 2011 年的 10.9%和 48.3 下降到 2015 年的 9.2%和 35.2%。而民营企业则一枝独秀，所占货物出口比重稳步提高，由 2011 年的 33.2%大幅提高到 2015 年的 50.3%，已占青岛市“半壁江山”，明显高于山东省和全国平均水平。其他类型企业占出口比重虽然呈下降态势，但仍高于山东省和全国整体水平（表 2-43）。

表 2-43　2011～2015 年青岛市出口贸易企业结构（单位：%）

年份	国有企业	外资企业	民营企业	其他企业
2011	10.9	48.3	33.2	7.6
2012	10.3	43.5	38.8	7.4
2013	11.7	39.6	41.7	7.0
2014	11.1	37.8	45.2	5.9
2015	9.2	35.2	50.3	5.3
2015（山东省）	7.6	39.0	48.4	5.1
2015（全国）	10.6	44.2	42.8	2.4

资料来源：同表 2-40

本阶段，青岛市出口商品结构，继续延续上一阶段的优化升级趋势，出口货物中工业制成品所占比重，由 2011 年的 90.8%小幅提升到 2015 年的 91.6%，高于山东省整体水平。其中，机电产品和高新技术产品出口所占比重，2011～2013 年虽然有所下滑，但 2014 年起出现快速回升，尤其是机电产品出口所占比重回升幅度更大，2015 年其所占出口比重达到 43.5%，已经明显高于山东省 40.0%的平均水平。高新技术产出口所占比重虽然仍低于山东省和全国整体水平，但与上阶段相比，差距已显著缩小（表 2-44）。

表 2-44　2011～2015 年青岛市出口贸易商品结构变化（单位：%）

年份	初级产品占出口比重	工业制成品占出口比重	其中	
			机电产品	高新技术产品
2011	9.2	90.8	37.8	9.2
2012	9.2	90.8	36.5	6.5
2013	9.0	91.0	36.3	6.4
2014	8.7	91.3	39.2	8.3
2015	8.4	91.6	43.5	10.0
2015（山东省）	11.3	88.7	40.0	12.3
2015（全国）	4.6	95.4	57.6	28.8

资料来源：同表 2-40

青岛市货物出口贸易方式结构，本阶段也继续得到改善，一般贸易出口所占比重由 2011 年的 50.1%提高到 2015 年的 61.2%，稍低于山东省整体水平，但大大高于全国平均水平。加工贸易出口所占比重则进一步下降，由 45.1%下降到 34.0%，已经低于山东省和全国整体水平（表 2-45）。在加工贸易效益上，青岛市继续领先山东省和全国，加工贸易增值率本阶段虽有一定程度波动，但仍有 2011 年的 139.1%提高到 2015 年的 153.5%，始终远远高于山东省和全国平均水平（图 2-3）。这反映出，本阶段青岛市贸易方式结构改善和加工贸易转型升级效果，明显好于山东省和全国整体水平。

表 2-45　2011～2015 年青岛市、山东省和全国出口贸易方式结构对比（单位：%）

年份	一般贸易占出口比重	加工贸易占出口比重	其他贸易占出口比重
2011	50.1	45.1	4.8
2012	54.8	40.4	4.8
2013	58.1	36.4	5.5
2014	59.9	35.2	4.9
2015	61.2	34.0	4.8
2015（山东省）	62.8	34.2	3.0
2015（全国）	53.5	35.1	11.4

资料来源：同表 2-40

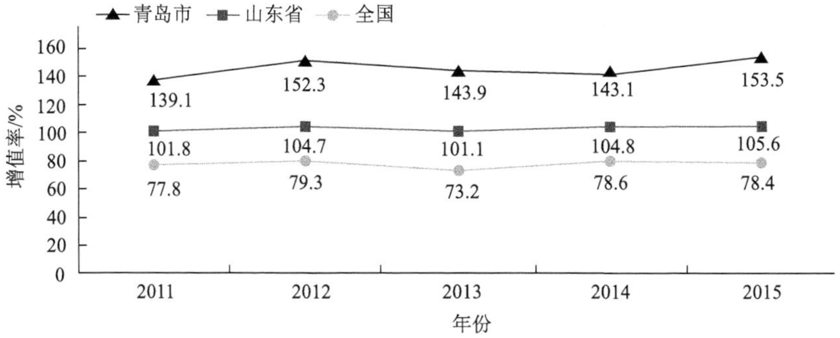

图 2-3　2011～2015 年青岛市、山东省和全国加工贸易增值率比较

资料来源：国家商务部网站：进出口贸易统计(2011～2015 年)

但也应该看到，本阶段青岛市货物贸易转型升级中仍存在的差距和问题，如进口贸易增速下滑幅度过大，导致贸易顺差继续扩大（表 2-40）；附加值较高的机电产品和高新技术产品出口所占比重，仍然大大低于全国平均水平（表

2-40）；贸易企业经营规模仍然较小[①]；自主品牌出口所占比重仍然不高[②]；以互联网为载体的“跨境电商”新型贸易模式，在促进贸易发展中的作用仍不明显[③]。因此，提高进口贸易作用、提升出口产品附加值、培育大型贸易主体、扩大自主品牌产品出口以及加快商务模式创新，应成为未来青岛市贸易发展转型升级的工作重点。

二、服务贸易

产业结构优化升级对服务数量需求的增加，收入水平提高对服务质量要求的提升,基于信息技术的现代服务业的迅猛发展和服务业进一步加快对外开放，对推动本阶段青岛市服务贸易延续上一阶段快速增长趋势发挥了重要作用。尤其是出国留学、出境旅游等境外消费服务拉动了教育、旅游、金融和通信等服务进口的大幅增长。而离岸服务外包业务则成为推动本阶段青岛市服务出口的主导力量。

统计数据显示，青岛市服务贸易规模从 2011 年的 70.3 亿美元增加到 2015 年的 127.4 亿美元，年均增速达到 17.7%，明显高于同期山东省和全国服务贸易整体增速，更是远远高于同期货物贸易 5.7%的年均增速。其中，服务出口、进口贸易额分别从 32.7 亿美元、37.6 亿美元增加到 49.7 亿美元、77.7 亿美元，年均增速分别达到 13.8%和 20.9%。不过，由于服务进口增长快于服务出口，本阶段服务贸易逆差逐步扩大。服务贸易的更快增长，使得服务贸易占总贸易的比重持续提高，由 2011 年的 9.0%提高到 2015 年的 15.4%，与全国平均水平相当，但高于山东省整体水平。服务贸易占全国的比重呈提高趋势，占山东省的比重与上阶段相比虽有所降低，但仍占 37%以上比例，在全省继续处于绝对领先地位（表 2-46）。以上说明，服务贸易在促进青岛市总体对外贸易结构优化和发展方式转型升级上，发挥着越来越明显的积极促进作用。

---

① 根据各市商务部门发布数据计算，2015 年青岛市贸易企业平均出口额为 355.6 万美元，而同期大连市企业平均出口额为 439.9 万美元，厦门市为 471.4 万美元，宁波市为 506.5 万美元。

② 2015 年青岛市 110 个自主品牌产品的出口额为 125 亿美元，占全市出口总额的 17.8%，而同期宁波市 131 个自主品牌产品的出口额达到 260 亿美元，占总出口的 25.9%。

③ 根据商务部门统计，2015 年青岛市跨境电商出口为 1.89 亿美元，进口额 2.21 亿美元。而同期宁波跨境电商出口额达到 5.9 亿美元，进口额达到 4.4 亿美元。

表 2-46　2011～2015 年青岛市服务贸易变化情况

年份	贸易总额/亿美元	贸易总额增长率/%	出口金额/亿美元	出口金额增长率/%	进口金额/亿美元	进口金额增长率/%	贸易差额/亿美元	服务贸易占总贸易比重/%	贸易额占山东省比重/%	贸易额占全国比重/%
2011	70.3	23.6	32.7	23.6	37.6	23.3	–4.9	9.0	37.2	1.7
2012	80.4	14.4	38.1	16.5	42.3	12.5	–4.2	9.9	38.4	1.7
2013	92.4	14.9	43.5	14.2	48.9	15.6	–5.4	10.6	38.5	1.7
2014	118.9	28.7	50.7	16.6	68.2	39.5	–17.5	12.9	40.0	2.0
2015	127.4	7.1	49.7	–2.0	77.7	13.9	–28.0	15.4	37.3	1.8
2011～2015 年青岛市合计	489.4	17.7	214.7	13.8	274.7	20.9	–60.0	11.6	38.4	1.8
2015（山东省）	341.6	14.9	122.2	8.0	219.4	19.3	–97.2	14.1	—	4.7
2011～2015 年山东省合计	1 273.5	14.5	512.9	9.5	755.7	18.9	–242.8	9.1	—	4.6
2015（全国）	7 130.0	14.6	2 881.9	9.2	4 248.1	18.6	–1 366.2	15.6	—	—
2011～2015 年全国合计	27 466.5	14.0	10 935.2	7.8	16 531.3	18.7	–5 596.1	12.1	—	—

资料来源：根据青岛商务局、山东省商务厅和国家商务部发布数据整理

承接离岸服务外包，继续发挥其在服务贸易发展中的引领作用。离岸服务外包合同额和执行额分别由 2011 年的 4.42 亿美元、3.11 亿美元增加到 2015 年的 26.71 亿美元、24.21 亿美元，年均增速为 80.9%和 79.5%，明显高于同期山东省（70.8%和 71.6%）和全国（35.5%和 35.9%）的整体水平，更是远远高于同期青岛市服务贸易年均增速。承接离岸服务外包企业数由 222 家增加到 931 家，吸纳就业人员由 4.1 万人增加到 23.5 万人。更快速的增长，不仅带动了青岛市服务贸易整体的高速发展，而且使得青岛市离岸服务外包执行额占山东省和全国的比重大幅提升，分别由 2011 年的 29.3%、1.3%提升到 2015 年的 36.6%、3.8%（表 2-47）。由此可见，离岸服务外包，在加快青岛市服务贸易发展、优化对外贸易结构、转变贸易发展方式，以及促进创业和扩大就业等方面的作用和效果明显。

表 2-47　2011～2015 年青岛市离岸服务外包发展情况

年份	合同额/亿美元	合同额增长/%	执行额/亿美元	执行额增长/%	离岸外包企业数/个	从业人员数/万人	执行额占山东省比重/%	执行额占全国比重/%
2011	4.42	131.4	3.11	99.4	222	4.10	29.3	1.3
2012	10.64	140.8	8.22	155.1	390	7.25	37.9	2.4
2013	23.40	119.9	16.30	98.3	559	15.00	41.3	3.6
2014	26.10	11.5	21.80	33.6	759	19.80	39.6	3.9
2015	26.41	1.2	24.21	11.1	931	23.50	36.6	3.8
2011～2015 年青岛市合计	90.97	80.9	73.64	79.5	931	23.50	38.2	3.3
2015（山东省）	75.35	0.2	66.1	0.2	2 890	41.60	—	10.2
2011～2015 年山东省合计	274.9	70.8	192.9	71.6	2 890	41.60	—	8.6
2015（全国）	872.9	21.5	646.4	15.6	39 388	862.20	—	—
2011～2015 年全国合计	2 979.3	35.5	2 234.4	35.9	39 388	862.20	—	—

资料来源：根据青岛商务局、山东省商务厅和国家商务部发布数据整理

本阶段，青岛市入境旅游服务贸易进入中低速增长期，入境旅游人数和外汇收入虽然也在增长，但增速放慢且波动性较大。入境旅游人数、旅游外汇收入和人均旅游外汇支出，分别由 2011 年的 115.6 万人、6.9 亿美元和 569.9 美元增加到 2015 年的 133.8 亿美元、9.2 亿美元和 687.6 美元。本阶段，青岛旅

游外汇收入年均增速为 6.5%，低于同期货物出口年均增速 7.0%，使得旅游外汇收入占货物出口比重继续呈下滑趋势，2015 年稍有回升。但由于本阶段青岛市旅游外汇收入增速高于同期山东省和全国整体水平，其占山东省和全国比重本阶段有所回升。从入境旅游人均外汇支出比较，青岛市仍明显高于山东省和全国整体水平（表 2-48）。

表 2-48　2011～2015 年青岛市入境旅游及外汇收入变化情况

年份	入境旅游人数/万人	旅游外汇收入/亿美元	旅游外汇收入增长率/%	外汇收入占货物出口比重/%	人均外汇支出/美元	外汇收入占山东省比重/%	外汇收入占全国比重/%
2011	115.6	6.9	4.6	1.7	596.9	27.1	1.4
2012	127.0	8.2	19.6	2.0	645.7	28.0	1.6
2013	128.3	7.9	−3.6	1.9	639.2	28.9	1.5
2014	128.1	8.2	3.8	1.8	640.1	30.2	1.4
2015	133.8	9.2	12.2	2.0	687.6	31.8	1.5
2011～2015 年青岛市合计	632.8	40.4	7.3	1.9	638.4	29.3	1.5
2015（山东省）	735.3	28.9	6.5	2.0	393.0	—	4.7
2011～2015 年山东省合计	2 527.8	138.1	6.4	2.0	546.3	—	5.1
2015（全国）	13 382.0	613.5	7.8	2.7	458.5	—	—
2011～2015 年全国合计	65 922.5	2 684.2	6.0	2.5	407.2	—	—

资料来源：《青岛统计年鉴》《山东统计年鉴》《国家统计年鉴》（2012～2015 年）；青岛市、山东省和国家旅游局发布的 2015 年入境旅游数据

三、利用 FDI

中国经济发展由高速转入中低速的“新常态”，并未对利用 FDI 产生负面影响，反而由于经济发展步入“转方式、调结构”快车道，各类鼓励创新、创业和扩大内需政策逐步实施，中国继续成为全球对最具吸引力的投资市场和 FDI 东道国①。这一背景下，青岛市利用 FDI 也进入一个新的快速发展期，

① 联合国贸易与发展会议（United Nations Conference on Trade and Development，UNCTAD）每年所做的《世界投资前景调查》表明，快速的经济增长、庞大的国内市场规模、稳定的政局和不断扩大的市场开放等因素，使中国自 2009 年起连续多年超越美国，位列世界最具吸引力投资东道国首位。

利用 FDI 规模继续扩大的同时，FDI 项目的质量、层次和水平进一步提升，结构进一步优化。统计数据显示，在利用 FDI 项目数量没有明显增加的情况下，青岛市合同 FDI 金额由 2011 年的 52.9 亿美元增加到 2015 年的 82.7 亿美元，项目平均利用 FDI 金额由 750 万美元增加到 1083 万美元。实际利用 FDI 金额也由 2011 年的 36.6 亿美元增加到 2015 年的 66.9 亿美元，年均增速达到 19.1%。这一增长速度，不仅大大高于上一阶段 10.68%的年均增速，而且明显高于同期山东省（12.3%）和全国（3.6%）整体年均增速，使得青岛市利用 FDI 占山东省和全国的比重双双呈现提升趋势，分别由 2011 年的 32.5%和 3.1%提高到 2015 年的 41.0%和 4.9%，在山东省和全国利用 FDI 中的地位显著上升（表 2-49）。

表 2-49　2011～2015 年青岛市利用 FDI 情况

年份	外资项目数/个	合同外资/亿美元	项目平均合同外资额/万美元	实际使用外资金额/亿美元	实际使用外贸金额增长率/%	实际利用外资占合同外资比重/%	实际使用外资占山东省比重/%	实际使用外资占全国比重/%
2011	707	52.9	750.0	36.3	27.8	68.6	32.5	3.1
2012	553	60.0	1 085.4	46.0	27.8	76.7	37.2	3.8
2013	645	75.8	1 175.2	55.2	20.0	72.8	39.3	4.5
2014	619	63.9	1 032.3	60.8	10.1	95.1	40.1	4.7
2015	763	82.7	1 083.4	66.9	10.0	80.9	41.0	4.9
2011～2015 年青岛市合计	3 287	335.3	1 020.1	265.2	19.1	79.1	38.4	4.2
2015（山东省）	1 509	200.5	1 328.7	163.0	7.3	81.3	—	12.9
2011～2015 年山东省合计	7 032	860.5	1 223.7	690.6	12.3	80.3	—	10.9
2015（全国）	26 575	—	—	1 262.7	6.4	—	—	—
2011～2015 年全国合计	125 839	—	—	6 341.9	3.6	—	—	—

资料来源：《青岛统计年鉴》《山东统计年鉴》《国家统计年鉴》（2012～2015 年）；青岛市商务局、山东省商务厅和国家商务部发布的 2015 年利用 FDI 数据

代表利用 FDI 层次和水平的超千万美元 FDI 大项目数量，本阶段呈现连续增加态势，项目数量由 2011 年的 185 个增加到 2015 年的 271 个，其中，总投资额超过 1 亿美元的 FDI 项目达到 54 个。FDI 大项目合同金额占全部 FDI 合

同金额的比重，也由 62.9%提高到 91.2%（表 2-50）。一批世界 500 强企业竞相来青岛投资，本阶段有 24 家世界 500 强企业在青岛投资设立 57 个 FDI 项目。与此同时，青岛利用 FDI 来源也继续增加，截至 2015 年年底，青岛市利用 FDI 来源国（地区）达到 83 个，比 2010 年增加 20 个，外资来源市场更加多元化。外资以并购、参股、股权出资等方式参与传统企业重组和改造，带动国有企业改造升级和民营企业发展取得不错成绩，本阶段累计批准并购项目 206 个，并购标的额达到 25 亿美元（李鹏等，2016）。

表 2-50　2011～2015 年青岛市利用 FDI 超千万美元项目数

项目	2011 年	2012 年	2013 年	2014 年	2015 年
FDI 项目数/个	185	196	231	245	271
FDI 合同金额/亿美元	33.3	43.9	58.2	56.6	75.4
占全部 FDI 比重/%	62.9	73.1	76.8	88.6	91.2
世界 500 强项目/个	11	14	10	10	12

资料来源：《青岛年鉴》（2012～2015 年），青岛商务局外资处发布的数据

本阶段，在利用 FDI 结构上，青岛市也取得显著成就。一方面，第一、第二产业利用 FDI 所占比重逐步下降，而第三产业利用 FDI 所占比重则明显上升，由 2011 年的 43.9%上升到 2015 年的 47.2%（表 2-51）。另一方面，第二和第三产业内部利用 FDI 结构也得到逐步优化和升级。高端制造业、高新技术项目利用 FDI 所占比重，整体比“十一五”期间提高 5 个百分点。装备制造业作为制造业引资重点，促进了青岛市制造业向中高端调整升级。2015 年装备制造业利用外资 25.2 亿美元，占制造业利用 FDI 总额的 62.7%，占比较 2011 年提高 24.7 个百分点。在“蓝色经济”领域引进 FDI 项目 300 多个，合同外资近 40 亿美元。战略新兴产业领域引进 FDI，项目 120 个，合同外资 17 亿美元。新兴高端服务业领域利用 FDI 快速发展，本阶段引进投资性 FDI 项目 5 个，保险 FDI 项目 4 个，资产管理 FDI 项目 3 个，融资租赁 FDI 项目 44 个，外资银行 FDI 项目 8 个。截至 2015 年底已有 28 家外资金融机构落户青岛，占山东省外资金融机构 FDI 项目的 75%（李鹏等，2016）。高端服务业利用 FDI 的发展，在提升青岛外商投资环境的同时，有力推进了青岛市财富管理金融综合改革试验区的建设，对青岛市产业结构调整贡献也明显加大。

表 2-51　2011～2015 年青岛市 FDI 来源国及行业结构变化（单位：%）

项目	2011 年	2012 年	2013 年	2014 年	2015 年
第一产业占比重	3.5	2.6	2.8	3.4	2.7

续表

项目	2011 年	2012 年	2013 年	2014 年	2015 年
第二产业占比重	52.6	52.9	51.5	49.7	50.1
第三产业占比重	43.9	44.5	45.7	46.9	47.2

资料来源：同表 2-50

四、国际经济合作

在上一阶段国际经济合作取得快速发展的基础上，青岛市加大了“走出去”战略的实施力度，积极参与推进“一带一路”建设。充分发挥青建集团、中国电力建设、南车股份、中青国际公司、山东外贸集团等国际工程承包劳务合作“龙头”企业的引领作用，加大对中高端外派劳务人员培训机构政策支持力度。通过设立境外工商中心和国际、省级境外经贸合作区，积极推进企业通过链条式转移、集群式发展和园区化经营等方式，实现境外投资的快速健康发展，提高境外投资的集聚效应和投资经营效益①。

国际工程承包与劳务合作领域，规模不断扩大、在山东省和全国地位明显提升。统计数据显示，本阶段青岛市国际工程承包劳务合作合同金额、营业金额和年末在外人数，2015 年分别达到 36.6 亿美元、36.4 亿美元和 2.3812 万人，分别是 2011 年的 5.4 倍、2.7 倍和 3.4 倍。国际工程承包劳务合作营业额年均增速达到 32.9%，不仅高于上一阶段 29.1%的年均增速，而且大大高于同期山东省和全国的整体水平，使其占山东省和全国的比重与上一阶段相比，均有大幅度提高（表 2-52）。这反映出青岛市国际工程承包劳务合作企业，在山东省和全国的竞争力在逐步提升。本阶段，青岛市又有 10 家企业获得国际工程承包资质，继青建集团之后，山东（青岛）电力建设第三公司 2013 年进入全球最大 225 家国际承包商行列。不过，2013 年起青岛市国际工程承包劳务合作营业额增速持续走低，尤其是 2015 年增速仅为 1.4%，大大低于山东省（10.0%）和全国（8.2%）平均水平（表 2-52）。

表 2-52　2011～2015 年青岛市国际工程承包与劳务合作情况

年份	合同金额/万美元	营业金额/万美元	营业金额增长率/%	年末在外人数/万人	营业金额占山东省比重/%	营业金额占全国比重/%
2011	6.8	13.5	25.0	0.7003	16.5	1.3
2012	14.2	33.2	130.2	0.7629	36.9	2.8

① 根据青岛市商务局统计，到 2015 年年底，青岛市设立境外工商中心 4 个。国家级境外经贸合作园区“巴基斯坦海尔—鲁巴工业园”完成一期投资。瑞昌棉业有限公司“赞比亚农产品加工合作园区”被省商务厅和财政厅确认考核。海信南非工业园、恒顺众昇印尼镍铁工业园等 7 个境外合作园区项目已列入商务部“一带一路”建设园区项目库。

续表

年份	合同金额/万美元	营业金额/万美元	营业金额增长率/%	年末在外人数/万人	营业金额占山东省比重/%	营业金额占全国比重/%
2013	31.2	35.0	5.4	0.7113	37.2	2.6
2014	22.8	35.9	2.6	1.3107	35.1	2.5
2015	36.6	36.4	1.4	2.3812	35.8	2.4
2011～2015 年青岛市合计	111.6	154.0	32.9	2.3812	32.0	2.4
2015（山东省）	119.8	101.7	10.0	11.60	—	6.6
2011～2015 年山东省合计	565.1	480.5	13.8	11.60	—	7.4
2015（全国）	2 100.7	1 540.7	8.2	102.70	—	—
2011～2015 年全国合计	8 723.1	6 536.4	9.3	102.70	—	—

资料来源：同表 2-49

随着国家鼓励境外投资各项政策的逐步落实，企业开展境外境外投资经验的逐步积累、主动性、积极性的不断提高，尤其是企业对开展境外投资所带来积极效应认识的逐渐深化，推动青岛市境外 ODI 进入快速扩展期，ODI 层次和水平不断提高、结构进一步优化，ODI 在促进产业转移和出口上的作用也进一步增强。统计数据显示，2015 年青岛市境外 ODI 项目数、中方金额和实际投资金额（流量）分别达到 185 项、31.4588 亿美元和 13.0859 亿美元，分别是 2011 年的 1.9 倍、6.3 倍和 5.8 倍。境外 ODI 存量也由 2011 年的 14.9036 亿美元增加到 2015 年的 57.8389 亿美元，增加 2.9 倍。本阶段合计设立境外 ODI 项目 596 个，超过上一阶段 9 年的 ODI 项目数（533 个）；中方投资金额合计达到 61.5382 亿美元，是上一阶段的 5.9 倍；实际投资流量合计达到 47.0326 亿美元，是上一阶段的 7.1 倍。本阶段，青岛市境外 ODI 存量占山东省的比重虽有下降，但占全国的比重则有所上升（表 2-53）。

表 2-53　2011～2015 年青岛市境外 ODI 发展情况

年份	项目数/个	协议金额/亿美元	中方投资额/亿美元	实际投资流量/亿美元	实际投资存量/亿美元	投资存量占山东省比重/%	投资存量占全国比重/%	带动出口/亿美元
2011	98	5.3204	5.0063	2.3466	14.9036	27.28	0.42	10.45
2012	82	9.5760	8.6157	9.1985	24.5339	25.20	0.56	15.32
2013	93	10.4298	5.2795	10.2267	32.2806	23.11	0.59	17.00

续表

年份	项目数/个	协议金额/亿美元	中方投资额/亿美元	实际投资流量/亿美元	实际投资存量/亿美元	投资存量占山东省比重/%	投资存量占全国比重/%	带动出口/亿美元
2014	138	14.0316	11.1779	12.1749	44.7530	22.71	0.60	20.60
2015	185	33.1000	31.4588	13.0859	57.8389	22.70	0.56	22.81
合计	596	72.4578	61.5382	47.0326	57.8389	22.70	0.56	86.18

资料来源：《山东统计年鉴》（2012～2015 年），《中国对外直接投资统计公报》（2011～2014 年），青岛市商务局、山东省商务厅和国家商务部发布的 2015 年利用 ODI 数据

更加值得关注的是，本阶段反映境外投资层次和水平的青岛市 ODI 项目平均投资规模有显著扩大，境外 ODI 项目中方平均投资额由 2011 年的 510.8 万美元增加到 2015 年的 1700.5 万美元，增加了 2.3 倍（图 2-4）。其中，超千万美元 ODI 项目数量大幅增加，由 2011 年的 10 项增加到 2015 年的 43 项，占全部 ODI 项目数比重更迅速提高，由 10.2%提高到 23.2%。同期，超千万美元 ODI 大项目 ODI 中方投资金额，由 3.3 亿美元增加到 29.8 亿美元，占青岛市全部 ODI 中方投资金额的比重，也由 62.2%上升到 94.7%（表 2-54）。这反映出，青岛市境外 ODI 的质量、层次和水平得到显著提升，也预示着未来青岛市境外 ODI 项目的营收能力、对所在国经济社会发展的影响及对青岛市出口和产业转型升级的带动作用将日益提高。

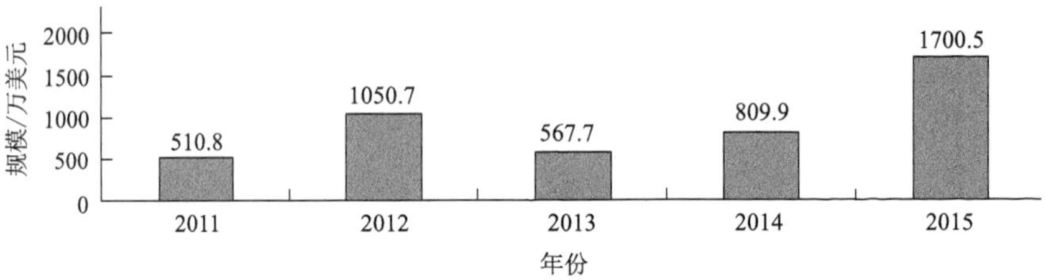

图 2-4　2011～2015 年青岛市境外投资项目平均规模变化

资料来源：根据表 2-52 数据计算

表 2-54　2011～2015 年青岛市境外 ODI 超千万美元项目情况

项目	2011 年	2012 年	2013 年	2014 年	2015 年
项目数量/个	10	19	19	27	43
占全市比重/%	10.2	23.2	20.4	19.6	23.2
中方投资金额/亿美元	3.3	8.6	9.9	12.2	29.8
占全市比重/%	62.2	85.1	83.9	82.9	94.7

资料来源：青岛市商务局境外投资业务统计

在境外ODI规模扩大、层次和水平不断提升的同时，本阶段青岛市境外ODI产业结构也进一步改善和优化。统计数据显示，本阶段青岛市设立生产类ODI项目合计达到186个，占全部ODI项目的比重为31.2%，相比较上一阶段的25.5%提高5.7个百分点；设立研发类ODI项目合计达到20个，占全部ODI项目的比重为3.42%，相比较上一阶段的1.2%提高2.2个百分点；而贸易类ODI项目数占全部ODI项目的比重则下降到60.9%，相比较上一阶段的69.2%下降8.3个百分点（表2-55）。生产类ODI项目主要涉及电子家电、橡胶制品、纺织服装、机械设备和农业种植等青岛市传统产业；研发类ODI项目则全部设立在美国、欧盟和日本等技术发达国家或地区。显示出ODI对促进国内过剩产能转移、落后产业转型和研发创新能力提升的作用在逐渐增强。

表2-55　2011～2015年青岛市境外投资项目行业分布

年份	项目总数/个	生产类项目		投资类项目		贸易类项目		研发类项目	
		数量/个	比重/%	数量/个	比重/%	数量/个	比重/%	数量/个	比重/%
2011	98	23	23.5	4	4.1	67	68.3	4	4.1
2012	82	21	25.6	3	3.7	53	64.6	5	6.1
2013	93	27	29.0	8	8.6	56	60.2	2	2.2
2014	138	41	29.7	5	3.6	89	64.5	3	2.2
2015	185	74	40.0	7	3.8	98	53.0	6	3.2
合计	596	186	31.2	27	4.5	363	60.9	20	3.4

资料来源：《山东统计年鉴》（2012～2015年）和青岛市商务局、山东商务厅发布的境外ODI数据

在境外ODI企业主体上，民营企业继续发挥“主力军”作用，无论ODI项目数量还是金额所占比重继续提升。其中，民营企业ODI项目所占比重由2011年的61.2%提高到2015年的81.6%，而金额所占比重则由85.7%提高到94.2%（表2-56）。在境外ODI投资分布上，随着“一带一路”战略的推进，青岛市对“一带一路”国家的ODI迅猛发展，2015年对23个“一带一路”国家实施87个ODI项目，比2014年增加33个，中方协议投资额18.2亿美元，同比增长145.9%，占全部ODI总额的55.2%。并购方式在境外ODI中所占比重继续提高，2015年青岛市境外并购ODI项目40个，中方协议投资额7.3亿美元，占全部ODI比重达到22.1%，比2014年提高5个百分点。境外并购项目包括家电电子、机械制造、纺织服装、远洋渔业等传统优势产业，以及影视

传媒等新兴产业。另外，境外经贸合作园区建设取得新进展，涉及家电、橡胶、纺织、资源开发和农业种植等产业，总投资 60 多亿美元的 16 个境外经贸合作园区进展顺利。除海尔集团在巴基斯坦投资建设的“海尔-鲁巴工业园”外，海信集团投资建设的南非开普敦“亚特兰蒂斯工业园”正式上报商务部申请国家级园区①。

表 2-56　2011～2015 年青岛市民营企业境外 ODI 情况

项目	2011 年	2012 年	2013 年	2014 年	2015 年
项目数/个	60	55	67	117	151
占全市比重/%	61.2	67.1	72.1	80.7	81.6
中方投资金额/亿美元	4.3	8.9	4.8	13.75	29.63
占全市比重/%	85.7	88.1	91.2	93.7	94.2

资料来源：同表 2-55

综上而言，在受 2008 年国际金融危机和随后发生的欧债危机影响，我国经济社会发展进入经济增速放缓、发展方式转型、结构调整加快、改革开放深化的“新常态”时期，青岛开放型经济也呈现出发展方式转型加快、结构优化升级加快的典型特征。具体表现为，全领域、全方位、全产业链的新型开放型经济发展格局基本形成；以区位优势为基础、“蓝色经济”和战略新兴产业为引领、国际化城市为目标，以国际航运中心、国际贸易中心和“三创”（创新、创业、创客）中心，为国际竞争新优势的开放型经济发展新动力不断增强；外贸、外资和外经等三个开放型经济领域之间及内部的非均衡性进一步得到改善，货物贸易在整个开放型经济中所占比重明显下降，而服务贸易、利用外资、国际工程承包劳务合作以及境外投资所占比重，则均有明显上升（表 2-57）；机电产品出口所占比重稳步提高，货物贸易市场集中度显著下将，民营企业出口比重跃居各类贸易主体首位，一般贸易出口占比大幅提升，加工贸易增值率持续领先，国际服务外包规模迅速扩大；高端制造业、现代服务业以及大项目利用 FDI 占比显著提高；国际工程承包劳务合作规模和范围进一步扩大，以及境外 ODI 质量、层次和水平的明显提升。这都显示出本阶段青岛开放型经济在向更高层次转型升级。这也同时预示着，青岛市正在由开放型经济大市逐步向开放型经济强市迈进。

① 《“十二五”期间我市“走出去”实现增倍发展》, http: //www. qdbofcom. gov.cn:8080/zwfblswyw/219700.htm[2016-03-16]。

表 2-57　2011～2015 年青岛开放型经济领域占比重变化

年份	开放型经济总规模/亿美元	对外贸易占比/%		利用 FDI 占比/%	国际经济合作占比/%	
		货物贸易	服务贸易		工程承包	境外 ODI
2011	835.05	85.33	8.42	4.35	1.62	0.28
2012	900.90	81.26	8.92	5.11	3.68	1.03
2013	971.93	80.16	9.51	5.68	3.60	1.05
2014	1026.67	77.81	11.58	5.92	3.50	1.19
2015	945.79	74.22	13.47	7.07	3.85	1.39

资料来源：根据表 2-40、表 2-46、表 2-49、表 2-52 和表 2-53 数据计算

第三章　从沿海开放城市到对外开放大市
——青岛开放型经济发展贡献

经过起步探索、快速推进、全面发展和转型升级四个阶段的发展，青岛开放型经济在取得显著成就的同时，其对青岛市经济社会发展的贡献，也在不同层面和领域得到逐步体现，日益成为推动青岛市城市建设和经济社会发展目标实现的内生动力。

开放型经济是与封闭型经济相对应的一种经济体制和经济发展模式。在开放型经济中，各种要素、商品与服务可以较自由地跨国界流动，从而实现要素资源的高效配置和高效利用，进而促进经济发展和社会进步。开放型经济对经济发展和社会进步的促进作用，是通过知识、理念、思想的学习，技术、管理、方法的引进，“干中学”（learning by doing）的经验积累，比较优势的发挥，以及在上述基础上的创新等多种途径实现的。开放型经济发展，是一个由低级到高级的渐进发展过程，在这个过程中其对经济发展和社会进步的贡献，也呈现由小到大的递增趋势。但是，由于开放型经济受国际市场需求和世界经济波动影响较大，其对一国（地区）经济发展和社会进步的贡献大小受世界经济周期影响往往出现一定的波动性。考察开放型经济对一国（地区）经济发展和社会进行的贡献，一般从开放型经济各领域，对经济增长、技术进步、结构改善、就业增加和税收贡献等多个方面的促进效应来进行。基于现有统计数据的可获得性，本书将就外贸（货物贸易与服务贸易）、外资（利用 FDI）和外经（国际工程承包与境外投资）这三个开放型经济领域，采用多个可比性指标，就其对青岛市经济发展和社会进步的贡献，做出较为详细的总结分析。

第一节　开放型经济大市的形成

借鉴贸易大国的定义，开放型经济大市可以定义为，开放型经济总规模及所属外贸、外资和外经三个领域的规模，在同类型城市中均位居前列的城市。

经过起步探索（1981～1992 年）、快速推进（1993～2001 年）、全面发展（2002～2010 年）和转型升级（2011 年至今）四个阶段，从特殊地域、特定产业、低层次国际分工，到全地域、全产业、高层次国际分工的开放发展演变过程，就开放型经济规模来衡量，青岛市目前已经发展成为名副其实的开放型经济大市①。

第一，从开放型经济内部各个部门规模排名来看。在 15 个副省级城市中，2015 年青岛市货物贸易规模位列第 5 位；实际利用 FDI 规模位列第 4 位；境外直接投资规模位列第 6 位；国际工程承包营业额位列第 2 位；离岸服务外包执行额和入境旅游服务外汇收入规模，则分别位列第 6 和第 7 位。除离岸服务外包执行额和入境旅游服务外汇收入规模，在 15 个副省级城市中，位次稍低外，其他部门的位次都在前 1/3。在五个计划单列市中（青岛、大连、宁波、厦门和深圳），青岛货物贸易、利用 FDI、境外 ODI、国际工程承包、承接离岸服务外包和入境旅游外汇收入规模，分别位列第 4 位、第 1 位、第 2 位、第 2 位、第 2 位和第 3 位（表 3-1），除货物贸易、入境旅游服务外汇收入规模排位稍低外，其他部门均排在前 2/5 的位置。

表 3-1　2015 年全国 15 个副省级城市开放型经济数据比较（一）

城市	货物贸易		FDI		境外直接投资		离岸服务外包		国际工程承包		入境旅游服务	
	金额/亿美元	位次	金额/亿美元	位次	金额/亿美元	位次	金额/亿美元	位次	金额/亿美元	位次	金额/亿美元	位次
青岛	702.0	5	66.9	4	13.1	5	24.2	6	36.4	2	9.2	7
哈尔滨	47.8	15	8.6	15	3.8	13	9.7	10	12.6	10	1.2	15
长春	141.7	12	10.2	14	2.7	15	0.7	15	4.2	14	2.5	13
沈阳	140.8	13	10.6	13	5.5	12	1.5	14	11.2	11	7.3	10
大连	558.2	7	27.0	10	7.1	9	15.2	7	6.0	13	5.0	12
济南	99.1	14	15.8	12	5.7	11	25.0	5	30.9	4	1.9	14
西安	282.9	10	40.1	8	2.8	14	8.3	11	17.6	9	70.5	1

① 为探索对外开放道路、积累开放发展经验，改革开放以来，从赋予城市政府更大行政决策权考虑，我国相继批准设立了沿海开放城市、副省级城市和计划单列市等特别城市。幸运的是，青岛市均位列上述三类城市之中。由于沿海开放城市除所处地理位置上有相同点之外，在其他方面的差异性较大，在开放型经济发展上的可比性不大。为此，在考察青岛市是否已成为开放型经济大市时，选择与副省级城市和计划单列市进行比较。

续表

城市	货物贸易		FDI		境外直接投资		离岸服务外包		国际工程承包		入境旅游服务	
	金额/亿美元	位次	金额/亿美元	位次	金额/亿美元	位次	金额/亿美元	位次	金额/亿美元	位次	金额/亿美元	位次
成都	394.1	9	75.2	1	9.2	8	2.0	13	24.8	6	8.1	9
武汉	280.7	11	73.4	2	30.3	2	6.5	12	28.1	5	12.0	6
南京	532.7	8	33.4	9	10.3	7	60.6	1	33.3	3	5.8	11
杭州	665.7	6	71.1	3	16.5	4	51.9	2	17.7	8	29.3	4
宁波	1004.7	3	42.3	7	12.8	6	12.8	9	19.1	7	8.6	8
厦门	832.9	4	20.9	11	5.8	10	13.1	8	1.8	15	20.0	5
广州	1338.7	2	54.2	6	26.3	3	39.8	4	8.6	12	57.0	2
深圳	4417.9	1	65.0	5	68.3	1	41.5	3	118.1	1	50.3	3

资料来源：根据各城市统计局、商务局（委）发布的 2015 年经济运行数据和商务统计数整理

第二，从开放型经济中外贸、外资和外经三大领域及开放型经济总规模排位来比较。在 15 个副省级城市中，2015 年青岛市外贸规模位列第 6 位；外资规模位列第 4 位；外经规模位列低 5 位，合计开放型经济总规模也位列第 6 位。在五个计划单列市中，外贸、外资和外经分列第 4 位、第 1 位和第 2 位，合计的开放型经济总规模则列第 4 位（表 3-2）。

表 3-2 2015 年全国 15 个副省级城市开放型经济数据比较（二）

城市	外贸			外资		外经			合计	
	金额/亿美元		位次	金额/亿美元	位次	金额/亿美元		位次	金额/亿美元	位次
	货物贸易	服务贸易				国际工程承包	境外直接投资			
青岛	702.0	33.4	6	66.9	4	36.4	9.2	5	847.9	6
哈尔滨	47.8	10.9	15	8.6	15	12.6	1.2	13	81.1	15
长春	141.7	3.2	13	10.2	14	4.2	2.5	15	161.8	14
沈阳	140.8	8.8	12	10.6	13	11.2	7.3	12	178.7	12
大连	558.2	20.2	9	27.0	10	6.0	5.0	14	616.4	8
济南	99.1	26.9	14	15.8	12	30.9	1.9	9	174.6	13

续表

城市	外贸			外资		外经			合计	
	金额/亿美元		位次	金额/亿美元	位次	金额/亿美元		位次	金额/亿美元	位次
	货物贸易	服务贸易				国际工程承包	境外直接投资			
西安	282.9	78.8	10	40.1	8	17.6	70.5	2	489.9	10
成都	394.1	10.1	9	75.2	1	24.8	8.1	8	512.3	9
武汉	280.7	18.5	11	73.4	2	28.1	12.0	6	412.7	11
南京	532.7	66.4	7	33.4	9	33.3	5.8	7	671.6	7
杭州	665.7	81.2	5	71.1	3	17.7	29.3	4	865.0	5
宁波	1004.7	21.4	3	42.3	7	19.1	8.6	10	1096.1	3
厦门	832.9	33.1	4	20.9	11	1.8	20.0	11	908.7	4
广州	1338.7	96.8	2	54.2	6	8.6	57.0	3	1555.4	2
深圳	4417.9	168.4	1	65.0	5	118.1	50.3	1	4819.7	1

资料来源：根据《青岛统计年鉴》《山东统计年鉴》《中国统计年鉴》（1987～2015 年）发布数据计算

注：由于统计数据不全，表中服务贸易仅包括离岸服务外包和入境旅游服务

第三，由于城市经济规模大小存在差异，为更准确衡量青岛开放型经济在同类城市总的为此，可以从开放型经济规模占城市 GDP 比重大小来进行比较。2015 年，青岛市外贸、外资和外经规模占 GDP 的比重，分别达到 49.2%、4.5% 和 3.1%，在 15 个副省级城市中，分别位列第 5 位、第 1 位和第 4 位。青岛开放型经济总规模占 GDP 比重，2015 年达到 56.8%，在 15 个副省级城市中位列第 4 位（表 3-3）。与表 3-6 中的位次相比可以看出，以开放型经济规模占 GDP 比重进行比较，青岛市在 15 个副省级城市中的位次，有一定提高。在五个计划单列市中，青岛市上述比重的排位分别为第 4 位、第 1 位、第 3 位和第 4 位，与表 3-6 中按照规模大小进行比较，青岛所处位次基本相同（表 3-2、表 3-3）。

表 3-3　2015 年全国 15 个副省级城市开放型经济数据比较（三）

城市	外贸		外资		外经		合计		
	金额/亿美元	占 GDP 比重/%	金额/亿美元	占 GDP 比重/%	金额/亿美元	占 GDP 比重/%	金额/亿美元	占 GDP 比重/%	位次
青岛	735.4	49.2	66.9	4.5	45.6	3.1	847.9	56.8	4

续表

城市	外贸		外资		外经		合计		
	金额/亿美元	占GDP比重/%	金额/亿美元	占GDP比重/%	金额/亿美元	占GDP比重/%	金额/亿美元	占GDP比重/%	位次
哈尔滨	58.7	6.4	8.6	0.9	13.8	1.5	81.1	8.8	15
长春	144.9	16.3	10.2	1.2	6.7	0.8	161.8	18.3	12
沈阳	149.6	12.8	10.6	0.9	18.5	1.6	178.7	15.3	14
大连	578.4	46.6	27.0	2.2	11.0	0.9	616.4	49.7	8
济南	126.0	12.9	15.8	1.6	32.8	3.3	174.6	17.8	13
西安	361.7	38.8	40.1	4.3	88.1	9.4	489.9	52.5	7
成都	404.2	23.3	75.2	4.3	32.9	1.9	512.3	29.5	10
武汉	299.2	17.1	73.4	4.2	40.1	2.3	412.7	23.6	11
南京	599.1	38.4	33.4	2.1	39.1	2.5	671.6	43.0	9
杭州	746.9	46.3	71.1	4.4	47.0	2.9	865.0	53.6	5
宁波	1026.1	79.8	42.3	3.3	27.7	2.2	1096.1	85.3	3
厦门	866.0	155.6	20.9	3.7	21.8	3.9	908.7	163.2	2
广州	1435.5	49.3	54.2	1.9	65.6	2.3	1555.4	53.5	6
深圳	4586.3	163.2	65.0	2.3	168.4	6.0	4819.7	171.5	1

资料来源：同表 3-2

注：外贸包括货物贸易和离岸服务外包与入境旅游服务贸易；外经包括国际工程承包和境外直接投资

第四，与比青岛市行政级别更高的部分省（自治区）的开放型经济规模比较，可以更进一步显示青岛开放型经济大市已经形成。在 2015 年开放型经济各部门中，青岛市的货物贸易规模，大于全国（内地）31 个省（直辖市、自治区）中的 21 个省（自治区）的货物贸易额；青岛市实际利用 FDI 大于 15 个省（自治区）的实际利用外资额；青岛市实际境外直接投资，大于 17 个省（自治区）的境外直接投资额；青岛市国际工程承包营业额，大于 17 个省（自治区）的国际工程承包营业额；青岛市入境旅游外汇收入，大于 13 个省（自治区）的入境旅游外汇收入规模（表 3-4）。

表 3-4 2015 年青岛与我国部分省（自治区）开放型经济数据比较（单位：亿美元）

地区	货物贸易	利用外资	境外投资	国际工程承包	入境旅游服务
青岛	702.0	66.9	13.1	36.4	9.2
四川	512.2	100.7	16.0	54.6	11.8
河南	738.6	160.9	23.3	48.3	14.2
河北	514.8	61.8	14.2	35.7	6.2
安徽	488.1	136.2	9.7	26.9	22.6
湖北	456.1	89.5	12.5	52.3	16.7
江西	424.1	94.7	10.5	35.1	5.7
广西	512.2	17.2	5.9	9.4	13.5
黑龙江	209.9	54.5	7.6	25.2	9.2
湖南	293.1	115.6	9.1	51.8	8.6
云南	245.3	29.9	13.4	23.4	22.4
吉林	189.4	21.3	3.8	14.2	7.2
新疆	196.7	4.2	6.4	23.8	5.5
陕西	304.4	46.2	6.7	22.0	16.0
海南	139.5	20.1	9.9	6.7	2.2
内蒙古	126.9	33.7	12.9	0.1	9.6
贵州	122.2	25.2	2.1	6.8	2.0
山西	147.2	28.7	3.5	7.4	3.0
甘肃	79.9	1.1	3.1	2.9	0.15
宁夏	37.9	3.2	3.9	0.7	0.2
西藏	9.1	1.7	0.1	0.3	1.6
青海	19.2	0.55	0.5	1.25	0.38

资料来源：各省（自治区）《2015 年国民经济与社会发展统计公报》，商务厅（委）发布商务统计数据

由以上分析可以看出，无论与同类城市比较，还是与部分省（自治区）比较，无论以开放型经济规模考察，还是以开放型经济规模相对于 GDP 的比重衡量，青岛市在我国都已经进入开放型经济大市行列。

然而，正如贸易大国并不等于是贸易强国一样（高虎城，2014），开放大市也并不等于是开放强市。从本书第二章对青岛开放型经济发展历程的总结分析中，我们也可以清楚地发现，青岛市目前开放型经济发展仍存在的各种问题

和矛盾。因此，实现开放强市目标，青岛市还要经历一个开放型经济向更高层次转型升级的过程。

虽然，由于缺少公认标准，难以对开放强市提出一个准确的定义，但从对发达国家的纽约、洛杉矶、芝加哥、伦敦、巴黎、法兰克福，以及新加坡和我国香港等国际上的典型开放型经济强市的对比中，可以总结出国际上开放强市所应具有的几个基本特征。

第一，开放强市，必须是开放大市，外贸、外资和外经等各个领域的规模大；对内、对外开放程度高，开放型经济规模占城市 GDP 比重高。

第二，开放强市，在某些领域和产业，具有显著的国际竞争优势和新型竞争优势培育再造能力；在某些行业国际技术和产品标准制定上具有主导权和话语权。

第三，开放强市，拥有相当数量国际知名产品和服务品牌，拥有一批处于全球价值链分工高端的跨国公司，和具有控制权的全球市场营销网络体系。

第四，开放强市，外贸、外资和外经等三个领域之间的结构相对均衡、各个领域内部结构相对优化，进出口贸易基本平衡、服务贸易占全部贸易比重明显高于世界平均水平，货物贸易和服务贸易市场分散化程度高，引领国际投资（利用外资和对外投资）和国际工程项目合作发展趋势。

第五，开放强市，是国际或区域性航运中心、金融中心和技术研发中心，有众多跨国公司总部或地区运营中心常驻。

第二节　开放型经济发展贡献

一、对外贸易贡献

作为中国首批 14 个沿海开放城市之一，由于拥有优越的港口区位优势、显著的制造业优势和较为悠久的贸易历史，对外贸易自然成为青岛开放型经济发展中的“先导者”和“主力军”，也是迄今为止对青岛市经济社会发展贡献程度最大的开放型经济领域。判断对外贸易对一国（地区）经济社会发展的贡献大小，一般从经济增长贡献、结构改善贡献、就业和收入提高贡献和等几个方面来分析。

（一）经济增长贡献

衡量对外贸易对一国（地区）经济增长的贡献，国际上常用贸易依存度、贸易贡献度和贸易拉动度等三个分析指标。贸易依存度，考察的是一国（地区）经济总量的增加，在多大程度（比例）上是由对外贸易贡献的。用当年对外贸易（包括货物贸易和服务贸易）额占当年 GDP 的百分比来表示。贸易依存度包括对外贸易依存度、出口依存度和进口依存度等三个指标。贸易贡献度，考察的是对外贸易对一国（地区）GDP 增长的贡献程度。用当年对外贸易差额增量占当年 GDP 增量百分比来表示。而贸易拉动度，考察的是对外贸易对一国（或地区）GDP 增长的拉动程度。其计算公式为贸易贡献度乘以当年 GDP 增长率。

图 3-1 为 1985 年以来，青岛市对外贸易依存度变化趋势图。从图中曲线走势可以看出，青岛市对外贸易依存度，以 2006 年为转折点，总体呈现先上升后下降的变化趋势。总贸易依存度由 1985 年的 8.1%提高到 2006 年的 98.2%后，又逐步下降到 2015 年的 55.5%。这反映出对外贸易对青岛市经济总量的贡献，随着贸易规模的扩大而不断提高，2006 年达到最高值后，贡献程度逐步减小，不过，2015 年青岛市对外贸易对经济总量的贡献仍然超过 2000 年之前的贡献水平[①]。从出口、进口贸易依存度来看，其变化与总贸易依存度呈现先上升后下降的相同特点，分别由 1985 年的 2.4%、5.7%上升到 2006 年的 56.5%、41.7%，之后逐步下将到 2015 年的 33.7%、21.8%。但是，除 1985 年进口依存度高于出口依存度外，其余年份的出口依存度均显著高于进口依存度。这说明，1986 年至今，青岛市出口贸易对经济总量增加的贡献，一直远远大于进口贸易（图 3-1）。

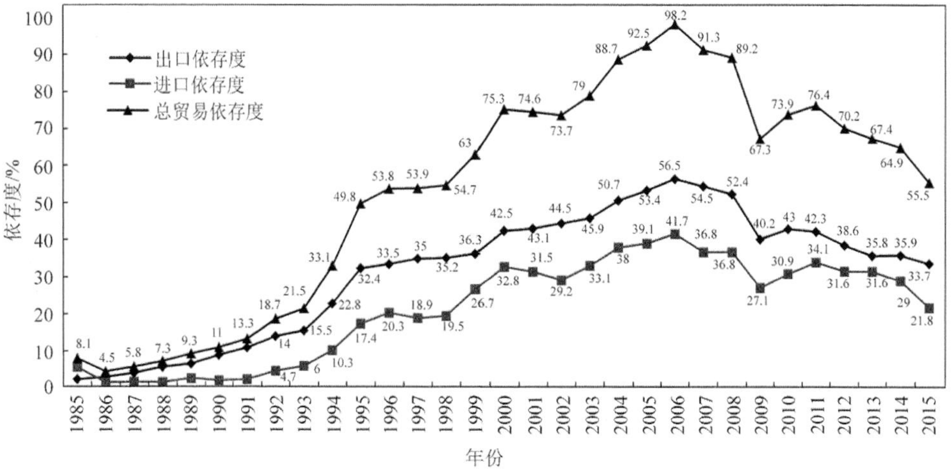

图 3-1 1985～2015 年青岛市对外贸易依存度变化

资料来源：根据《青岛统计年鉴》发布数据计算整理

---

① 由于青岛市、山东省服务贸易统计数据自 2006 年才开始公布，为便于比较，2006 年之前的青岛市、山东省和全国的贸易依存度计算，均不包括服务贸易在内。

与山东省和全国对外贸易依存度变化进行比较可以发现，1985 年以来，青岛市、山东省和全国的贸易依存度变化，均呈现相同的先上升后下降变化趋势。青岛市总贸易依存度，自 1992 年起开始超过山东省，自 1995 年起开始超过全国整体水平（图 3-2）；青岛市出口贸易依存度，自 1991 年起开始超过山东省，自 1995 年起开始超过全国整体水平（图 3-3）；青岛市进口贸易依存度，自 1994 年起开始超过山东省，自 1996 年起开始超过全国整体水平（图 3-4）。之后，青岛市总贸易依存度、出口贸易依存度和进口依存度，一直保持明显高于山东省和全国整体水平的局面。由此可以看出，20 世纪 90 年代中期之前，青岛市对外贸易对经济增长的贡献，要小于山东省和全国对外贸易对经济增长的贡献度。但是其后，无论从总贸易、出口贸易还是进口贸易比较，青岛市对外贸易对经济增长的贡献，都明显大于山东省和全国对外贸易对经济增长的贡献度。

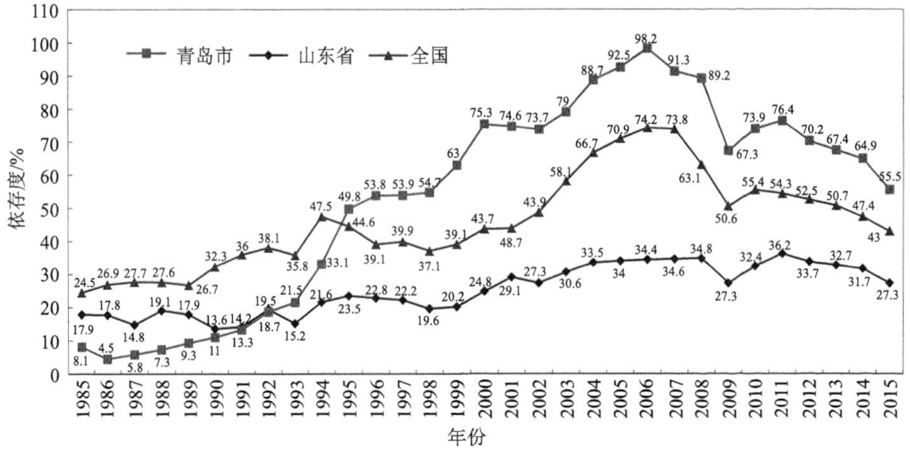

图 3-2　1985～2015 年青岛市、山东省和全国总贸易依存度比较

资料来源：根据《青岛统计年鉴》发布数据计算整理

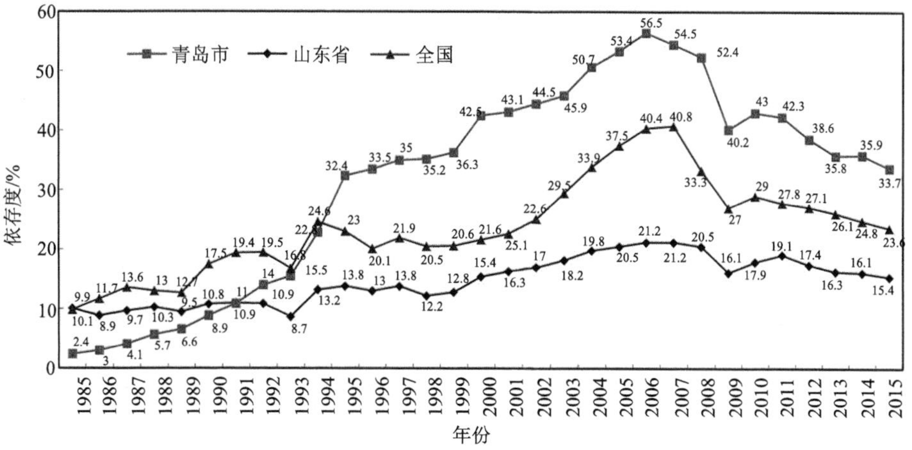

图 3-3　1985～2015 年青岛市、山东省和全国出口贸易依存度比较

资料来源：根据《青岛统计年鉴》发布数据计算整理

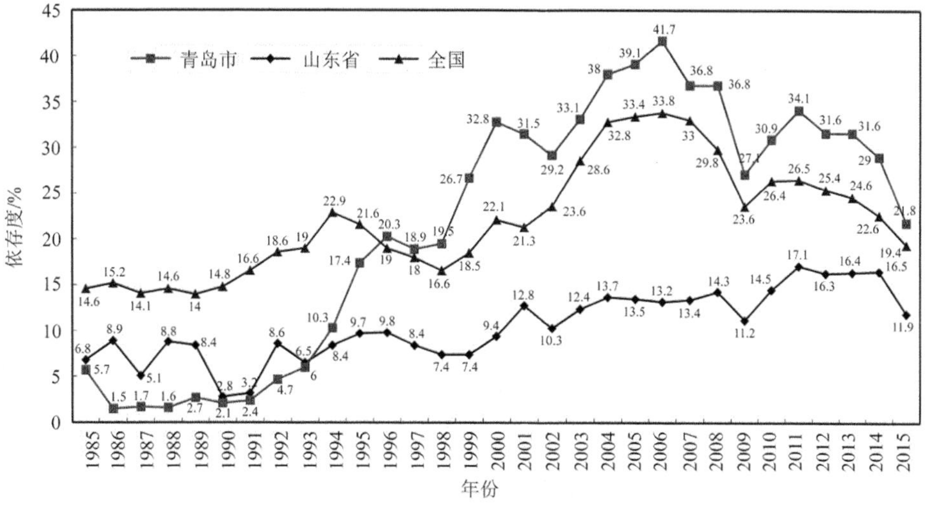

图 3-4　1985～2015 年青岛市、山东省和全国进口贸易依存度比较

资料来源：根据《青岛统计年鉴》发布数据计算整理

表 3-5 和图 3-5、图 3-6 为 1986～2015 年青岛市对外贸易度对经济增长的贡献度、拉动度变化情况，以及与山东省和全国对外贸易度对经济增长的贡献度、拉动度的比较。从中可以看出，1986 年以来，青岛市、山东省和全国对外

贸易度对经济增长的贡献度、拉动度变化，呈现显著一致的波动和变化趋势[①]。但是，除个别年份外（1987 年、1990 年、1999 年、2003 年、2011 年和 2013 年），青岛市对外贸易贡献度，明显高于山东省和全国整体水平或差距很小（图 3-5）。除 1987 年、1999 年、2011 年和 2013 年之外，青岛市对外贸易拉动度，也明显高于山东省和全国整体水平或差距很小（图 3-6）。按照年均计算，青岛市对外贸易对经济增长的贡献度和拉动度，也明显高于山东省和全国整体水平（表 3-5）。由此可见，1986 年以来，青岛市对外贸易发展对经济增长的总体贡献，要大于山东省和全国整体水平。20 世纪 30 年代美国经济学家罗伯特逊（Robertson）提出，50 年代纳克斯（Nurkse）进一步补充和发展的对外贸易是"经济增长的发动机"（engine for growth）命题，在青岛开放型经济发展中得到了较好的验证。

表 3-5 1986～2015 年青岛市、山东省和全国贸易贡献度、拉动度变化

年份	青岛市		山东省		全国	
	贸易对 GDP 贡献度/%	贸易对 GDP 拉动度/%	贸易对 GDP 贡献度/%	贸易对 GDP 拉动度/%	贸易对 GDP 贡献度/%	贸易对 GDP 拉动度/%
1986	14.83	1.36	−30.72	−1.94	8.06	0.71
1987	11.91	1.43	55.60	7.67	17.08	1.98
1988	15.67	2.16	−29.43	−3.68	−4.96	−0.56
1989	2.24	0.12	−1.86	−0.07	2.22	0.09
1990	20.63	1.92	47.87	2.54	43.82	1.67
1991	20.13	2.13	2.20	0.32	−1.07	−0.09
1992	9.11	1.65	−25.42	−4.29	−4.79	−0.68
1993	9.07	2.03	2.29	0.47	−10.87	−1.52
1994	19.79	2.85	7.94	1.29	11.80	1.55
1995	14.19	1.70	1.97	0.28	7.46	0.81
1996	−1.52	−0.11	−1.52	−0.18	−3.55	−0.35
1997	39.89	4.59	25.13	2.79	29.99	2.79
1998	12.09	1.56	−1.80	−0.19	4.66	0.36
1999	−36.89	−5.13	14.19	1.42	−22.38	−1.70
2000	10.91	1.66	5.30	0.55	−4.39	−0.37
2001	22.64	3.10	11.84	1.18	−1.27	−0.11

① 因为世界经济波动与国际市场需求变化，对青岛市、山东省和全国对外贸易的影响方向是一致的，只是影响程度不同而已。

续表

年份	青岛市		山东省		全国	
	贸易对 GDP 贡献度/%	贸易对 GDP 拉动度/%	贸易对 GDP 贡献度/%	贸易对 GDP 拉动度/%	贸易对 GDP 贡献度/%	贸易对 GDP 拉动度/%
2002	39.66	5.75	7.61	0.89	6.06	0.55
2003	−1.36	−0.22	0.92	0.12	−2.59	−0.26
2004	12.95	2.16	6.96	1.07	2.22	0.22
2005	23.65	3.99	10.90	1.66	23.87	2.48
2006	31.40	4.93	14.31	2.12	22.31	2.48
2007	40.47	6.47	11.03	1.58	17.31	1.97
2008	6.32	0.83	0.34	0.04	3.03	0.27
2009	−13.32	−1.63	−18.64	−2.22	−19.15	−1.66
2010	6.06	0.78	−0.90	−0.11	−1.40	−0.15
2011	−9.56	−1.12	−3.4	−0.42	−1.94	−0.18
2012	−2.57	−0.27	−4.1	−0.45	7.8	0.61
2013	−18.60	−1.86	−9.8	−0.94	2.78	0.21
2014	36.33	2.91	13.9	1.21	14.47	1.06
2015	57.12	4.63	47.06	3.76	41.27	2.85
年均	13.11	1.68	5.33	0.55	6.26	0.64

资料来源：同表 3-2

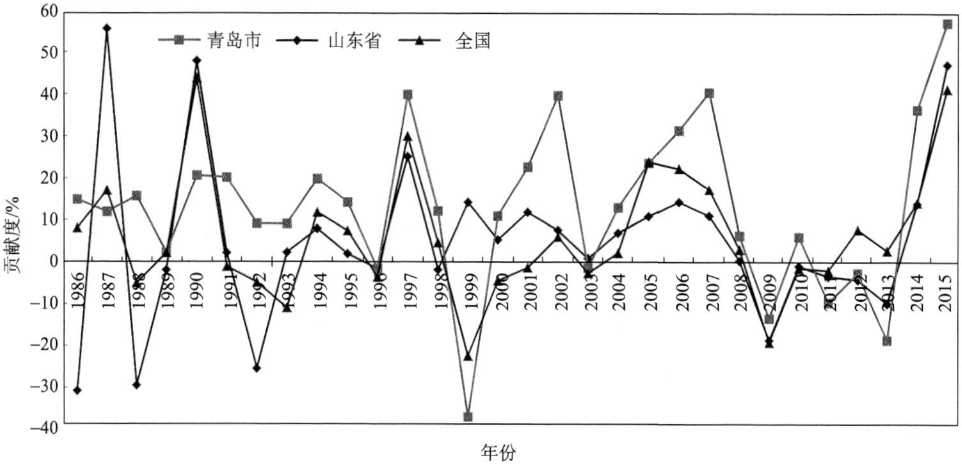

图 3-5 1986～2015 年青岛市、山东省和全国对外贸易贡献度比较

资料来源：根据《青岛统计年鉴》《山东统计年鉴》《国家统计年鉴》发布数据计算

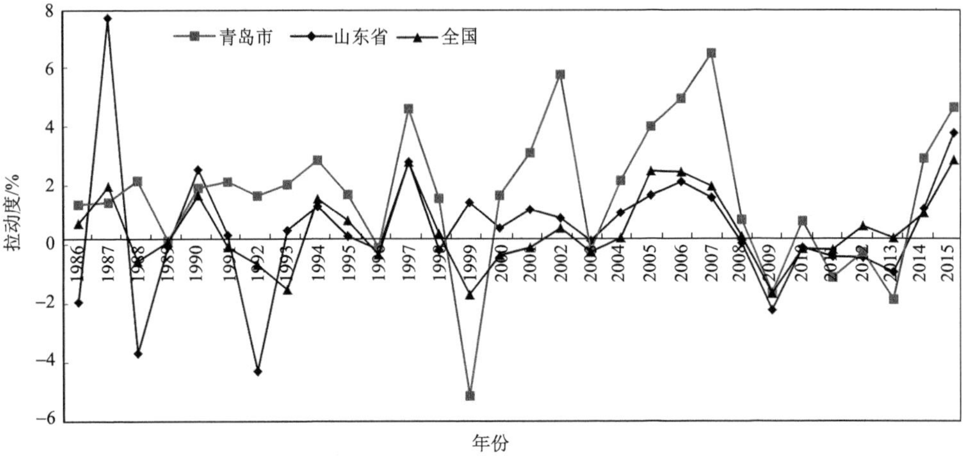

图 3-6 1986～2015 年青岛市、山东省和全国对外贸易拉动度比较

资料来源：根据《青岛统计年鉴》《山东统计年鉴》《国家统计年鉴》发布数据计算

（二）产业结构改善贡献

对外贸易不仅可以促进经济的更快增长，而且有助于加快一国（地区）产业结构的改善。首先，服务贸易的开展可以直接促进一国（地区）服务业发展，提高服务业在一国经济中所占比重及服务业内部结构升级，并可以通过为农业和制造业提供更优质服务，间接促进农业、制造业内部行业结构优化和升级（王子先，2012；吉庆华，2010；张志明等，2014；赵娜，2015）。这是因为，服务业出口增长，可以通过资源配置优化和规模经济，加快优势服务业发展和资本积累，从而实现优势服务业的更快发展和服务业结构的优化升级。而服务进口，则可以通过进口一国（地区）需要但本国不能满足且更加优质的国外服务，满足国内需要的同时，以更优质高效的服务推动农业及制造业结构升级。其次，货物贸易也可以通过直接和间接途径，加快制造业发展的同时，促进农业、制造业和服务业内部行业结构的改善。其基本原理是，进口本国稀缺资源，有助于优化资源配置、提高资源利用效率，从而加快落后行业发展和水平提升。而进口国外先进技术和设备，不仅可以发挥后发优势，促进空白产业的建立和落后产业的成长，或者直接提升所在行业生产能力和水平，而且通过消化吸收和再创新，可以加速缩小与发达国家在原始创新和研发能力上的差距，从而加快产业升级。

货物出口同服务出口一样，可以通过资源配置优化和规模经济，加快优势农业和制造业部门的发展和资本积累，从而实现优势行业的更快发展和内部结构的加速升级。而货物贸易的增长和规模扩大，对生产性服务、运输服务、银行结算和保险服务、法律及财务服务等需求的增加和质量要求的提高，也会间接推动服务业发展和内部结构的不断改善（张丝思，2008）。对外贸易对一国（地区）经济和产业结构改善的促进作用，已为近年来众多文献的实证研究所证实（吴进红，2005、2006；张燕等，2007；黄庆波等，2010；谷永芬等，2011；孙晓华等，2013；黎秀秀，2014；王兆海，2015）。

由于缺少进行实证分析所需足够长时间的服务贸易面板数据，无法就青岛市服务贸易对经济和产业结构改善的贡献进行实证检验，但从 2006 年以来服务贸易占总贸易（货物贸易与服务贸易之和）比重变化，与青岛市第三产业增加值占全市 GDP 比重变化之间的关系，可以粗略看出服务贸易对青岛市产业结构改善的贡献。从图 3-7 两条曲线的走势可以看出，青岛市服务贸易占总贸易比重的变化趋势，与青岛市第三产业增加值占 GDP 比重变化趋势，存在显著的一致性。这说明，在一定程度上，青岛市服务贸易增长和占总贸易比重的提高，对青岛市第三产业发展和其增加值占全市 GDP 比重提高，具有明显的相关性，也即青岛市服务贸易发展对青岛市产业结构改善，起到了一定的促进作用。

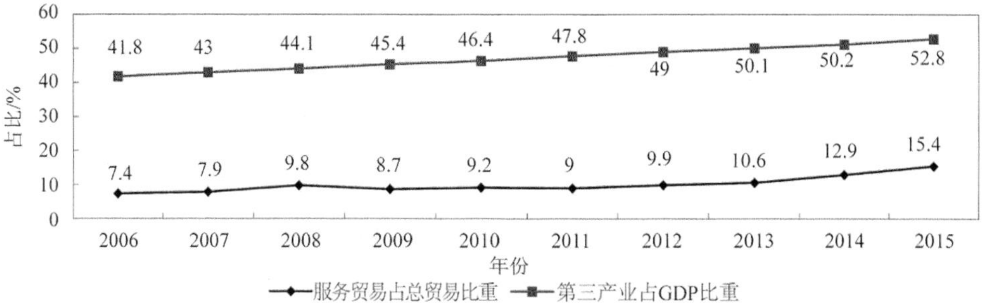

图 3-7　青岛市服务贸易占总贸易比重与第三产业增加值占 GDP 比重变化比较

资料来源：《青岛统计年鉴 2015》、青岛商务局

相比较而言，由于货物贸易发展早、规模大、品种多且涉及行业范围广，其对青岛市产业结构改善的贡献要显著大于服务贸易。货物贸易对产业结构改善的贡献或促进，一方面表现在促进制造业发展和内部结构优化升级；另一方面表现在带动相关服务业发展，间接推动服务业结构改善。改革开放以来，青岛市充分发挥其纺织工业发达和产品成本低的比较优势，大力发展纺织服装出口，1990 年之前纺织服装出口一直占青岛市货物贸易出口的“半壁江山”（50%以上），到 2000 年纺织服装出口仍占青岛市货物贸易出口的 34.1%。纺织服装出口，在促进青岛市纺织服装生产企业成长壮大的同时，更是为这些企业提高

装备水平、开展新技术新产品研发、培育推广品牌，和由纺织品生产为主向服装服饰生产为主转型升级，积累了充足资本，推动了青岛市纺织业行业结构的不断改善，实现了由纺织业为主向服装业为主的转型升级，从 2000 年以来青岛市纺织业和服装业产值的增长变化可以较为清楚地看到这一转变。图 3-8 中的数据显示，2000～2012 年，青岛市纺织业和服装业产值均保持稳步增长，且纺织业产值一直大于服装业，但 2012 年起，纺织业产值急剧下降，而服装业产值则大幅增加，到 2014 年服装业产值已是纺织业产值的 2.5 倍。可以说到 2014 年青岛市纺织服装业行业结构，已基本实现了由纺织业为主向服装业为主的结构转型升级。这期间，青岛市也逐步涌现出一批国内外知名服装品牌，如即发、新郎、海珊和红领等。

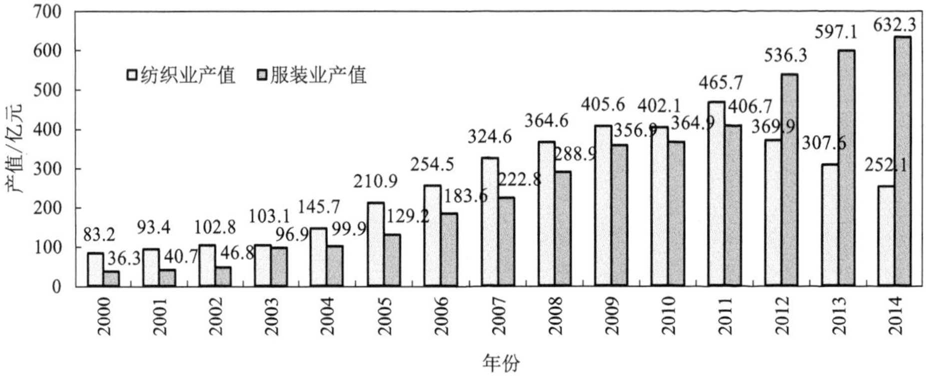

图 3-8　2000～2014 年青岛市纺织业、服装业产值变化

资料来源：《青岛统计年鉴》(2001～2015 年)

如果说纺织业行业结构转型升级，是出口贸易促进青岛市制造业产业结构改善的典型案例，那么，青岛市家电电子行业从无到有、再到走向世界的发展历程，以及青岛市机械设备制造业迅速发展壮大的过程，则是进口贸易加快青岛市制造业产业结构优化升级的典型代表。改革开放之后，青岛市通过大力引进成套生产线、关键设备以及相应的技术，不仅使冰箱、电视、洗衣机、通信、计算机等家电、电子信息行业，在空白的基础上逐步建立、成长和发展起来，也使落后的化工、钢铁、铁路、船舶、汽车、医疗和仪器仪表等机械设备制造业，逐步由小规模、小型化、低水平和低附加值，向大规模、大型化、高水平和高附加值迈进，在青岛市制造业中所占比重逐步提升。而且，进口基础上迅速成长起来的家电企业海尔、海信、澳柯玛等，在满足国内市场需求的基础上，已把自己创新的技术、管理、商业模式和品牌，通过境外投资走向世界，成为

引领家电电子行业发展的世界级品牌和跨国公司。进口贸易对青岛市家电电子行业发展和机械设备制造业升级的贡献，也可以从统计数据的变化中得到证实。统计数据显示，1985 年以来，青岛市规模以上机电行业产值占全部规模以上工业总产值的比重虽然有所波动[①]，但总体呈现不断提升趋势，该比重由 1985 年的 17.3%逐步提高到 2015 年的 45.6%，反映出青岛市制造业内部结构不断优化，日益向高端制造业转型升级（图 3-9）。

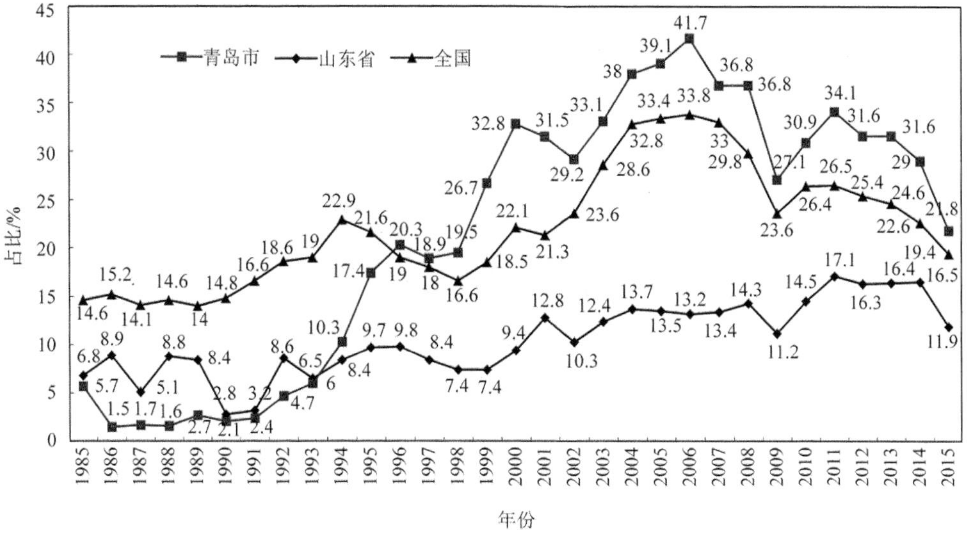

图 3-9 1985～2015 年机电行业产值占青岛市规模以上工业总产值比重变化

资料来源：根据《青岛统计年鉴》发布数据计算整理

与此同时，货物贸易发展和规模扩大所引发的对现代服务的需求，也促进了青岛市服务业行业结构的改善，最典型的是大大推动了青岛市港口物流运输服务业发展和在国际地位的快速提升。统计数据显示，随着青岛市货物贸易规模的迅速扩大，作为中国主要对外贸易港口的青岛港，其货物吞吐量也快速增加，由 1980 年的 1779 万吨增加到 1987 年的 3070 万吨、1995 年的 5165 万吨、2001 年的 10 423 万吨、2006 年的 22 438 万吨和 2015 年的近 5 亿吨（图 3-10）。同时，青岛港集装箱运输量也同步快速增加，由 1996 年的 81.1 万标准箱提高到 2015 年的 1723 万标准箱（图 3-11）。自 2006 年和 2008 年，先后进入世界十大货物吞吐量港口和世界十大集装箱港口行列后，青岛港的地位逐步得到巩

① 根据《青岛统计年鉴》划分，机电行业包括：通用设备、专用设备、汽车、铁路、船舶、航空航天、仪器仪表、电气、电子器材、计算机、通信和其他电子设备等。

固和提升，2015 年分别位列世界十大货物吞吐量港口第八位和世界十大集装箱港口第七位。毋庸置疑的是，对外贸易发展和货物运输量增加也会推动通信、金融、保险、结算、税务以及物流等现代服务业的发展和在服务业中所占比重的提升。由此，引发整个服务业内部结构的优化和改善。

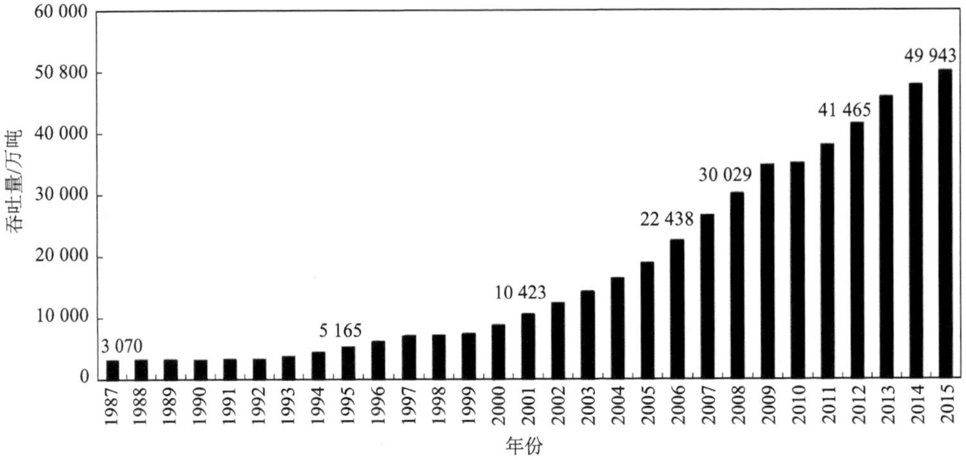

图 3-10　青岛港口货物吞吐量增长情况

资料来源：《青岛统计年鉴》（1988～2015 年）

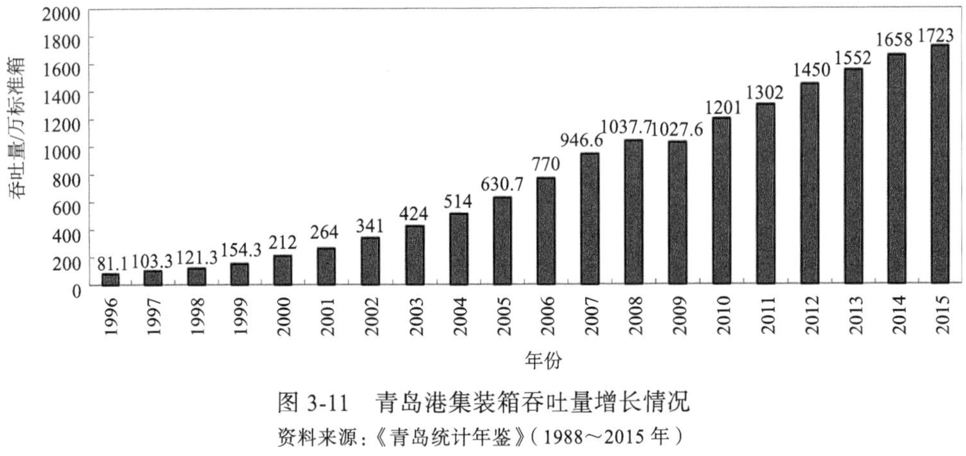

图 3-11　青岛港集装箱吞吐量增长情况

资料来源：《青岛统计年鉴》（1988～2015 年）

（三）就业和收入增长贡献

对外贸易对就业增长的贡献，是由对外贸易增长所引发的对直接从事贸易及相关业务人员的需求增加，和为进出口提供货物和服务生产的企业因生产规模扩张而导致的就业需求增加[当然，从理论上分析，进口贸易替代部分国内生产，因此，也有可能造成进口国（地区）就业需求减少]。对外贸易的收入增长贡献，是由进（出）口货物或服务价格，一般低（高）于国内市场价格，从而提高进出口贸易和生产企业经营效益而产生的，既表现在进出口贸易和生产企业从业人员工资收入水平的提升，也表现在贸易和生产企业利税率的提高。

1. 就业增长贡献

对于对外贸易的就业贡献，国内外众多学者和机构进行过多种途径的计量和测算，由于采用的计量和测算方法不同、采集数据时间不同，以及进出口货物和服务的要素密集度在不同经济发展阶段存在明显差异，测算结果也存在很大不同。例如，美国商务部 1992 年测算，在美国每出口 1 亿美元商品，可提供直接就业岗位 2500 个；王子先（1998）根据多年统计数据计算出我国每出口 1 亿美元商品，可提供直接和间接就业岗位 2.46 万个；我国国家统计局 1999 年测算，每出口 1 亿人民币工业品，可直接和间接提供就业岗位 1.2 万个；程国强（2004）通过建立农产品出口贸易对部门就业效应的基本分析模型，得出每 1 万美元的农产品出口，能直接和间接创造 27.95 个就业岗位。

还有很多学者从对外贸易增长与一国（地区）就业增长变化的关系开展实证研究，但出于同样原因也得出了有差别的研究结论。例如，杨玉华（2006）对 1978～2004 年中国工业品贸易对工业就业影响的实证分析表明，出口对就业具有明显的带动作用，工业品出口每提高 1%，可以带动工业部门就业增长 0.224%，并且带动作用呈现增强趋势，从改革初期工业品出口每增长 1%，拉动工业就业增长 0.0834%，增长到 1985～1996 年的 0.19831%，再增长到 1994～2004 年的 0.3294%。但是随着加入 WTO 重工业化进程加速，工业品进口对工业部门就业的影响逐步显现出来，在 1994～2004 年表现出很强的冲击，进口每增长 1%，就会减少工业就业 0.3087%。盛斌等（2009）在对 1997～2006 年中国工业部门贸易流量对就业的影响进行检验后发现，在中高技术部门出口每增长 1%，就业将增加约 0.4%；进口每增加 1%将导致就业减少 0.3%～0.4%。而中低技术部门出口每增长 1%，就业将增加 0.4%～0.6%；进口每增加 1%将导致就业减少 0.5%～0.7%，这表明进出口对中低技术部门就业的意义更为重要。赵成柏（2009）对 1982～2006 年的数据进行实证检验后认为，服务贸易与就业之间存在长期的均衡关系，服务出口每增加 1%，就业量将增加 0.338%。范爱军等（2011）对 1982～2010 年的数据进行了协整分析后得出结论，服务贸易进口每增加 1%，就业量将增加 0.069%，高于服务出口 0.039%的拉动效应。还有另外一些国内学者也做过类似的研究（胡绍玲等，2007；李永杰等，2008；赵成柏，2009；明娟等，2010；阚大学，1010；乔晶等，2011）。

借鉴上述研究文献所采用方法，并考虑不到不同阶段，青岛市进出口货物和服务的要素密集度不同，对就业贡献所带来的阶段性差异，本书在巴拉萨（Blassa，1978）开放经济条件下出口扩展型总量生产函数的基础上，通过增加进口变量，分别就起步探索（1981～1992 年）、快速推进（1993～2001 年）、全面发展（2002～2010 年）和转型升级（2011～2015 年）四个阶段，对外贸易对青岛市就业的贡献，进行实证检验。实证检验所用 1981～2014 年数据来自《青岛统计年鉴 2015》，2015 年数据来自《2015 年青岛市国民经济与社会发展统计公报》。

根据巴拉萨开放经济条件下出口扩展型总量生产函数，加入进口后的对外贸易对就业影响的计量模型可以改写为

$$\Delta L = \Delta X + \Delta M + \Delta \mathrm{GDP} \tag{3-1}$$

为了避免非平稳变量导致伪回归问题，对上式两边分别取对数后变为

$$\ln\Delta L_t = \beta_0 + \beta_1 \ln\Delta X_t + \beta_2 \ln\Delta M_t + \beta_3 \ln\Delta \mathrm{GDP}_t + \varepsilon_t \tag{3-2}$$

其中，ΔL_t 为就业增长；ΔX_t 为出口增长；ΔM_t 为进口增长；$\Delta \mathrm{GDP}_t$ 为经济增长；β_0 为常数项；$\beta_1 \sim \beta_3$ 为各变量对于就业增长影响的弹性系数；ε 为回归的残差项。对上述变量进行单位根检验（Augmented Dickey Fuller，ADF），ΔL_t 和 ΔM_t 通过了 5%的显著性检验，ΔX_t 和 $\Delta \mathrm{GDP}_t$ 通过了 1%的显著性检验，说明各变量是平稳的，可以进行协整关系检验。进一步采用 EViews 6.0 软件进行 Johnson 协整检验，数据之间存在两两协整关系，说明各变量之间存在着长期稳定的协整关系，可以直接进行回归分析。回归结果如下。

（1）起步探索阶段（1981～1992 年）：

$$\ln\Delta L_t = 5.1925 + 0.1257\ln\Delta X_t + 0.1369\ln\Delta M_t + 0.3451\ln\Delta \mathrm{GDP}_t$$

（0.433 625）（0.157 043）（0.089 410）（0.015 383）

$R^2 = 0.991\ 456 \quad T = 6.050\ 462 - 5.419\ 470 \quad F = 290.1108 \quad \mathrm{D.W.} = 2.060\ 113$

（2）快速推进阶段（1993～2001 年）：

$$\ln\Delta L_t = 7.3385 + 0.1983\ln\Delta X_t + 0.1145\ln\Delta M_t + 0.4489\ln\Delta \mathrm{GDP}_t$$

（0.739 508）（0.036 868）（0.235 105）（0.190 010）

$R^2 = 0.960\ 192 \quad T = 1.969\ 894 - 2.362\ 516 \quad F = 64.320\ 76 \quad \mathrm{D.W.} = 2.747\ 594$

（3）全面发展阶段（2002～2010 年）：

$$\ln\Delta L_t = 9.2115 + 0.3294\ln\Delta X_t + 0.0887\ln\Delta M_t + 0.5876\ln\Delta \mathrm{GDP}_t$$

（0.203 962）（0.139 801）（0.131 688）（0.153 831）

$R^2 = 0.987\ 651$　$T = 2.371\ 747 - 2.344\ 006$　$F = 56.358\ 761$　D.W. = 1.961 337

（4）转型升级阶段（2011～2015 年）：

$$\ln\Delta L_t = 9.3567 + 0.1673\ln\Delta X_t - 0.0531\ln\Delta M_t + 0.6758\ln\Delta \mathrm{GDP}_t$$

（0.513 246）（0.180 191）（0.092 361）（0.087 562）

$R^2 = 0.970\ 651$　$T = 4.389\ 513 - 4.124\ 732\ 6$　$F = 105.1046$　D.W. = 2.337 025

（5）整体时期（1981～2015 年）：

$$\ln\Delta L_t = 8.7808 + 0.2561\ln\Delta X_t + 0.1036\ln\Delta M_t + 0.5861\ln\Delta \mathrm{GDP}_t$$

（0.643 245）（0.038 440）（0.092 590）（0.326 740）

$R^2 = 0.965\ 196$　$T = 5.830\ 962 - 6.511\ 626\ 3$　$F = 203.3736$　D.W. = 1.723 183

从上述回归结果可以看出，所有的系数都通过了 1%显著性水平的 T 检验，回归方程都通过了 1%显著性水平的 F 检验。另外，Durbin-Watson 检验表中当 α=5%时（$n = 10$，$k = 1$），d_l=0.879，d_u=1.320，而当 α=1%时（$n = 10$，$k = 1$），d_l=0.604，d_u=1.001。因此，上述回归模型也都通过了 1%水平以上的序列自相关检验。而且各回归方程的拟合优度均在 96%以上，数据之间的自相关消除较好。

上述实证检验结果显示出：青岛开放型经济发展的四个阶段，出口贸易增长均带动了就业的增长，出口贸易每增长 1%，带动就业分别增长 0.1257%、0.1983%、0.3294%和 0.1673%；在前三个阶段，进口贸易增长也对就业增长产生促进作用，不过其对就业增长的促进作用呈递减趋势，第四个阶段则对就业产生负面影响，进口贸易每增长 1%，分别带动就业增长 0.1369%、0.1145%、0.0887%和−0.0531%；进出口合计，对外贸易每增长 1%，四个阶段分别带动就业增长 0.2903%、0.3128%、0.4181%和 0.1142%。总体而言，1981 年以来青岛市对外贸易发展对增加就业起到了明显促进作用，出口、进口贸易每增长 1%，带动就业分别增长 0.2561%、0.1036%，合计对就业提高的带动作用为 0.3596%。

上述结果充分反映了对外贸易在青岛市就业增长中的贡献，只不过出口贸易对就业增长的贡献在前三个阶段不断提高，而到了第四个阶段有所降低；而进口贸易对就业增长的贡献，则呈现逐步降低趋势。出现这种趋势的原因主要是，在开放型经济发展初期和较低层次，出口贸易规模小、品种少、对相关产业带动作用也低，而进口货物和服务不仅对国内产业没有竞争，反而推动了空白产业的建立，因而，造成出口贸易对就业增长的贡献较低，而进口贸易对就业增长的贡献较高。随着开放型经济发展层次的提升，出口贸易规模不断扩大、品种逐渐增加、对相关产业的带动作用也日益增强，而进口货物和服务随着规模和品种的扩大，对国内同类产品的替代和竞争逐步显现，因此，就造成出口贸易对就业增长的贡献逐步提高，而进口贸易对就业增长的贡献不断降低。不过，对外贸易整体对就业增长的贡献仍然呈现提高趋势。但是，随着开放型经济向更深层次推进，收入水平提高、技术进步、产业结构升级等，使得出口货物和服务的要素密集度，逐步由过去的劳动密集型向资本和技术密集型转移，造成相同出口规模的货物和服务，对劳动的需求量出现下降。与此同时，进口货物和服务对国内越来越多产业的替代和竞争作用愈发增强，其结果就是，出口贸易对就业增长的贡献出现下降，进口贸易对就业的贡献则由正转负，导致对外贸易整体对就业增长的贡献程度降低。这种趋势，在我国对外贸易发展“转方式、调结构”的过渡期内，很有可能继续延续较长时间。

2. 收入增长贡献

借鉴国外的研究思路和方法，国内学者就对外贸易对收入增长的贡献，也分别从全国、省市或行业层面进行了实证研究（黄玖立等，2006；文娟等，2008，2009；朱钟棣，2009；赵晓霞，2010；李玉辉等，2011；魏浩等，2012；熊晓铁，2013；范爱军等，2011，2013；夏晶等，2013；张懿等，2015；田贵贤，2015）。不过，这些研究重点关注的是对外贸易对地区、城乡和行业收入或分配差距扩大的影响，就对外贸易对收入增长贡献作专门研究的文献不多。不过，这些研究已含有（并且已得到验证）对外贸易促进收入增长这样一个基本命题，即由于对外贸易主要集中于城市和制造业，贸易的收入增长效应造成城乡和行业收入差距不断拉大。也就是说，现有的研究已从不同角度验证了对外贸易对收入增长的贡献。参考已有文献研究方法，本书以人均收入增长为被解释变量，来定量考察青岛开放型经济发展的四个阶段，对外贸易对青岛居民人均收入增长的贡献大小及其变化。实证分析所需 1981～2014 年数据来自《青岛统计年鉴 2015》，2015 年数据来自《2015 年青岛市国民经济与社会发展统计公报》。

基本回归模型为

$$\Delta I = \Delta X + \Delta M + \Delta \mathrm{GDP} \tag{3-3}$$

为了避免非平稳变量导致伪回归问题，对上式两边分别取对数后变为

$$\ln\Delta I_t = \alpha_0 + \alpha_1 \ln\Delta X_t + \alpha_2 \ln\Delta M_t + \alpha_3 \ln\Delta \mathrm{GDP}_t + \varepsilon_t \tag{3-4}$$

其中，ΔI_t 为收入增长；ΔX_t 为出口增长；ΔM_t 为进口增长；$\Delta \mathrm{GDP}_t$ 为经济增

长；α_0 为常数项；α_1～α_3 为各变量对于收入增长影响的弹性系数；ε 为回归的残差项。对上述变量进行单位根检验，ΔI_t 和 ΔM_t 通过了 5%的显著性检验，ΔX_t 和 $\Delta \mathrm{GDP}_t$ 通过了 1%的显著性检验，说明各变量是平稳的，可以进行协整关系检验。进一步采用 EViews 6.0 软件进行 Johnson 协整检验，数据之间存在两两协整关系，说明各变量之间存在着长期稳定的协整关系，可以直接进行回归分析。回归结果如下。

（1）起步探索阶段（1981～1992 年）：

$$\ln\Delta I_t = 4.2915 + 0.1021\ln\Delta X_t + 0.0627\ln\Delta M_t + 0.5162\ln\Delta \mathrm{GDP}_t$$

（0.346 250）（0.070 436）（0.189 410 3）（0.138 357）

$R^2 = 0.955\ 621$　$T = 2.504\ 223 - 3.947\ 012$　$F = 70.108\ 320$　D.W. $= 2.603\ 287$

（2）快速推进阶段（1993～2001 年）：

$$\ln\Delta I_t = 6.8521 + 0.1832\ln\Delta X_t + 0.1027\ln\Delta M_t + 0.5097\ln\Delta \mathrm{GDP}_t$$

（0.495 083）（1.357 802）（0.310 537 8）（0.291 047）

$R^2 = 0.949\ 230$　$T = 2.694\ 307 - 3.165\ 163$　$F = 86.207\ 635$　D.W. $= 2.759\ 421$

（3）全面发展阶段（2002～2010 年）：

$$\ln\Delta I_t = 7.5961 + 0.2687\ln\Delta X_t + 0.1787\ln\Delta M_t + 0.4876\ln\Delta \mathrm{GDP}_t$$

（0.236 291）（0.319 801 6）（0.036 854 7）（0.053 318 3）

$R^2 = 0.919\ 151\ 2$　$T = 4.175\ 647 - 4.540\ 061$　$F = 106.358\ 76$　D.W. $= 2.981\ 732$

（4）转型升级阶段（2011～2015 年）：

$$\ln\Delta I_t = 8.3567 + 0.2731\ln\Delta X_t - 0.1831\ln\Delta M_t + 0.4358\ln\Delta \mathrm{GDP}_t$$

（0.536 037）（0.081 915）　（0.293 617）　（0.085 062）

$R^2 = 0.946\ 513\ 0$　$T = 3.891\ 302 - 4.243\ 261$　$F = 75.5063$　D.W. $= 1.370\ 275$

（5）整体时期（1981～2015 年）：

$$\ln\Delta I_t = 7.1385 + 0.2101\ln\Delta X_t + 0.1537\ln\Delta M_t + 0.4869\ln\Delta \mathrm{GDP}_t$$

（0.564 345）（0.084 511）　（0.095 903）　（0.067 405）

$R^2 = 0.939\ 647$　$T = 5.309\ 624 - 7.116\ 632\ 1$　$F = 105.5373$　D.W. $= 1.271\ 683$

上述回归结果的全部系数都通过了1%显著性水平的 T 检验，回归方程都通过了 1%显著性水平的 F 检验，而且各回归方程的拟合优度均在 90%以上，因此，上述回归模型也都通过了1%水平以上的序列自相关检验，数据之间的自相关消除较好。

从实证检验结果可以看出，青岛开放型经济发展的四个阶段，出口、进口贸易对收入增长的贡献均为正，且呈现相同逐步提高的发展趋势，即随着开放型经济发展水平和层次的提高，出口、进口贸易对青岛市收入增长的贡献也逐步提高。出口贸易每增长 1%，四个发展阶段青岛市居民人均收入分别增长 0.1021%、0.1832%、0.2687%和 0.2731%；进口贸易每增长 1%，青岛市居民人均收入分别增长 0.0627%、0.1027、和 0.1787%和 0.1831%。合计来看，对外贸易每增长 1%，四个阶段对居民收入增长的贡献分别为 0.1648%、0.2859%、0.4474%和 0.4562%。整体来看，改革开放以来出口、进口贸易每增长 1%，带动青岛市居民收入分别增长 0.2101%和 0.1537%，合计对收入增长的贡献为 0.3638%。

结合前文就对外贸易对经济增长和就业增长贡献的分析可以发现，虽然，对外贸易增长对经济增长和就业增长的贡献，从第四阶段出现明显下滑趋势，但是，其对居民收入增长的贡献仍然在提升，只不过提升幅度有一定程度缩小。这在很大程度上说明，虽然对外贸易增长速度在放缓，但是，出口产品结构的不断升级、出口产品附加值的逐步提高以及出口产品生产国内价值链的延长，使得出口贸易对收入增长的直接和间接贡献都在进一步提高。而中国市场进一步对外开放所带来的进口关税和非关税水平的降低，加上世界市场商品价格下降所引发的进口商品价格的普遍下降和进口消费支出的相对降低，也使得进口贸易对收入增长的贡献进一步提高。由此也可以看出，加快对外贸易发展“转方式、调结构”进程，在未来提高对外贸易收入增长贡献方面的重要意义和作用。

二、FDI 贡献

FDI 无论是以货币、实物（机器设备）还是商标、专利等知识产权形式来实现，均要按照相关法律在中国境内设立独资、合资、合作或股份制企业，进行产品和服务的生产经营。因此，FDI 对一国（地区）经济社会发展的贡献，可以直接从 FDI 占社会固定资产投资的比重变化，以及 FDI 企业投产运营后，其产值、纳税、就业占青岛市全部的比重变化情况，来做出考察和分析。根据《青岛统计年鉴》历年陆续发布数据，本书选择了 FDI 占青岛市社会对固定资产投资比重、规模以上 FDI 企业工业产值占青岛市工业总产值比重、FDI 企业税收占青岛市工商税收比重、FDI 企业就业占青岛市单位就业比重以及 FDI 企业研发（research & development，R&D）支出占青岛市企业全部研发支出比重等五项指标来考察 FDI 对青岛市经济社会发展的贡献大小及变化情况。

统计数据显示，改革开放以来，FDI 占青岛市社会固定资产投资的比重，总体经历了一个波动中逐步提高、2005 年之后转而持续降低的过程。2000 年 FDI 占青岛市社会固定资产投资的比重为 6.8%，之后这一比重波动中逐步提高，2005 年达到最高为 12.5%，随后该比重持续降低，2014 年仅为 1.8%（表 3-6）。FDI 占青岛市社会固定资产投资的比重，2009 年之前高于山东省，之后则明显低于山东省整体水平（表 3-7）。这一比重，2002 年之前低于全国，但之后则始终高于全国平均水平（表 3-8）。这说明，在开放型经济发展初期和较低层次，经济规模小、资金相对短缺，造成社会投资能力弱。FDI 的进入则逐步填补了经济改革和发展所需资金缺口，2005 年之前，在弥补青岛市投资资金不足上发挥了较为明显的作用。而随着开放型经济层次的提高、经济规模的扩大和水平的提升，国内投资资金短缺的状况逐渐得到改善，国内企业投资能力也日益增强。这时，虽然利用 FDI 仍然在增长，但相对于国内投资增长速度而言已经明显降低，这就自然导致 FDI 占青岛市社会固定资产投资的比重，呈现不断下降趋势。

表 3-6 FDI 对青岛市经济社会发展的贡献（单位：%）

年份	FDI 占社会固定资产投资比重	规模以上 FDI 工业产值占全市比重	FDI 企业税收占工商税收比重	FDI 企业就业占社会就业比重	FDI 企业 R&D 支出占全部比重
2000	6.8	19.8	29.3	9.2	—
2001	7.0	19.9	27.9	10.2	—
2002	10.2	18.9	26.7	10.7	—
2003	11.9	20.8	24.5	11.6	—
2004	9.7	22.8	28.7	14.4	—
2005	12.5	25.7	23.8	16.3	—
2006	10.4	29.0	24.0	18.7	6.0
2007	10.2	31.5	29.4	14.5	6.3
2008	9.1	30.3	28.0	13.0	8.1
2009	5.6	28.5	24.7	11.8	13.6
2010	5.7	27.5	28.4	11.1	15.6
2011	4.1	26.5	30.6	12.0	11.3
2012	3.4	25.6	33.1	11.0	13.5
2013	2.5	25.0	32.3	9.8	11.0
2014	1.8	24.1	33.3	9.6	11.7

资料来源：根据《青岛统计年鉴》（1993～2015 年）发布数据计算

规模以上 FDI 企业工业产值占青岛市工业总产值的比重，以 2007 年为转折点，也呈现先提高、后下降的变化特点，由 2000 年的 19.8%上升到的 2007

年的 31.5%，而后下降到 2014 年的 24.1%。不过，2007 年之后这一比重下降趋缓，而且，与 2000 年 19.8%的比重相比，2014 年规模以上 FDI 企业工业产值占青岛市工业总产值的比重，仍高出 4.3 个百分点（表 3-6）。相比较来看，规模以上 FDI 企业工业产值占青岛市工业总产值的比重，高于同期山东省和全国整体水平（表 3-7、表 3-8）。这说明，FDI 企业在促进青岛市工业生产和转型升级发展中所起作用，虽然有所下降，但与 20 世纪相比，作用仍然明显增大。而且，FDI 在促进青岛市工业发展中的作用，远远大于同期山东省和全国整体水平。

表 3-7 FDI 对山东省经济社会发展的贡献（单位：%）

年份	FDI 占社会固定资产投资比重	规模以上 FDI 工业产值占全省比重	FDI 企业税收占工商税收比重	FDI 企业就业占社会就业比重	FDI 企业 R&D 支出占全部比重
2000	4.0	9.4	18.7	2.7	—
2001	5.7	10.9	19.8	2.9	—
2002	6.2	11.4	21.5	3.2	—
2003	7.8	12.5	21.9	3.3	—
2004	7.7	14.4	21.8	3.9	—
2005	8.9	14.2	20.7	5.4	—
2006	8.8	16.4	21.3	5.5	—
2007	8.3	17.8	22.2	5.2	9.5
2008	7.2	18.3	22.9	5.0	9.8
2009	6.6	18.2	23.1	4.8	9.7
2010	5.6	17.1	24.2	4.8	10.1
2011	5.1	15.9	25.2	4.9	10.9
2012	4.6	15.1	24.3	5.0	14.5
2013	3.5	14.3	25.7	5.4	16.4
2014	3.4	13.6	24.8	5.1	15.6

资料来源：根据《山东统计年鉴》（2001～2015 年）发布数据计算

FDI 企业纳税占青岛市全部工商税收的比重，自 2000 年进行统计以来，则呈现波动中先下降、后提高的变化特点。由 2000 年的 29.3%缓慢下降到 2005 年的 23.8%，之后逐步提高到 2014 年的 33.3%，总体而言，FDI 企业纳税占青岛市全部工商税收的比重也有所提升（表 3-6）。比较来看，青岛市 FDI 企业税收占全市工商税收的比重，明显高于同期山东省和全国的整体水平（表 3-7、表 3-8）。这反映出，青岛市 FDI 企业的整体经营状况，好于山东省和全国平均水平，其对地方和国家的税收贡献，也明显高于山东省和全国 FDI 企业的平均水平。

表 3-8　FDI 对中国经济社会发展的贡献（单位：%）

年份	FDI 占社会固定资产投资比重	规模以上 FDI 工业产值占全国比重	FDI 企业税收占工商税收比重	FDI 企业就业占社会就业比重	FDI 企业 R&D 支出占全部比重
2000	10.3	14.6	17.5	2.8	—
2001	10.5	11.9	19.0	2.9	—
2002	10.1	13.3	20.5	3.0	—
2003	8.0	20.0	20.9	3.3	—
2004	7.2	18.8	20.8	3.8	—
2005	6.7	16.6	20.7	4.4	—
2006	5.3	16.9	21.2	4.7	14.8
2007	4.6	17.5	20.2	5.1	16.6
2008	4.4	9.9	20.9	5.1	15.8
2009	2.9	6.2	21.6	5.1	14.9
2010	2.8	14.5	21.2	5.3	14.8
2011	2.6	10.4	20.5	6.0	17.2
2012	2.0	6.3	21.6	6.0	17.1
2013	1.7	8.3	20.4	7.7	17.0
2014	1.5	6.3	20.9	7.5	16.5

资料来源：根据《中国统计年鉴》（2001～2015 年）发布数据计算

从青岛市 FDI 企业就业人数占全部社会就业人数的比重来看，与山东省和全国整体呈现逐步提高的特点不同（表 3-7、表 3-8），青岛市这一比重呈现先提高后下降的变化趋势。青岛市 FDI 企业就业人数占全部社会就业人数的比重，由 2000 年的 9.2%提高到 2006 年的 18.7%，之后不断下降到 2014 年的 9.6%。这反映出，FDI 企业对青岛市社会就业的贡献，经历了一个先增强、后减弱的演变历程。其背后的原因，最大的可能是与 2008 年后，青岛市利用 FDI 逐步由劳动密集型产业向资本、技术密集型产业转型有关，这也从一定程度上印证了青岛市利用 FDI 质量水平的提升和结构的优化。另外，尽管青岛市 FDI 企业就业人数占全社会就业人数的比重，近年来呈下降趋势，但仍大大高于同期山东省整体水平，也明显高于同期全国平均水平。显示出，FDI 对青岛市就业的促进作用，仍然大于山东省和全国整体水平。

不过，在 2007～2014 年 FDI 企业 R&D 支出占全部 R&D 支出比重这一指标上，青岛市明显低于全国整体水平。除 2009～2011 年三年外，青岛市其他年份

FDI 企业 R&D 支出占全部 R&D 支出比重，也低于山东省平均水平（表 3-6、表 3-7 和表 3-8）。这在很大程度反映出，青岛市 FDI 企业的技术和产品研发创新投入水平不高，FDI 企业对青岛市技术和产品创新的辐射和的带动作用，仍然低于山东省和全国平均水平。

除以上几个指标描述的贡献外，FDI 对青岛市经济社会发展的贡献，还表现在促进产业结构改善优化；带动居民收入水平提高；通过竞争、扩散和示范效应，促进本土企业完善企业制度、提高管理水平、加大研发投入、树立品牌意识以及强化营销服务；通过学习效应，促进企业、政府和居民不断解放思想、开阔视野、增强竞争、效率、创新和服务意识。而这些都会潜移默化地转变成推动青岛市经济发展和社会进步的内在动力。除 FDI 对青岛市产业结构改善优化的贡献，可以通过第三产业利用 FDI 占全部 FDI 比重的变化表现出来外（表 2-8、表 2-21、表 2-35 和表 2-51），其他方面的贡献，目前还没有具体的统计数据能用量化指标来描述，但其对青岛市经济社会发展已有的贡献和仍将继续长期做出的潜在贡献，是无法否认的。

三、国际经济合作贡献

按照中国传统分类，国际经济合作包括国际工程承包、劳务合作和境外直接投资等三个领域。国际工程承包对一国（地区）经济社会发展的贡献，一般表现在通过承包国外工程项目，可以赚取比国内更高的利润收益，带动本国（地区）技术、设备和相关材料及产品出口，带动工程技术人员及普通劳务人员输出。前两项贡献最终会转化成对本国（地区）经济发展和结构优化的促进上来，而第三项贡献，则有助于缓解本国就业压力。国际劳务合作（输出）对一国（地区）经济社会发展的贡献，主要表现在缓解就业压力和提高收入水平两个方面。而境外直接投资对经济社会发展贡献则表现在更多方面。国内外研究文献表明，ODI 可以通过“产业转移效应”转移国内过剩产能、落后产业和技术，促进本国（地区）产业结构优化、提高收益或延长收益期（周升起，2011a）；通过 ODI 的“贸易限制规避”效应规避进口国贸易壁垒，可以提高本国企业和产品国际市场占有率和盈利率（杨大楷等，2002；魏东等，2005）；通过 ODI 的“资源配置效应”开发国外资源，可以稳定资源进口渠道、提高本国（地区）资源配置效率（周升起，2009）；通过 ODI 的“逆向技术溢出”效应，利用国外研发资源和技术，可以加快本国（地区）技术进步、提高技术研发和创新能力（刘明霞等，2009；欧阳艳艳，2010；宋勇超，2015）。通过 ODI 可以带动本国（地区）技术、设备、货物和中间产品出口，促进能源、原材料和零部件进口（张春萍，2012；王胜等，2014）。上述这些贡献通过直接或间接途径，最终实现对投资国（地区）经济发展和社会进步的推动。

（一）国际工程承包与劳务合作贡献

由于没有带动技术、设备和相关材料及产品出口的统计数据，可以从国际工程承包营业额占 GDP 的比重及其变化来考察国际工程承包对青岛市经济社会发展的贡献。统计数据显示，2000 年以来国际工程承包营业额占青岛市 GDP 的比重，总体呈现不断提高的演变特点，由 2000 年的 0.55%逐步提高到 2015 年的 2.44%，不过自 2012 年起这一比重出现下滑态势。比较来看，2011 年之前，青岛市国际工程承包营业额占 GDP 的比重，一直低于山东省和全国平均水平，但自 2012 年起，青岛市这一比重大幅提高，并明显高于山东省和全国平均水平。这说明，2000 年以来，国际工程承包对青岛市经济社会发展的贡献持续提高，这一贡献在 2012 年之前低于山东省和全国，但自 2012 年起这一贡献大大超过山东省和全国平均水平（图 3-12）。

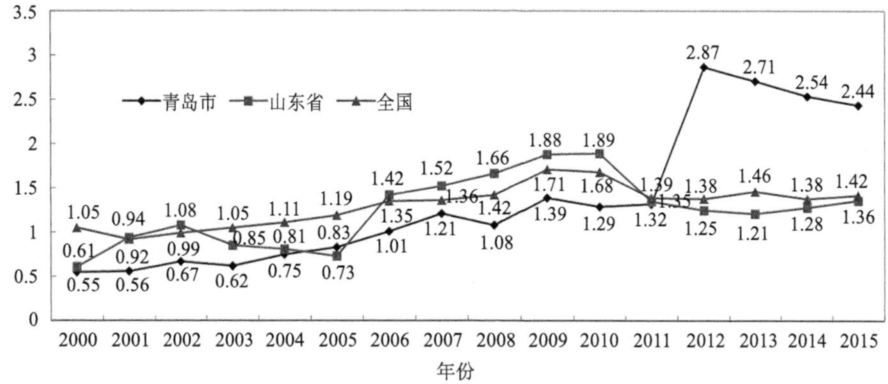

图 3-12 青岛市与山东省、全国国际工程承包营业额占 GDP 比重变化比较

资料来源：根据 2015 年青岛市、山东省和国家统计年鉴发布数据计算

由于与国际工程承包有关的人员输出数据与单纯的国际劳务输出合并在一起统计，关于国际工程承包对青岛市就业的贡献与国际劳务输出放在一起进行分析。统计数据显示，2000 年以来，青岛市国际劳务输出人数占全部社会就业人数的比重，呈现先下降、后提高的变化趋势，由 2000 年的 0.15%下降到 2003 年的 0.09%，之后逐步提高到 2015 年的 0.38%。并且，与山东省和全国比较，除 2004 年和 2006 年外，其他年份青岛市国际劳务输出人数占全部社会就业人数的比重，均显著高于山东省和全国整体水平。这反映出，2000 年以来，

国际工程承包和国际劳务输出对青岛市就业的贡献,总体呈现增大的发展趋势,而且这一贡献明显大于山东省和全国整体水平。只不过,国际工程承包和国际劳务输出人数占全部社会就业人数的比重仍然很低,还不到0.4%,其对青岛市就业增长的贡献,仍然处于低水平(图3-13)。

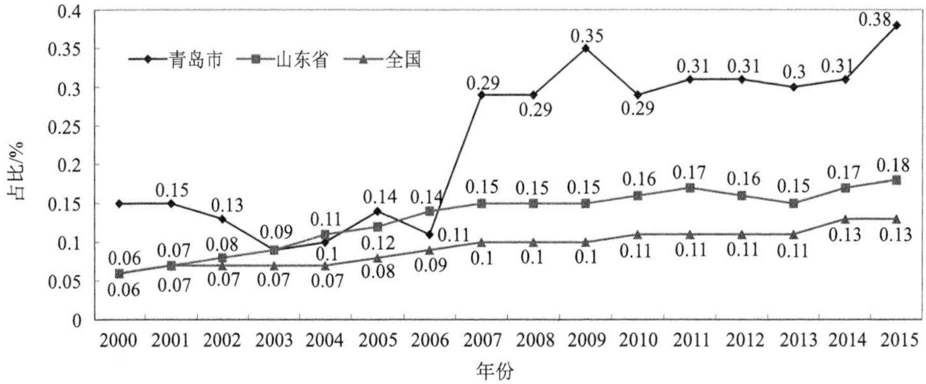

图 3-13 青岛市与山东省、全国劳务输出人数占社会就业人数比重变化比较

资料来源:根据2015年青岛市、山东省和国家统计年鉴发布数据计算

(二)境外直接投资贡献

关于境外直接投资对一国经济社会发展的多方面促进作用或贡献,发达国家的实践经验已经证实,近年来国内外也已有很多文献进行了考察分析。但由于分类详细统计数据的不健全,以及相对于对外贸易与利用FDI而言,青岛市ODI的规模、范围和开展ODI的企业数量仍然偏低(尽管ODI增长速度很快)就 ODI 对于青岛市经济社会发展的贡献目前还难以做出全面、详细的定量分析。基于目前能收集到的部分数据和案例,本书在这里仅就青岛市ODI对产业结构调整和带动出口的贡献,做出有限度的考察分析。

从前文青岛开放型经济全面发展和转型升级两个阶段,青岛市ODI行业分布的部分数据变化可以发现,青岛市生产类ODI项目所占比重,由2002年的16.7%逐步提高到2015年的40%。研发类ODI项目也有2010年前的6个,迅速增加到2011～2015年的20个。这在一定程度上说明,青岛市企业在逐步加快通过ODI,向境外转移过剩产能及在国内已经落后的生产技术设备,并通过在发达国家投资建立研发机构,利用其研发人才和资源提高技术和产品创新能力。而这一过程,一方面,为在国内发展高新技术产业“腾出”资源和市场;另一方面,充分利用国外资源和劳动力优势,提高收益率并延长已有技术设备的生命周期和收益回报期；再就是，更有效利用国外研发人才和先进设备资源，提高研发效率和原始创新能力。这无疑都有助于推动国内产业结构优化升级的进程和步伐。青岛市纺织业通过ODI逐步实现向服装业优化升级，和海尔集团通过ODI由普通家电企业成长为全球技术领先的著名跨国公司，是ODI促进产业升级和企业技术升级的两个最典型的案例。

1. ODI与青岛纺织业产业升级

青岛的纺织业具有悠久的历史和雄厚的产业基础，是中国近代纺织业的发祥地之一。从新中国建立至20世纪80年代末，纺织业一直是青岛经济的支柱产业之一，青岛也成为中国纺织产品的重要出口基地。在中国只有上海、天津、广东等少数几个省市的纺织业的规模可以与青岛媲美，为此，在中国纺织服装界曾出现过“上青天”的说法，来形容青岛纺织业的规模和影响仅次于上海。但是，由于传统纺织业进入门槛低的劳动密集型特征，以及青岛纺织服装企业缺少知名品牌，加上受到国外纺织品进口配额的限制，进入90年代之后，青岛纺织业出现研发能力不足、装备水平落后、产能严重过剩和产品积压滞销的严重困难，纺织服装企业发展遭受到越来越大的来自国内外的双重压力。优化产业结构、升级技术和产品结构、转变企业经营模式，成为青岛纺织业的必然选择。在青岛纺织业产业优化升级和企业转型过程中，ODI发挥了显著的推动作用。

青岛纺织业ODI始于1981年中国政府提供无息贷款，由青岛纺织总公司负责实施的赞比亚中赞合资企业——穆隆古希纺织有限公司。项目建成移交赞方管理后因经营管理不善，1995年与赞比亚合资重组该公司。但青岛纺织服装企业自主开展ODI，是以青岛纺织总公司2001年在柬埔寨投资成立柬中合资“曼哈顿—青岛纺织有限公司”为标志。之后，青岛纺织服装企业加快了ODI步伐，改制转型后的青岛纺织服装企业，充分利用国际、国内两种资源、两个市场，推进企业技术设备进步、研发水平提升和产品结构升级进程。截至2015年年底，青岛市纺织服装企业先后在柬埔寨、越南、斯里兰卡、赞比亚、埃塞俄比亚、南非、罗马尼亚、俄罗斯、韩国、澳大利亚等国投资设立纺织服装生产型企业50多家，青岛纺织总公司2003年还与赞比亚政府签署了关于建立以穆隆古希纺织有限公司为核心的纺织服装工业园建设协议。上述ODI涉及纺织、面料、印染、服装、服饰与绣品等十多类产品。青岛市纺织服装企业还先后在美国、法国、日本、中国香港、韩国、新加坡、罗马尼亚、波兰、俄罗斯、南非等国家或地区投资设立贸易型销售公司或办事处70多家。

ODI促进青岛纺织业产业升级具体表现在以下两个方面。

（1）通过生产型ODI实现过剩产能转移，释放沉淀生产要素、提高投资收益并扩大销售市场。

生产型 ODI 的主要特点是，在投资实现过程中可以将投资企业的设备、技术用于东道国投资企业的生产，并在生产过程中通过中间产品（零部件、半成品和辅料等）供应，带动出口贸易发展，同时通过产品的当地销售或向第三国的销售，绕过贸易壁垒扩大销售市场，最终实现市场占有率提高和利润的提升。正是生产型 ODI 的这一特点，使得青岛市纺织服装企业通过开展境外投资，将过剩的纺织生产技术设备和产能迅速转移出去，一方面是将这些沉淀的生产要素释放出去，为纺织服装企业腾出人员和市场空间研发新的技术和产品；另一方面持续不断地带动国内企业半成品和辅料的出口；同时，企业利用境外投资带来的更高收益，可以用于企业纺织服装新技术、新产品研发和品牌推广。上述表现形式的综合作用，必然推动投资企业的设备技术提高和产品结构升级。

以中赞合资的穆隆古希纺织有限公司为例，该公司的建立不仅带动了青岛近 2000 万美元机电、化工和纺织服装专业设备、器材的出口，进一步发挥了这些设备的生产价值；而且，利用赞比亚国家的对外贸易政策以及对周边国家的辐射力，通过直接和代理商的方式向南非、津巴布韦、欧盟等 10 多个国家或地区出口产品；并且，在赞比亚注册并使用“华金”商标销售。

青岛纺织总公司、青纺联集团、绮丽集团及即发集团在柬埔寨、越南、斯里兰卡、埃塞俄比亚等国投资建立的纺织服装生产加工企业，绝大部分投资都是以国内技术和设备投入的形式而实现的，在最大程度上转移了国内过剩生产能力，为企业转型和产品技术升级创造了条件。

（2）通过贸易型 ODI 获取国际纺织服装市场需求信息和流行趋势，推动纺织服装企业加快技术研发和产品优化升级进程。

在世界各国重要的贸易中心城市，通过投资设立贸易型销售公司或办事处，使得青岛市纺织服装企业可以亲密接触国外消费者，详细了解消费者对企业产品及品牌的满意度，直接获取国外市场需求及变化信息。尤其重要的是发现本企业产品与竞争者产品比较存在的优势、劣势或差异，掌握国外同行产品技术研发水平及发展趋势。上述信息反馈到国内企业，不仅会促使国内企业根据国际市场需求变化趋势，发明新技术、开发新产品、调整营销策略，而且将激励企业更加重视生产工艺技术研发和产品创新，加大研发投入，从而推动纺织服装企业实现技术创新和产品结构的持续优化升级。目前，在国内外市场具备较强竞争力的纺织服装企业青岛纺织总公司、青纺联集团、即发集团、绮丽集团及喜盈门集团等，无一不是通过在国外投资设立销售公司或办事处等，根据反馈国际市场信息，来引进和更新生产技术设备、研究开发新产品、延展产品生产价值链、培养高素质生产经营管理人才，而逐步推进技术、产品优化升级和品牌国际化进程的。

例如，青纺联集团公司，针对国际市场对绿色环保纺织服装需求的发展趋势，公司投入巨资开发并在产品中大量采用天丝、木代尔、有机棉、竹纤维、绢丝、羊毛、维劳夫特、圣麻纤维、吸湿排汗纤维、牛奶纤维、腈纶纤维、甲壳素纤维、大豆纤维、珍珠纤维等绿色环保系列纤维，和抗静电、导电及阻燃等特色纤维，其产品受到国际市场的日益青睐，并成为诸多世界著名材料开发商、生产商的战略伙伴。公司目前形成了专业的特色纱线和家纺面料、服装面料生产基地，拥有国际一流的紧密纺设备，带大、小提花和锁边装置、190～390厘米幅宽的进口喷气和片梭织机，以及精密的纺织测试仪器等。精梳能力达到100%，无接头能力达到100%，合股线100%采用倍捻机，实现了100%无梭化生产，可通过企业资源计划系统（enterprise resource planning，ERP）实时管理具备数字化接口的高档设备，为生产高品质产品提供了技术保障。

起步于手工作坊现已成长为山东省重点企业和国家大型企业的青岛即发集团，通过国外销售企业及代理机构反馈的信息，针对国际市场近年来对功能性纺织材料需求日益旺盛的趋势，通过加大研发投入，加强与院校和科研机构的合作，自主研发的海洋生物甲壳质纤维针织品获国家科技进步二等奖和中国优秀发明专利；自主研发的微孔聚四氟乙烯膜材料，具有防水、防风、透湿、透气和阻隔微粒等功能，可广泛应用于医用防护、国防军事、高效过滤、电子等领域，目前各项指标处于国内领先水平；医用防护面料及服装获得青岛市技术进步一等奖。迄今，即发集团已与包括6家世界500强企业在内的16家外国公司兴办了20多个合资企业，在26个国家注册了商标。

青岛市纺织服装业，通过实施以ODI为核心的“走出去”战略，配合国内自主创新和产业调整政策，产业结构得到明显的优化提升，技术创新能力和品牌影响力也显著提高。青岛纺织业已从20世纪90年代初的以传统纺纱、织布、印染和低端纺织机械以及服装等的生产，以及纺织服装产业链中低附加值劳动密集型环节、产品结构单一的生产加工，主要依靠国际市场但无自主品牌的销售格局，发展到现在，已基本形成涵盖现代纺织服装业信息发布、技术研发、产品设计、流行创意、品牌推广、生产加工、展示交易、物流配送等全产业链，涉及先进纺织设备制造、新型纤维、精品纺纱、高档面料、家纺、针织、印染、品牌服装、功能纺织等多样化、差异性、高附加值产品生产，拥有越来越多企业自主品牌、产业国际竞争力和影响力不断提升、国内国际市场销售并举的局面。

青岛市规模以上纺织企业数量，由2000年的132家增长到2014年的146家，仅增加14家。而服装、服饰生产企业同期由95家增长到249家，增加154家。与此同时，纺织业产值由2000年的83.2亿元，增长到2014年的252.1亿元，为2001年的3.0倍。而服装业产值同期由36.3亿元增长到632.3亿元，增加了 16.4 倍（图 2-12）。纺织品出口由 2000 年的 3.68 亿美元增长到 2014 年的 25.92 亿美元，增加了 21.94 亿美元。同期服装产品出口由 8.18 亿美元增长到 51.18 亿美元，增加 43.62 亿美元[①]。纺织业平均利润率也从 2001 年的 4%～5%提升到 2014 年 10%左右。截至 2015 年年底，青岛市纺织服装企业拥有国家级企业技术中心 4 个，省级企业技术中心 7 个，市级企业技术中心 18 个，70%以上的企业建立了技术中心。拥有中国名牌产品 8 个，山东省名牌产品 35 个，青岛市名牌产品 47 个，品牌服装产量占服装总产量的比重达到 25%。

2. ODI 与海尔集团产品、技术升级

海尔集团创立于 1984 年，创业 31 年来，通过实施“名牌战略”（1984～1991 年）、“多元化战略”（1992～1998 年）、“国际化战略”（1999～2004 年）和“全球化品牌战略”（2005 年至今），已经从一家只能生产冰箱一种产品、濒临倒闭的集体小厂，发展成为涉及家用、商用黑白家电、信息电子、电器、厨房及清洁设备、房地产、金融保险、新材料、生物工程、制药等 17 个产业、96 大门类、16 000 多个规格的产品群，旗下拥有 240 多家法人单位，全球拥有 7 万多名员工，在全球投资建立 30 个制造基地、12 个综合研发与设计中心、19 个海外贸易公司和 16 个全球信息中心，产品在世界 160 多个国家和地区销售，2014 年营业额超过全球营业额实现 2007 亿元（同比增长 11%），实现利润 150 亿元（同比增长 39%），涵盖技术研发、产品设计、生产加工、营销服务、物流配送、品牌经营、资产运作等全产业链的世界 500 强跨国公司。在 2015 年中国电子信息百强企业中名列第四。

1）海尔集团 ODI 发展历程

海尔集团是在成功实施“名牌战略”和“多元化战略”，在采取“先难后易”市场进入策略，通过出口在主要发达和发展中国家占领市场之后，选择“先易后难”投资策略，开始实施以 ODI 为核心的“国际化战略”。海尔集团的 ODI 发展基本沿着以下路径开展的：海外生产基地（发展中国家）—海外贸易公司与生产基地（发达国家）—海外研发中心与信息中心（发达国家为主）。在投资方式上，采取了“绿地”投资先行，积累国际化经营经验后，再“并购”与“绿地”投资并行的路径。

1995 年 7 月，海尔在中国香港成立贸易公司，开始全球营销网络布局。1996 年 5 月，海尔在印尼雅加达建立了海外第一家电冰箱合资生产企业——海尔莎保罗有限公司，标志着海尔集团的国际化生产经营迈出重要一步。1997 年 6 月，

① 数据来自《青岛年鉴》（2001 年、2015 年），http://qdsq.qingdao.gov.cn/n15752132/n20546841/index.html[2016-04-28]。

菲律宾海尔 LKG 电器有限公司成立，并于下半年开工生产电冰箱。同年 8 月，以生产海尔洗衣机等综合性高科技家电产品为主的马来西亚海尔工业(亚细安)有限公司成立，海尔电器产品成功占领了马来西亚 17%的家用电器市场。同年 11 月，海尔与南斯拉夫工业联盟总公司合资在贝尔格莱德建立空调生产厂，生产以第一代智能变频一拖多系列为主的空调器产品，这是中国家电企业首次在欧洲本土建立首个家电生产基地。1998 年海尔投资分别在越南、马来西亚、埃及、保加利亚、突尼斯、摩洛哥、伊朗建立 10 家生产加工企业。1999 年 2 月，海尔中东有限公司在阿联酋的迪拜成立，同年 9 月，与伊朗赛彼得公司联合成立海尔赛彼得有限公司，进一步扩大了在伊朗及中东市场的销售网络与份额。在此阶段，海尔主要是在东南亚、西亚、东欧等发展中国家进行投资，为后期向发达国家投资积累了宝贵经验。

1999 年 2 月海尔欧洲分部成立标志着海尔在欧洲的投资和营销事业进入系统化阶段。同年 4 月，海尔在美国南卡来罗那州投资建立在北美的第一个生产家电基地，同时在洛杉矶投资成立设计中心、在纽约投资设立营销中心，实现了美国海尔设计、制造、营销三位一体。2000 年海尔投资在孟加拉、印度、尼日利亚、乌克兰、巴基斯坦、马来西亚投资建立 7 家生产加工企业。同年 8 月海尔并购中国香港中建数码有限公司，成立海尔（香港）中建有限公司。2001 年 6 月，海尔并购意大利迈尼盖蒂公司所属的一家电冰箱制造工厂，成立海尔（意大利）有限公司，这是中国白色家电企业首次实现跨国并购，海尔成为中国第一家到欧洲家电制造腹地收购工厂的企业。2001 年，海尔集团与鲁巴集团合资成立海尔巴基斯坦工厂。2002 年 1 月，海尔通过与日本三洋公司建立战略联盟成功进入日本市场。2 月海尔又和中国台湾最大的家电集团声宝集团建立战略联盟关系。2002 年 3 月，海尔在美国纽约中城百老汇购买原格林尼治银行大厦这座标志性建筑作为北美的总部，海尔的“三位一体”本土化战略又上升到新的阶段。

2004 年 9 月，海尔集团在印度首都新德里与印度 Scope 集团合资建立公司——海尔电信（印度）有限公司，开始向印度市场输送由中国出口的 GSM 和 CDMA 手机产品。2005 年 3 月，约旦撒哈布的海尔中东工业园举行了开业仪式。2006 年 11 月，巴基斯坦海尔——鲁巴经济贸易区合作区揭牌。2006 年，根据巴基斯坦经济发展预期，海尔投资成立了海尔巴基斯坦贸易公司。2007 年 6 月，海尔又与日本三洋电机签署协议，收购三洋全球最大的冰箱工厂泰国工厂。2009 年 5 月，海尔集团收购在新西兰拥有 55%市场份额的高端家电企业 Fisher & Paykel 公司 20%的股份，成为该公司新的大股东。这期间，海尔集团投资分别在日本东京、意大利米兰、韩国首尔投资成立综合研发中心；在韩国首尔、日本大阪、丹麦哥本哈根、荷兰阿姆斯特丹、德国慕尼黑、意大利米兰投资成立全球设计中心；在中国香港、中国台湾、新加坡、巴基斯坦卡拉起、阿联酋迪拜、巴西圣保罗、阿根廷布宜诺斯艾利斯、澳大利亚悉尼、美国纽约、加拿大蒙特利尔、英国伦敦、法国巴黎、德国法兰克福、意大利米兰、突尼斯和南非开普敦投资设立全球信息中心。同时还在中国香港、开曼群岛、英属维尔京群岛成立投资性公司，利用国际资本市场开展资本经营。2011 年 10 月 18 日，海尔集团和日本三洋电器集团正式签署 1.8 亿美元收购协议，三洋在日本的洗衣机和家用冰箱业务及其在印度尼西亚、马来西亚、菲律宾和越南的洗衣机、家用冰箱和其他家用电器销售业务 2012 年将正式纳入海尔麾下。2012 年 10 月，海尔投资 6.4 亿美元增持控股新西兰 Fisher & Paykel 电器控股有限公司，成为山东省最大的境外股权并购项目。2012 年 1 月 15 日，海尔集团与具有百年历史品牌传承的美国最大家电制造商通用电气（GE）签署谅解备忘录，海尔将以 54 美元收购 GE 全球家电业务，并于 4 月 1 日获得 GE 家电股东大会通过。此番海尔并购 GE 在很大程度上可以说是一次新的跨越，不仅为未来海尔拓展海外业务拓宽了更大的空间，而且意味着中国家电业在国际产业分工中迈上一个更新的台阶，更标志着中国实施“走出去”战略达到了一个更高的制高点。

2）ODI 促进海尔产品、技术升级的绩效

产品结构得到显著优化升级。海尔集团产品品种、产品结构和经营范围大大拓展。经过 27 年的发展，通过实施包括出口、境外投资在内的名牌战略、多元化战略、国际化战略和全球化品牌战略，海尔集团已经从只能生产冰箱一种产品，发展成为研发、生产、销售涉及家用、商用黑白家电、信息电子、电器、厨房及清洁设备、房地产、金融保险、新材料、生物工程、制药等 17 个产业、96 大门类、16 000 多个规格的产品。

产品的市场占有率和品牌价值显著提升。通过 ODI，海尔成功实现了“三个三分之一”，即在国内生产销售 1/3，在国内生产海外市场销售 1/3，在境外建厂就地销售 1/3。同时，海尔产品的市场占有率和品牌价值显著提升。在《中国最具价值品牌 500 强》排行榜中，海尔集团以 1475.59 亿元的品牌价值连续 12 年蝉联家电行业榜首，品牌价值同比提升 42.3%。2015 年再次入选由世界品牌实验室（World Brand Lab）评选的全球品牌 TOP100，位列第 82 名，并首次位列全球白色家电行业品牌第 1 名。在 2015 年 11 月，《财富》（中文版）发布的 2015 年“最受赞赏的中国公司”排行榜，海尔名列第五。至此，海尔同时拥有“全球大型白色家电第一品牌、全球冰箱第一品牌、全球冰箱第一制造商、全球洗衣机第一品牌、全球酒柜第一品牌与第一制造商”共六项殊荣。同时，在智能家居集成、网络家电、数字化、大规模集成电路、新材料等技术领域，海尔也处于世界领先水平。在国际市场，海尔小冰箱、酒柜在美国市场，海尔

洗衣机在伊朗，海尔双缸洗衣机在日本，海尔空调在塞浦路斯，分别占据当地第一的市场份额。海尔产品已进入欧洲 15 家大连锁店的 12 家、美国 10 大连锁店的 9 家。拥有 43 年历史的英国老牌调查机构欧睿国际（Euromonitor）发布 2015 年全球大型家用电器调查结果：海尔 2015 年品牌零售量占全球市场的 10.2%，第七次蝉联全球第一。按制造商排名，海尔大型家用电器 2015 年零售量占全球 13.6%的份额位居全球第一。同时，在冰箱、洗衣机、冷柜、酒柜市场，海尔的全球品牌市场占有率继续保持第一。

创新能力和技术研发水平显著提高。通过在发达国家（地区）积极开展技术研发型 ODI，在发达国家研发和信息资源集中城市，设立综合研发、产品设计和信息中心，并通过这些中心所获的技术、知识以及信息的“反向溢出效应”，大大加快了海尔集团的技术研发和创新能力，并进而推动企业产品多元化和产品、产业结构优化升级的进程。

截至 2015 年年底，海尔拥有专利 16 316 件，在海外 30 多个国家和地区拥有有效发明专利 528 件，海外发明专利是行业其他公司的 20 多倍；海尔累计获得著名设计大奖[如国际论坛（International Forum，IF）设计大奖、红点设计大奖等]65 项，是行业第 2 名和第 3 名获奖数总和的 3 倍；海尔共获得国家科技进步奖 11 项，是行业其他公司获奖数的 5 倍多；海尔在国际电工委员会（International Electrotechnical Commission，IEC）拥有专家席位 13 个，主导国家标准 48 项，国际标准 28 项；是其他企业的 10 倍以上。另外，海尔海参与了 233 项国家标准、447 项行业标准的编制、修订，是参与国际标准、国家标准和行业标准制定最多的中国家电企业。2015 年 8 月海尔成为国内第一家承担技术标准创新基地的企业。在“互联网＋”时代，海尔集团正在实施“网络化战略”，提出“人单合一双赢”创新管理模式，向“互联网＋工业”“互联网＋商业”“互联网＋金融”“互联网＋居住”“互联网＋文化”等综合化经营转型升级①。

3. ODI 与青岛货物贸易

随着 ODI 规模的逐步扩大，尤其是境外投资项目陆续投产运营，其对生产设备、零部件和原材料出口带动作用，以及对境外企业生产产品和资源进口的促进作用，将不断提高。青岛市商务局的业务统计显示，ODI 带动青岛市相关货物出口，由 2006 年的 6.34 亿美元逐步增加到 2015 年的 22.81 亿美元，占全市当年货物出口的比重，由 2.1%提高到 2015 年的 5.1%（图 3-14），显示出，

① “人单合一双赢”管理模式，海尔集团于 2015 年 9 月提出。“人”即员工，“单”不是狭义的订单，而是指用户资源，“双赢”就是把员工和用户结合在一起，让员工在为用户创造价值的同时实现自身价值。海尔集团官网 Http://www.haier.net/cn/about_haier/。

境外直接投资对青岛市出口的带动作用在日益提高。全国层面，与ODI相关的货物出口占全部货物出口的比重，由2008年的2.2%提高到2015年的5.1%（图3-15）。因此，同全国比较，青岛市ODI对货物出口的带动作用与全国整体水平相当。

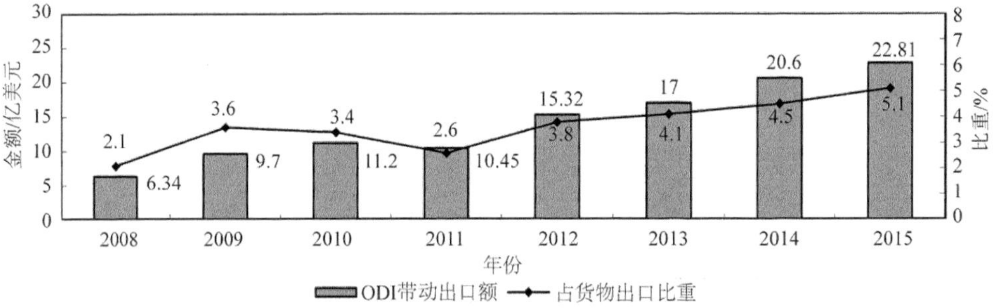

图 3-14　2008～2015年青岛市ODI带动货物出口情况

资料来源：青岛市商务局业务统计数据

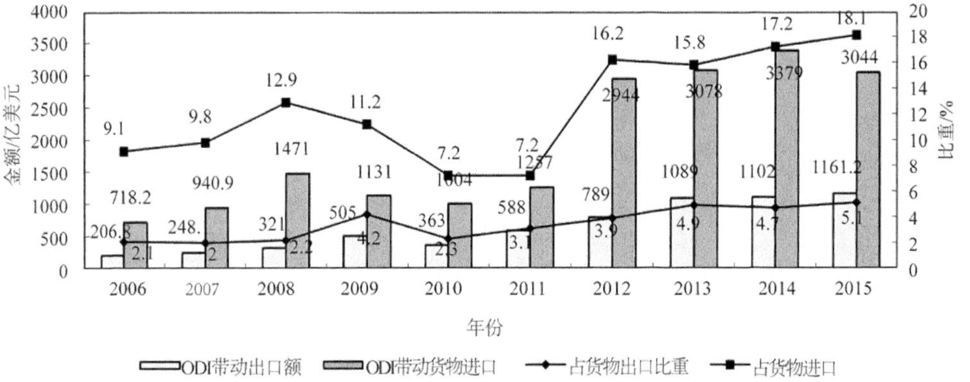

图 3-15　2006～2015年中国ODI带动货物进口、出口情况

资料来源：《中国对外直接投资统计公报》（2008～2016年）

由于缺少与ODI相关的青岛市货物进口方面的统计数据，无法判断ODI对青岛市进口贸易的促进作用大小。不过，从与ODI相关的货物进口占全国货物进口比重，明显高于同期出口所占比重的状况（图3-15），可以推测出，ODI对于青岛市货物进口的促进作用，也会大于同期对于货物出口的带动作用，并且，ODI对于青岛市货物进口的促进作用，也会呈现不断提高的发展趋势。

以上通过可以获得的统计数据，利用部分指标就外贸、外资和外经这三个开放型经济领域，对青岛市经济社会发展的具体贡献分别进行了考察和分析。上述考察和分析显然具有一定的局限性，因为，在开放型经济发展过程中，无论对外贸易、利用外资还是国际经济合作，任何一个领域的对外开放，都会从境外获得新思想、新理念、新知识和新模式、新方法、新手段，它们对国内经济社会发展的促进作用，不像资本、产品和技术那样短期内显效，但经过潜移默化的不断吸收和汇聚，转化为政府、企业和从业者的创新行动后，就会成为经济社会发展的强大内生动力，而这往往没有也是难以通过有限的统计数据来表达。

第四章　从开放大市走向开放强市面临的国内外环境
——青岛开放型经济转型升级的迫切性

第一节　国 际 环 境

2008 年由美国次贷危机引发的国际金融危机，不仅使世界经济遭受了自 20 世纪 30 年代经济“大萧条”（great depression）以来最严重的经济衰退，而且导致欧洲出现债务危机。各国纷纷出台的超宽松“逆周期”刺激政策，虽然使世界经济暂时摆脱危机困扰，但由于结构失衡这一造成危机的根本性原因没有也无法短期内消除，在刺激政策的作用效果逐步消减后，世界经济自 2011 年起转而进入增长乏力状态，投资前景暗淡导致国际投资规模缩小，市场需求疲软、大宗商品价格下跌造成国际贸易增速下滑。

一、世界经济增长放缓，各国增速趋于分化

为使世界经济尽快走出低迷状态，在各国宏观经济刺激政策效应普遍递减，而负面影响却不断上升和扩大的情况下，为解决结构失衡问题，世界各主要经济体都在寻找新的增长点，如美国推出的“再工业化”和“新能源”战略；德国实施的“工业 4.0”高科技发展计划。2008 年国际金融危机后作用日益上升的 G20 为代表的国际组织，也加强了各国之间政策和行动上的协调；“互联网+”催生的新业态、新产业、新商业模式也不断孕育。但这并未改变全球经济整体复苏乏力的局面。发达国家生产率增长缓慢、投资低迷、债务高企，除美国经济的表现稍好外，其他发达国家经济仍陷于低速震荡轨道。在发达国家经济低迷的拖累下，结构矛盾更加突出、内需市场容量小的发展中经济体，经济也表现出明显增长下滑趋势，2011 年以来经济增速已连续第 5 年放慢（表 4-1）。总体而言，当前和今后一个时期，世界经济仍处于国际金融危机后的修复和调整期，经济上行动力不足，下行风险凸显。发达国家对世界经济的拉动作用远逊于国际金融危机以前，新兴市场和发展中国家经济结构调整任务艰巨，不稳定、不确定性突出。

为此，联合国（United Nations，UN）、世界银行（World Bank Group）和国际货币基金组织（International Monetary Fund，IMF）等国际机构，2016 年 1 月发布的预测报告，纷纷调低了对未来两年全球经济增长的预测。联合国经济社会事务部（United Nations Department of Economic and Social Affairs，UN/DESA），最新发布的《2016 年世界经济形势与展望报告》认为，2015 年全球经济在蹒跚中前行，增长幅度估计仅为 2.4%，低于 2015 年中期报告中预测的 2.8%的增速。面对宏观经济持续的不确定性，大宗商品价格走低和贸易流动减少，汇率和资本流动波动性的上升，投资和生产率增长停滞和金融市场和实体经济活动之间持续脱节等多项周期性和结构性不利因素，预计 2016 年全球经济增速将只有小幅度改善，为 2.9%。这一调整后预期低于前一期报告预计的 3.1%增速 0.2 个百分点。2017 年世界经济将有所改善，预计增长幅度有可能达到 3.2%（表 4-1）。

表 4-1　UN/DESA 发布世界经济增长数据（单位：%）

项目	2009 年	2010 年	2011 年	2012 年	2013 年	2014 年	2015 年[a]	2016 年[b]	2017 年[b]	2016 年[c]
世界	−2.4	4.0	2.8	2.4	2.3	2.6	2.4	2.9	3.2	−0.2
发达经济体	−4.0	2.6	1.3	1.1	1.0	1.7	1.9	2.2	2.3	−0.1
美国	−3.5	2.4	1.8	2.3	2.4	2.4	2.4	2.6	2.8	−0.3
欧元区	−4.3	2.1	1.4	−0.4	−0.3	0.9	1.6	1.9	2.0	−0.4
日本	−6.3	4.0	−0.6	1.5	1.6	−0.1	0.5	1.3	0.6	0.3
其他发达国家	−1.9	1.9	1.6	1.9	1.5	2.0	1.2	1.4	2.0	0.1
发展中经济体	2.4	7.7	5.9	4.8	4.6	4.3	3.8	4.3	4.8	−0.5
非洲	0.8	4.7	0.8	5.6	3.3	3.4	3.7	4.4	4.4	−0.4
东南亚	5.2	9.0	7.0	5.6	6.1	6.1	5.7	5.8	5.8	−0.3
西亚	−0.9	6.7	6.9	4.5	2.0	2.6	2.0	2.4	3.0	−1.2
拉美	−2.1	6.0	4.4	2.7	2.8	1.0	−0.5	0.7	2.7	−1.0
最不发达经济体	4.0	5.8	3.6	5.0	5.1	5.6	4.5	5.6	5.6	0.0
世界贸易量	−11.4	13.3	6.7	2.9	3.1	3.3	2.7	4.0	4.7	−0.8

资料来源：UN/DESA. World economic situation and prospects. http://www.un.org/en/development/desa/policy/wesp/index.shtml[2016-04-27]

a 为估计数；b 为预测数；c 为与 2015 年 6 月预测数相比的变化

世界银行 2016 年 1 月发布的最新一期《全球经济展望》报告也认为，2015 年全球经济增长将低于此前（2015 年 6 月）预期数 0.4 个百分点。而

2016 年将是风险之年，增长疲软的溢出效应将继续蔓延，2017 年世界经济将有所改善，但增长仍将疲软。为此，该报告预测 2016 年和 2017 年，全球经济将分别增长 2.9%和 3.1%，这一预测数比 2015 年 6 月报告的预测数，分别降低了 0.4 个和 0.1 个百分点（表 4-2）。该报告还指出，全球贸易疲软、大宗商品价格下降以及地缘政治局势紧张也将是 2016 年全球经济面临的主要风险。

表 4-2 世界银行发布世界经济增长预测数据（单位：%）

项目	2013 年	2014 年	2015 年*	2016 年*	2017 年*	2015 年**	2016 年**	2017 年**
世界	2.4	2.6	2.4	2.9	3.1	−0.4	−0.4	−0.1
高收入经济体	1.2	1.7	1.6	2.1	2.1	−0.3	−0.2	−0.1
美国	1.5	2.4	2.5	2.7	2.4	−0.2	−0.1	0.0
欧元区	−0.2	0.9	1.5	1.7	1.7	0.0	−0.1	0.1
日本	1.6	−0.1	0.8	1.3	0.9	−0.3	−0.4	−0.3
英国	2.2	2.9	2.4	2.4	2.2	−0.2	−0.2	0.0
发展中经济体	5.3	4.9	4.3	4.8	5.3	−0.4	−0.6	−0.2
东亚与太平洋	7.1	6.8	6.4	6.3	6.2	−0.3	−0.4	−0.4
欧洲与中亚	3.9	2.3	2.1	3.0	3.5	0.3	−0.4	−0.2
拉美和加勒比	3.0	1.5	−0.7	0.1	2.3	−1.5	−2.3	−0.6
中东和北非	0.6	2.5	2.5	5.1	5.8	0.1	1.4	2.0
南亚	6.2	6.8	7.0	7.3	7.5	−0.2	−0.1	−0.1
次撒哈拉非洲	4.9	4.6	3.4	4.2	4.7	−0.8	−0.3	−0.3
低收入经济体	6.4	6.1	5.1	6.2	6.6	−0.7	−0.1	0.1
世界贸易量	3.3	3.6	3.6	3.8	4.3	−0.8	−1.1	−0.6

资料来源：World Bank Group. Global Economic Prospects. http://www.worldbank.org/GEP/[2016-04-27]

*为预测数；**为与 2015 年 6 月预测数相比的变化

IMF 2016 年 4 月更新后的《世界经济展望》报告，也对未来世界经济增长做出了“太慢太长”（too slow for too long）的判断。与 2016 年 1 月的报告相比，进一步调低了对未来的增长预期，而与 2015 年 10 月份的预测相比，调低的幅度更大（表 4-3）。这反映出，IMF 对未来世界经济增长信心进一步降低，在当前疲软的经济环境下，世界经济未来的风险会显著增大。

表 4-3 IMF 发布世界产出增长预测数据

项目	2014 年	2015 年	2016 年*	2017 年*	2016 年**	2017 年**	2016 年***	2017 年***
世界	3.4	3.1	3.4	3.5	−0.2	−0.1	−0.4	−0.3
发达经济体	1.8	1.9	1.9	2.0	−0.2	−0.1	−0.3	−0.2
美国	2.4	2.4	2.4	2.5	−0.2	−0.1	−0.4	−0.3
欧元区	0.9	1.6	1.5	1.6	−0.2	−0.1	−0.1	−0.1
日本	0.0	0.5	0.5	−0.1	−0.5	−0.4	−0.5	−0.5
其他发达国家	2.8	2.0	2.1	2.4	−0.3	−0.4	−0.6	−0.5
新兴和发展中经济体	4.6	4.0	4.1	4.6	−0.2	−0.1	−0.4	−0.3
独联体	1.0	−2.8	−1.1	0.8	−1.1	−0.4	−1.6	−0.7
新兴和发展中亚洲	6.8	6.6	6.4	6.3	0.1	0.1	0.0	0.0
新兴和发展中欧洲	2.8	3.5	3.5	3.3	0.4	−0.1	0.5	−0.1
拉美和加勒比	1.3	−0.1	−0.5	1.5	−0.2	−0.1	−1.3	−0.8
中东与北非	2.8	2.5	3.1	3.5	−0.5	−0.1	−0.8	−0.6
次撒哈拉非洲	5.0	3.4	3.0	4.0	−1.0	−0.7	−1.3	−0.9
低收入发展中经济体	6.0	4.5	4.7	5.5	−0.9	−0.4	−1.1	−0.6
市场汇率计算的世界增长	2.7	2.4	2.5	2.9	−0.2	−0.1	−0.5	−0.3
世界贸易量	3.4	2.8	3.1	3.8	−0.3	−0.3	−1.0	−0.8

资料来源：IMF. World Economic Outlook：Too slow for Too long. http://www.imf.org/external/pubs/ft/weo/2016/01/[2016-04-27]

*为预测数；**为与 2016 年 1 月预测数相比的变化；***为与 2015 年 10 月预测数相比的变化

各国际机构在对世界经济增长前景，做出一致性调低预测的同时，也对发达（高收入）经济体、发展中经济体和欠发达（低收入）经济体未来各自的经济增长做出了基本一致的趋于分化的预测。虽然，在世界经济整体表现不佳的拖累下，三大类经济体未来两年的表现都将低于此前的预期，但从三大国际机构的预测可以看出，发展中经济体未来的整体表现要好于发达（高收入）经济体；而欠发达（低收入）经济体的经济表现则要好于发展中经济体。在发展中经济体中，亚洲和太平洋各国仍将表现最好；而非洲国家也将普遍具有较佳的经济表现，且显示出具有更大的增长潜力；发达国家中只有美国和英国两个国家，未来的经济增长预期稍好（表 4-1、表 4-2 和表 4-3）。

上述增长预期和经济增长分化发展趋势，对贸易市场和利用外资来源，仍以发达经济体为主的青岛市开放经济发展而言，显然将带来更大的困难和挑战，但同时也对青岛市积极开拓发展中国家贸易市场、扩展对发展中国家的直接投资和产业合作，实现贸易市场结构优化和以大力发展境外投资带动开放型发展方式转型升级，带来有利条件和发展机遇。

二、国际贸易增速下滑，结构性差异显现

在世界经济增长速度放缓，导致全球大宗商品价格连续下跌和国际市场需求持续疲软的拖累下，世界贸易在经历了2010年和2011年连续两年20%左右的大幅恢复性增长后，随之于2012年出现“断崖式”回落，贸易增速下滑到仅1.3%。2013年增速虽小幅回升到3.1%，但2014年又进一步下降至1.2%（表4-4），经济合作与发展组织（Organization for Economic cooperation and Development，OECD）对2015年国际贸易初步统计，欧盟（28国）货物下降到1.2%。2015年的世界贸易数据虽然尚未公布，但从占世界贸易前两位的中国和美国2015年对外贸易分别下降8%（出口下降2.8%、进口下降14.1%）和5.5%（出口下降7.1%、进口下降12.5%）、G20货物出口下降11.3%、G7货物出口下降10.4%和“金砖”五国货物出口下降8.8%等这些指标来判断，2015年世界贸易出现大幅萎缩已没有任何悬念（OECD，2016）。2016年2月26日，英国《金融时报》报道，荷兰经济政策研究局（Netherlands Bureau for Economic Policy Analysis）发布的《世界贸易监测》（*World Trade Monitor*）报告显示，以美元计算2015年国际商品贸易总价值下降了13.8%，是自2009年以来的首次萎缩（唐南等，2016）。按贸易量计算，联合国经济社会事务部、世界银行和国际货币基金组织等国际机构，对2015年世界贸易增长的估计也仅为2.6%～3.6%，低于各自统计的2014年世界贸易量实际增长。对于未来两年世界贸易增长，三大国际机构也一致做出较为谨慎乐观的预期，预计2016年和2017年国际贸易量增速在3.4%～4.7%（表4-1～表4-3）。

表4-4 WTO发布世界贸易增长数据

项目	2009年	2010年	2011年	2012年	2013年	2014年
世界贸易额增速/%	−20.0	19.0	18.3	1.3	3.1	1.2
货物贸易额增速/%	−22.3	21.9	19.8	0.9	2.5	0.3
农产品	−12.1	15.4	21.8	−0.7	5.2	1.6
燃料与矿产品	−35.8	33.2	34.3	1.9	−2.9	−5.8
制成品	−19.9	19.5	15.2	−0.3	3.1	3.5

续表

项目	2009 年	2010 年	2011 年	2012 年	2013 年	2014 年
钢铁制品	−44.5	30.0	24.6	−8.2	−7.3	4.9
化工产品	−13.4	16.9	17.3	−2.2	1.8	3.0
医药制品	4.1	5.8	9.0	0.9	2.3	5.7
机械运输	−21.3	21.1	12.8	0.1	3.0	3.0
办公电信设备	−15.4	22.1	4.3	−0.1	4.1	2.4
运输设备	−25.3	23.0	16.3	0.4	3.1	3.7
自动化产品	−31.4	29.4	17.5	1.4	3.5	3.6
纺织品	−15.5	19.6	16.5	−3.6	7.2	3.3
服装	−12.9	11.7	18.3	0.1	9.6	5.1
服务贸易额增速/%	−10.8	8.9	11.9	3.3	5.4	4.9
与货物有关服务	−10.2	0.9	9.6	13.8	−2.3	4.4
运输	−21.9	15.6	9.1	2.0	2.0	2.1
旅游	−9.0	9.1	11.8	3.7	7.2	4.3
其他商业服务	−6.7	6.7	13.3	2.9	6.5	6.3
建筑服务	−8.2	−2.3	8.8	4.0	3.2	5.8
保险服务	0.8	−1.6	18.8	−2.0	6.2	6.2
金融服务	−11.2	7.5	11.4	−1.2	8.7	6.4
知识产权服务	−3.4	9.5	14.2	0.7	6.7	6.6
计算机信息服务	−3.7	5.2	14.0	5.0	8.4	6.6
文化娱乐服务	−5.5	5.0	13.7	7.9	14.9	2.4
其他服务	−6.5	6.6	13.2	2.8	6.2	6.1

资料来源：WTO. Statistic Database. http://stat.wto.org/StatisticalProgram/WSDBStatProgramSeries.aspx?[2016-04-28]

然而，从 WTO 发布的详细分类贸易统计数据可以看出（表 4-4），2012 年以来的世界贸易增速大幅下滑，主要是由货物贸易不景气所引起。2012～2014 年世界服务贸易增速虽然明显不及 2010 年和 2011 年，但与同期货物贸易相比，其增速要高出 1～2 倍。即使在表现不佳的货物贸易中，制成品贸易增速在 2013 年和 2014 年仍实现了连续提升，在三大类货物贸易中表现最好。而在制成品贸易中，医药、机械、运输设备、自动化产品和服装等资本和技术密集型制成品，

2013 年和 2014 年的贸易增长表现，普遍好于其他制成品贸易。在世界服务贸易中，其他商业服务和旅游服务项目的贸易增长表现，要好于运输和与贸易有关的服务贸易增长。而在其他商业服务大类中，保险、金融、知识产权和计算机信息等知识密集型高附加值服务项目的贸易增长，也显著高于其他商业服务项目。

由此可见，虽然世界贸易整体增速大幅下滑，但越来越表现出结构性差异。服务贸易增长显著快于货物贸易，并且高于世界经济增速；货物贸易中，资本和技术密集型制成品贸易增长，快于其他制成品贸易增速；而服务贸易中，知识密集型服务项目的贸易增速，也明显高于其他类别服务贸易增长。

世界贸易发展的上述特点，对青岛市加快发展机电产品和高新技术产品等资本和技术密集型制成品贸易，加快发展服务贸易，尤其是保险、金融、知识产权和计算机信息等知识密集型高附加值服务贸易，并以此推动开放型经济发展方式的转型和结构优化升级，无疑有着重要启示。

三、国际直接投资大幅波动，投资市场此消彼长

世界经济低迷、大宗商品价格下跌、国际市场需求不振、金融市场波动、地区性政局动荡，以及由此形成的对未来增长预期的不确定性和不稳定性，也导致国际投资在经过 2010 年和 2011 年两年的持续增长后，出现下降与增长交替大幅波动的局面。全球 FDI 规模 2012 年下降 10.3%，2013 年小幅增长 4.6%，2014 年又大幅下降 16.3%。UNCTAD 估计，2015 年全球 FDI 将有 36.5%的大幅增长，规模达到 1.7 万亿美元，为 2008 年国际金融危机以来的最高水平（表 4-5）。

表 4-5　UNCTAD 发布 FDI 国际投资数据

项目	2008 年	2009 年	2010 年	2011 年	2012 年	2013 年	2014 年	2015 年*
全球 FDI/亿美元	14 896.2	11 864.3	13 281.0	15 637.5	14 028.9	14 672.3	12 282.6	16 990.0
全球 FDI 增速/%	−20.4	−20.4	11.9	17.7	−10.3	4.6	−16.3	36.5
发达经济体 FDI/亿美元	7 877.6	6 523.1	6 732.0	8 273.5	6 787.3	6 968.5	4 987.6	9 360.0
发达经济体 FDI 增速/%	−37.2	−17.2	3.2	22.9	−17.9	2.7	−28.4	89.9
发达经济体 FDI 占比/%	52.9	54.9	50.7	52.9	48.3	47.5	40.6	55.1
发展经济体 FDI/亿美元	5 856.5	4 636.4	5 798.9	6 391.4	6 390.2	6 707.9	6 813.9	7 410.0

续表

项目	2008 年	2009 年	2010 年	2011 年	2012 年	2013 年	2014 年	2015 年*
发达经济体 FDI 增速/%	10.8	−20.8	25.1	10.2	0.0	5.0	1.6	5.3
发达经济体 FDI 占比/%	39.3	39.1	43.7	40.9	45.6	45.7	55.5	43.6
转型经济体 FDI/亿美元	1 162.1	704.9	750.1	972.6	851.4	995.9	481.1	220.0
转型经济体 FDI 增速/%	31.8	−39.3	6.4	29.7	−12.5	17.0	−51.7	−54.1
转型经济体 FDI 占比/%	7.8	6.0	5.6	6.2	6.1	6.8	3.9	1.3

资料来源：UNCTAD. Statistics: Foreign Direct Investment. http://unctadstat.unctad.org/wds/ReportFolders [2016-04-28]; UNCTAD.Global Investment Trends Monitor No.22, January 2016. Http://www.unctad.org/diae/ [2016-04-28]

*2015 年数据为估计数

造成 2012 年后全球 FDI 增长出现震荡的原因，主要应归咎于发达经济体的经济复苏乏力、金融市场不稳等，所带来的利用 FDI 增速的大幅波动。发展中经济体利用 FDI 增速虽然也有所波动和明显放缓，但 2012 年后仍一直保持正增长。尤其值得关注的是，发展中经济体利用 FDI 占全球比重，2011 年起呈不断提高趋势，2014 年达到 55.5%，首次超过发达经济体。虽然，由于发达经济体利用 FDI 大幅回升，UNCTAD 预计 2015 年发展中经济体所占比重有可能回落到 43.6%，但这一比重仍接近 2010 年的水平。不过，东欧和独联体等转型经济体，受国际经济不景气和自身改革转型步伐缓慢拖累，利用 FDI 大幅下降，占全球 FDI 比重也大幅降低（表 4-5）。UNCTAD 预计，受全球经济脆弱性、金融市场波动性、市场总需求疲软、新兴市场国家经济增速放缓、上升的地缘政治风险和地区紧张因素影响，2016 年全球 FDI 年将出现下降（UNCTAD，2016）。

然而，也应当看到，为遏制经济贸易增长下滑趋势，世界各国政府都在努力采取各种制度、技术创新、结构调整、加快基础设施建设以及刺激新兴产业发展等政策措施。考虑到这些政策措施的有效实施，离不开高质量 FDI 的作用，为此，采取有利于 FDI 进入的自由或促进政策措施，就成为各国利用外资政策的主要选择。UNCTAD 的统计显示，自 2011 年以来，在每年世界各国出台的与 FDI 有关的政策措施中，有利于 FDI 进入的自由或促进措施所占比重，呈现稳中上升趋势，2015 年这一比重提高到 85%（表 4-6）。由于任何政策措施效果的显现都存在一定的滞后性，相信这些 FDI 自由或促进措施，以及将来还会陆续出台的其他 FDI

自由或促进措施，在逐步得到贯彻实施后，将会对减缓国际直接投资增长波动，甚至实现稳步增长，发挥越来越明显的作用。正如UNCTAD在《世界投资报告2015》中所建议，对国际投资治理进行改革、推进国际投资便利化、强化国际投资协定的执行，是稳定国际投资增长的关键（UNCTAD，2015）。

表 4-6 世界各国出台利用 FDI 措施及其变化

项目	2009年	2010年	2011年	2012年	2013年	2014年	2015年1月～2016年2月
世界各国出台投资措施数/项	89	112	67	86	87	63	82
自由/促进措施占比重/%	69	67	78	76	74	84	85
监管/限制措施占比重/%	27	32	2	24	26	16	15
中性/不确定措施占比重/%	4	3	0	0	0	0	0

资料来源：UNCTAD. World Investment Report 2015: Reforming International Investment Governance. June 2015; UNCTAD. Investment Policy Monitor No.14 & No.15. Oct. 2015 and Mar. 2016. http://www.unctad. org/diae/ [2016-04-28]

在FDI产业流向上，除流向服务业FDI占全部FDI的比重，稳居首位且不断提高外[①]，为应对全球气候变化，减少二氧化碳排放，各国对可再生能源需求增加，引发流向可再生能源的 FDI 大幅增加。英国《金融时报》旗下 FDI Markets发布数据显示，2015年可再生能源领域全球FDI达760亿美元，同比上升73%，增幅最大。印度、智利、埃及、缅甸、南非等国成为全球可再生能源领域吸引外国投资最多的新兴经济体。另一增长最快也是缺口最大的投资领域，是制约发展中国家经济发展的落后的基础设施领域，包括通信、交通、运输和电力等。根据亚洲开发银行（Asian Development Bank，ADB）测算，目前到2020年，亚洲地区每年基础设施投资需求将高达7500亿美元。G20于2014年成立的全球基础设施中心（Global Infrastructure Hub，GIH）预计，到2030年基础设施投资市场将存在10万亿～20万亿美元的投资缺口。

国际直接投资的上述变化趋势，无论对青岛市提高利用FDI质量水平，还是扩大ODI规模和范围，推动开放型经济向更高层次发展，均带来了良好机遇。一方面，有利于进一步扩大服务业利用FDI规模并提高其质量，促进FDI结构优化和水平提升的同时，加快服务业发展；另一方面，有助于加快国内企业对发展中国家的基础设施投资和制造业投资，带动国内过剩产能、成熟制造业技术转移，提高收益的同时，为国内产业转型升级流出市场空间和资源。

① UNCTAD《世界投资报告2015》发布数据显示，2001年服务业FDI占全部FDI比重为58%，2012年这一比重提高到63%，2014年则进一步上升到70%。

第二节　国 内 环 境

2008 年国际金融危机，也对日益开放的中国经济带来史无前例的巨大冲击，及时有针对性的应对措施，虽然使中国经济在全球率先走出危机并实现快速回复。但改革开放以来，经济持续快速发展所“掩盖”的各种问题，以及长期依赖出口的经济增长模式下所产生的各种矛盾和困难，在世界经济复苏乏力的影响下也逐渐显现和集中爆发。低成本比较优势逐步丧失；低技术传统产业产能过剩加剧；企业创新能力不足；经济增长的资源环境约束增大；产业结构不合理；收入分配差距过大；社会保障制度滞后；金融机构效率低下等影响经济稳定的各类隐性风险逐步显现。这反映出，改革开放以来曾经推动中国经济取得增长奇迹（growth miracle）的要素驱动、投资驱动和出口导向型发展模式，在新的国际经济背景下，已不能适应中国经济社会进入中等收入这一“新常态”发展阶段的需要①。通过综合深化改革、扩大对外开放，以创新驱动发展模式，推进经济发展方式转型和经济结构优化升级，在转型升级中化解各种问题、矛盾和困难，就成为共识性的必然选择。

一、经济转入中高速增长，质量不断提高

在对 2008 年国际金融危机后，中国经济社会发展将转入“新常态”，有了充分的认识和适应后，为了引领“新常态”下中国经济社会顺利跨越“中等收入陷阱”，向两个“百年”目标迈进，从经济大国走向经济强国，实现中华民族伟大复兴的“中国梦”，我国及时提出了以实现经济发展方式转型、经济结构优化升级为核心的创新驱动发展战略，深化经济社会制度体制的全面综合改革，进一步扩大对外开放，突出市场在资源配置中的决定性作用。

在全球经济增长乏力、贸易增速放缓的影响下，中国经济（GDP）虽然也转入中高速增长阶段，GDP 增速自 2010 年起呈持续下降趋势，由 2010 年的10.6%下滑到 2015 年的 6.9%。但就全球层面比较，作为世界第二大经济体，这一经济增速仍位居世界各国前列。尤其需要关注的是，全面综合改革开放的措施，在使中国经济保持中高速增长的同时，经济增长质量不断提高。万元 GDP的水资源消耗持续下降，而且下降幅度逐年扩大，由 2011 年的–2%扩大到 2015年的–5.6%。万元 GDP 能源消耗同样呈现连续下降趋势，虽然下降幅度逐渐“收窄”，但每年都在–5.0%以上（图 4-1）。这充分反映出，中国经济增长的资源和能源利用效率在稳步、持续提高。

① 习近平总书记指出中国经济“新常态”有以下几个主要特点：一是经济从高速增长转为中高速增长；二是经济结构不断优化升级，第三产业消费需求逐步成为主体，城乡区域差距逐步缩小，居民收入占比上升，发展成果惠及更广大民众；三是经济发展从要素驱动、投资驱动转向创新驱动。

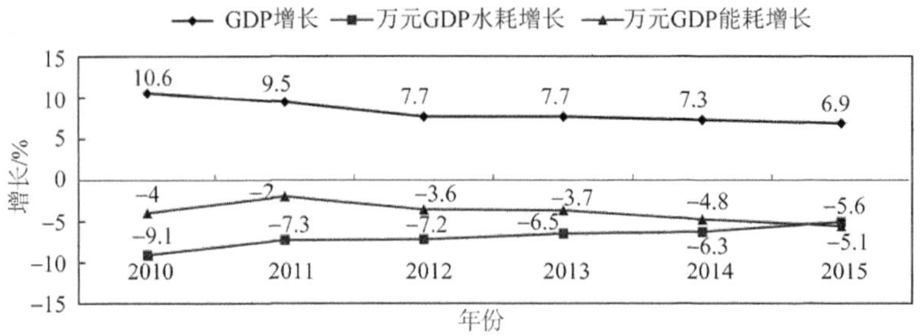

图 4-1　中国 GDP 增长与万元 GDP 水耗、能耗增长比较

资料来源：《中国统计年鉴》（2009～2015 年），统计公报（2015 年）

为深入实施“创新驱动”发展战略，增强原始创新能力，提高技术创新对经济增长的贡献，政府和企业持续加大了对技术和产品研发的投入，使得 R&D 经费支出占 GDP 比重不断提高，由 2010 年的 1.73%提高到 2015 年的 2.10%（图 4-2），逐步接近发达国家水平。在“创新驱动”发展战略推动下，中国的科技产出水平不断提高，企业国内、国际专利授权数量，分别由 2010 年的 74.1 万件、7.4 万件，上升到 2015 年的 157.8 万件、14.1 万件（图 4-3）。高新技术产业取得快速发展，规模以上高新技术企业营业收入占 GDP 的比重，由 2010 年的 18.2%提高到 2014 年的 20.1%（图 4-4）。

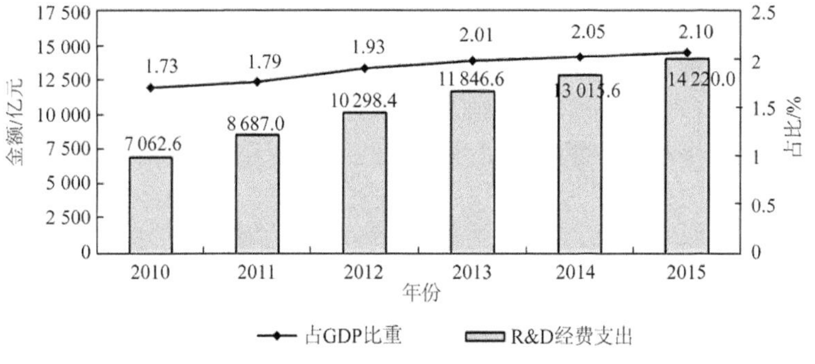

图 4-2　中国 R&D 经费支出及占 GDP 比重变化

资料来源：同图 4-1

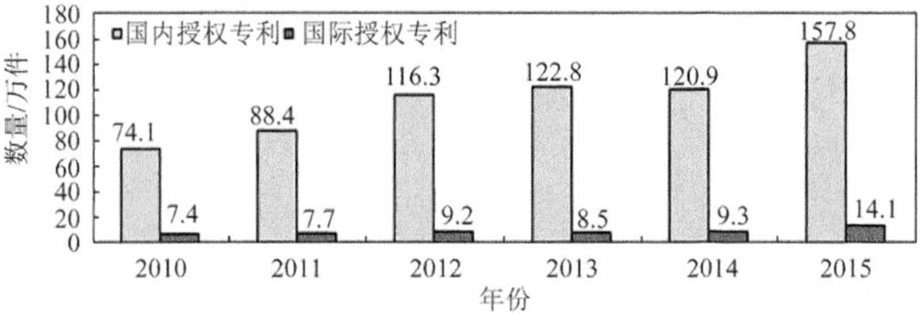

图 4-3　中国企业国内、国际专利授权数量变化

资料来源：同图 4-1

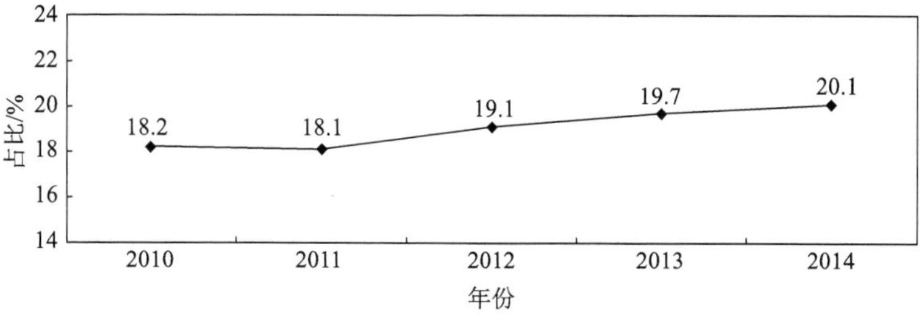

图 4-4 中国高新技术企业业务收入占 GDP 比重变化

资料来源：《中国统计年鉴》（2009～2015 年）

与此同时，中国产业结构也得到不断优化，第一产业占 GDP 比重保持相对稳定；第二产业占 GDP 比重不断下降，由 2010 年的 46.2%下降到 2015 年的 40.5%；第三产业占 GDP 比重则不断上升，由 2010 年的 44.2%上升到 2015 年的 50.5%（图 4-5）。

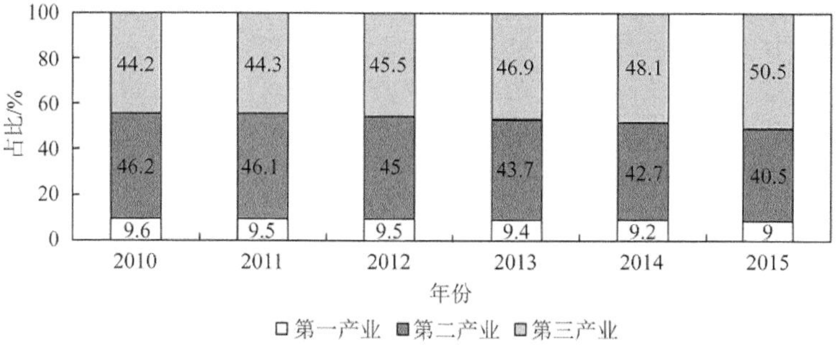

图 4-5 中国 GDP 中的三次产业构成变化

资料来源：同图 4-1

作为“新常态”下中国经济中的一员，在从开放大市走向开放强市的过程中，青岛开放型经济的转型升级，国内经济状况、产业结构水平和技术创新能力是基础和保障。因此，国家经济增长质量的不断提高、增长方式的逐步转型和产业结构的不断优化，就为青岛市向更高层次开放型经济发展，奠定了良好的市场、产业和技术基础。

二、对外贸易增速放缓，结构不断改善

受世界经济复苏乏力、国际市场需求不振和大宗商品价格下跌等外部条件影响，我国对外（货物）贸易也从过去十多年平均超过 20%的高速增长，快速转入低速增长期，而且增速逐步下滑，在 2015 年甚至出现 8.0%的负增长，其

中出口、进口分别出现–2.8%、–14.1%的负增长（表 4-7）。为改革开放以来除 2009 年外，货物贸易下跌幅度最大的一年。

表 4-7　2011～2015 年中国货物贸易发展

年份	贸易总额/亿美元	贸易总额增长率/%	出口额/美元	出口额增长率/%	进口额/美元	进口额增长率/%	贸易差额/亿美元
2011	36 418.6	22.5	18 983.8	20.3	17 434.8	24.9	1 549.0
2012	38 671.2	6.2	20 487.1	7.9	18 184.1	4.3	2 303.0
2013	41 589.9	7.6	22 090.0	7.9	19 499.9	7.3	2 590.1
2014	43 015.3	3.4	23 422.9	6.1	19 592.3	0.4	3 830.6
2015	39 586.4	–8.0	22 765.7	–2.8	16 820.7	–14.1	5 945.0

资料来源：《中国统计年鉴》（2012～2015 年）、海关统计月报

然而，与货物贸易发展进入“寒冷季”不同，我国服务贸易却保持了两位数的稳定增长态势，尤其是在 2015 年全球贸易大幅下滑的背景下，中国服务贸易实现了 18.0%的高速增长，服务出口增速更是达到 29.7%，为五年来的最高增速。与此同时，服务进口也保持了两位数的增长，只是增长幅度呈下降趋势（表 4-8）。这在一定程度上反映出，中国服务贸易出口竞争力在经历多年的下滑后，2015 年开始出现回升势头。

表 4-8　2011～2015 年中国服务贸易发展

年份	贸易总额/亿美元	贸易总额增长率/%	出口额/美元	出口额增长率/%	进口额/美元	进口额增长率/%	贸易差额/亿美元
2011	4191.0	15.6	1820.9	7.0	2370.1	23.3	–549.2
2012	4705.8	12.3	1904.4	4.6	2801.4	18.2	–897.0
2013	5396.4	14.7	2105.9	10.6	3290.5	17.5	–1184.6
2014	6043.4	12.6	2222.1	7.6	3821.3	15.8	–1599.2
2015	7130.0	18.0	2881.9	29.7	4248.1	11.2	–1366.2

资料来源：国家商务部，商务数据中心，http://data.mofcom.gov.cn/channel/trade/trade.shtml[2016-04-28]

货物和服务贸易发展的此消彼长，就使得我国对外贸易结构发生明显改变，服务贸易占总贸易（货物贸易+服务贸易）比重不断提高，而货物贸易所占比重则逐步降低，由 2011 年的 89.7%下降到 2015 年的 84.7%，降低了 5 个百分点，其中货物出口占总出口比重下降 2.4 个百分点，货物进口占总进口比重则下降接近 8 个百分点（表 4-9）。这反映出我国对外贸易结构整体上呈逐步改善趋势。

虽然我国货物贸易发展进入低速增长期，但其内部结构却呈现出不断向好

的改善和优化态势。主要表现在：第一，高附加值机电产品和高新技术产品出口所占比重，保持相对稳定的同时，其进口所占比重呈现明显逐步提高趋势，由 2011 年的 43.2%、26.6%，分别提高到 2015 年的 47.9%、32.6%。这反映出进口贸易对提高国内装备和技术水平的作用在逐步增强。第二，民营企业在货物进出口中所占比重显著提高，由 2011 年的 22.1%、33.5%，分别提高到 2015 年的 26.5%、45.1%；国有企业和外资企业在进出口中所占比重，则出现不同程度下降。这反映出贸易主体结构之间的协调性，以及与国内企业主体结构协调性在逐步改善。第三，加工贸易进出口所占比重稳中有降，由 2011 年的 44.0%、26.9%，分别下降到 2015 年的 35.1%、26.6%；其他贸易方式进出口所占比重则明显提升，分别由 7.7%、15.3%提高到 11.5%、18.5%；而一般贸易出口所占比重上升，一般贸易进口所占比重则下降（表 4-9）。这反映出一般贸易方式在货物贸易中的主导地位得到稳固的同时，进出口贸易方式日趋多样化。

表 4-9　2011～2015 年中国货物贸易结构变化情况（单位：%）

项目	占比重	2011 年	2012 年	2013 年	2014 年	2015 年
货物贸易	占总贸易（货物+服务）比重	89.7	89.2	88.5	87.7	84.7
	占总出口比重	91.2	91.5	91.3	91.3	88.8
	占总进口比重	88.0	86.7	85.6	83.7	79.8
机电产品贸易	占货物出口比重	57.2	57.6	57.3	56.0	57.6
	占货物进口比重	43.2	43.0	43.1	43.6	47.9
高新技术产品贸易	占货物出口比重	28.9	29.3	29.9	28.2	28.8
	占货物进口比重	26.6	33.1	28.6	28.1	32.6
民营企业	占货物出口比重	33.5	37.6	41.5	43.1	45.1
	占货物进口比重	22.1	24.8	29.6	28.5	26.5
国有企业	占货物出口比重	14.1	12.5	11.3	10.9	10.7
	占货物进口比重	28.3	27.3	25.6	25.0	24.2
外资企业	占货物出口比重	52.4	49.9	47.3	45.9	44.2
	占货物进口比重	49.6	47.9	44.9	46.4	49.3
一般贸易	占货物出口比重	48.3	48.2	49.2	51.4	53.4
	占货物进口比重	57.8	56.2	56.9	56.6	54.9
加工贸易	占货物出口比重	44.0	42.1	39.0	37.7	35.1
	占货物进口比重	26.9	26.5	25.5	26.8	26.6

续表

项目	占比重	2011 年	2012 年	2013 年	2014 年	2015 年
其他贸易	占货物出口比重	7.7	9.7	11.8	10.9	11.5
	占货物进口比重	15.3	17.3	17.6	16.7	18.5

资料来源：根据《中国对外贸易发展报告》（2012～2015 年）和商务数据中心对外贸易数据计算

注：其他贸易方式主要包括：补偿贸易、寄售贸易、租赁贸易、易货贸易、边境小额贸易、对外承包工程货物出口、免税品以及海关特殊监管区进出口货物

在服务贸易领域，承接国外（离岸）服务外包“异军突起”，成为服务出口中增长最快的项目之一。承接离岸服务外包合同执行额，由 2011 年的 238.3 亿美元增加到 2015 年的 646.4 亿美元，五年增加 1.7 倍（图 4-6）。自 2012 年起，中国就成为仅次于印度的全球第二大离岸服务外包承接国。

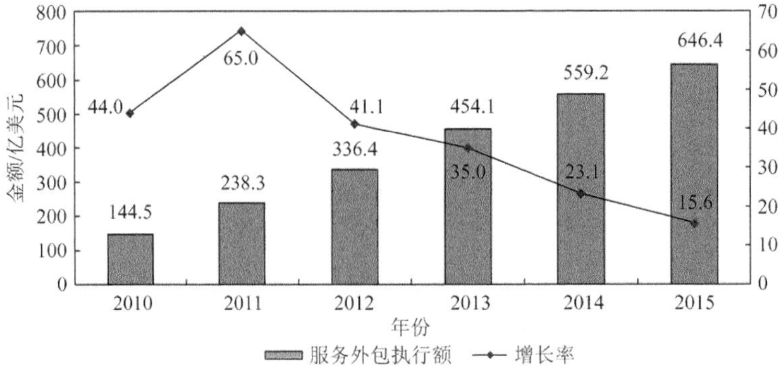

图 4-6　2010～2015 年中国承接离岸服务外包情况

资料来源：商务部服务外包统计

在贸易市场上，我国多年来实施的“市场多元化”战略、“自贸区”战略，还有 2013 年重点推出的“一带一路”战略，使我国货物进出口对发达国家市场的依赖程度不断降低，发达经济市场占我国货物贸易比重，由 2011 年的 48.9%下降到 2015 年的 46.9%，而发展中经济体市场占我国货物贸易的比重则由 51.1%提高到 53.1%（图 4-7）。由于“自易区”协定在双边贸易发展上的促进作用日益显现，我国与已签订“自贸区”协定的 20 个国家的货物贸易增长明显高于我国全部货物贸易增速，使得“自贸区”协定国家市场占我国货物贸易比重不断提高，有 2011 年的 12.7%提高到 2015 年的 15.0%，其中占货物出口比重由 10.7%提高到 14.2%，占货物进口比重由 14.9%提高到 16.2%（表 4-10）。这反映出，“自贸区”战略在促进我国对外贸易稳定增长和贸易市场结构改善上的作用日益显现。

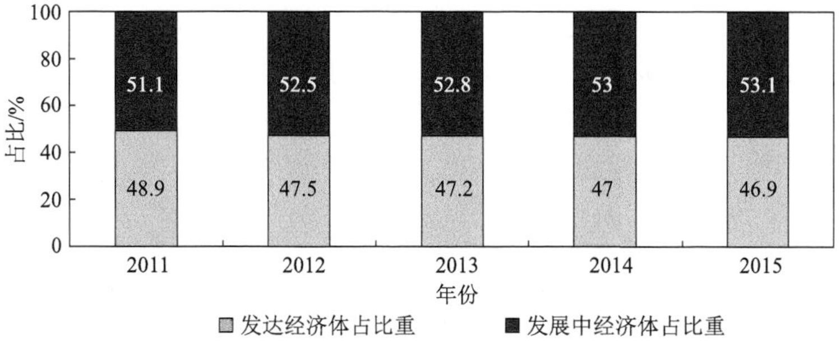

图 4-7 2011～2015 年中国货物贸易市场结构

资料来源：同表 4-9

表 4-10 中国与"自贸区"协定国家货物贸易情况（单位：%）

年份	进出口贸易			出口贸易			进口贸易		
	全国增速	"自贸区"增速	"自贸区"占比	全国增速	"自贸区"增速	"自贸区"占比	全国增速	"自贸区"增速	"自贸区"占比
2011	22.5	25.5	12.7	20.2	23.9	10.7	24.9	26.8	14.9
2012	6.2	8.7	13.0	7.9	18.5	11.7	4.3	1.0	14.4
2013	7.6	16.4	14.0	7.9	18.0	12.8	7.3	14.8	15.4
2014	3.4	4.1	14.1	6.1	10.8	13.4	0.4	–2.2	15.0
2015	–8.0	–2.1	15.0	–2.8	3.1	14.2	–14.1	–7.5	16.2

资料来源：同表 4-7

注：截至 2015 年年底，中国共与 20 个国家签订 11 个"自贸区"协定：中国-东盟（2002.11）、中国-智利（2005.11）、中国-巴基斯坦（2006.11）、中国-新西兰（2008.04）、中国-新加坡（2008.10）、中国-秘鲁（2009.04）、中国-哥斯达黎加（2010.04）、中国-冰岛（2013.04）、中国-瑞士（2013.07）、中国-韩国（2015.06）、中国-澳大利亚（2015.06）

从提出到实施，虽然仅有不到两年的时间，但"一带一路"战略在稳定我国对外贸易发展和促进市场多元化上的作用已"初现端倪"。2014 年我国与 65 个"一带一路"沿线国家的货物贸易增速高于全国增速一倍以上，使得"一带一路"沿线国家贸易市场占我国货物贸易比重由 2013 年的 24.9%提高到 2014 年的 26.0%，其中出口所占比重由 25.7%提高到 27.2%，进口贸易所占比重由 24.1%提高到 24.5%。由于受到社会局势动荡、政权更迭影响，2015 年对"一带一路"沿线国家货物贸易下降幅度大于全国整体水平，导致对"一带一路"沿线国家贸易所占比重出现一定幅度下滑（表 4-11）。但根据国家商务部发布服务外包统计数据，2015 年我国承接"一带一路"沿线国家服务外包合同金额达到 178.3 亿美元，执行金额实现 121.5 亿美元，同比分别增长 42.6%和 23.4%。其中，承接东南亚国家服务外包合同金额 89.9 亿美元，执行金额 63.2 亿美元，同比分别增长 30.6%和 17.3%；承接西亚北非国家的服务外包合同金额 43.5 亿美元，执行金额 25.2 亿美元，同比分别增长 113%和 61.5%。“一带一路”沿线国家对我国服务发包合同额和我国执行额，占我国承接离岸服务外包的比重分别达到 20.4%和 26.2%，“一带一路”沿线国家在我国服务外包市场的重要性显著提高①。

表 4-11 中国与“一带一路”沿线国家货物贸易情况（单位：%）

年份	进出口贸易			出口贸易			进口贸易		
	全国增速	“一带一路”增速	“一带一路”占比	全国增速	“一带一路”增速	“一带一路”占比	全国增速	“一带一路”增速	“一带一路”占比
2011	22.5	29.8	24.4	20.2	23.9	23.8	24.9	36.5	25.1
2012	6.2	7.5	24.7	7.9	10.6	24.4	4.3	4.3	25.1
2013	7.6	7.3	24.9	7.9	11.9	25.7	7.3	2.7	24.1
2014	3.4	7.8	26.0	6.1	12.1	27.2	0.4	2.5	24.5
2015	−8.0	−10.5	25.2	−2.8	−3.6	27.0	−14.1	−19.7	22.9

资料来源：同表 4-7

注：“一带一路”沿线国家包括：①东亚的蒙古和东盟 10 国——新加坡、马来西亚、印度尼西亚、缅甸、泰国、老挝、柬埔寨、越南、文莱和菲律宾；②西亚 18 国——伊朗、伊拉克、土耳其、叙利亚、约旦、黎巴嫩、以色列、巴勒斯坦、沙特阿拉伯、也门、阿曼、阿联酋、卡塔尔、科威特、巴林、希腊、塞浦路斯和埃及；③南亚 8 国——印度、巴基斯坦、孟加拉、阿富汗、斯里兰卡、马尔代夫、尼泊尔和不丹；④中亚 5 国——哈萨克斯坦、乌兹别克斯坦、土库曼斯坦、塔吉克斯坦和吉尔吉斯斯坦；⑤独联体 7 国——俄罗斯、乌克兰、白俄罗斯、格鲁吉亚、阿塞拜疆、亚美尼亚和摩尔多瓦；⑥中东欧 16 国——波兰、立陶宛、爱沙尼亚、拉脱维亚、捷克、斯洛伐克、匈牙利、斯洛文尼亚、克罗地亚、波黑、黑山、塞尔维亚、阿尔巴尼亚、罗马尼亚、保加利亚和马其顿

在青岛开放型经济发展中，对外贸易一直（将来仍将）占据主导地位。因此，我国对外贸易增度放缓下的结构性变化，对作为对外贸易大市的青岛而言，预示着未来要把进一步优化贸易结构、提高贸易效益作为政策重点，加快发展服务贸易；通过体制机制和贸易方式创新，提高机电产品和高新技术产品贸易比重；充分发挥城市区位优势，有针对性开发“一带一路”沿线和“自贸区”国家市场，培育新的对外贸易增长点。

三、“引进来”步伐减慢，“走出去”步伐加快

世界经济不景气、国际金融市场震荡，国内经济增速放缓、经济结构调整

① 商务部例行新闻发布会：http://www.mofcom.gov.cn/xwfbh/20160120.shtml。

加快，也对中国企业“引进来”（利用 FDI）和“走出去”（境外直接投资和对外工程承包劳务合作）产生越来越大的影响。

利用 FDI 表现为增速下滑、结构优化。统计数据显示，我国实际利用 FDI 金额，2012 年出现 2.4%的负增长，2013 年起虽实现 2.3%正增长，但增速与 2011 年的 8.1%相比明显放缓。2014 和 2015 年实际利用 FDI 增速有所回升，分别达到 3.7%和 6.4%，但仍低于 2011 年的增速。可喜的是，备受关注和重视的利用 FDI 产业结构，在增速放缓的背景下，呈现出不断改善的趋势。第一产业利用 FDI 占比保持稳定；第二产业利用 FDI 占比不断下降，由 2011 年的 45.0%降低到 2015 年的 31.4%；而第三产业利用 FDI 占比则日益提升，由 53.4%提高到 66.1%（表 4-12）。

表 4-12　2011～2015 年中国利用外资发展情况

项目	2011 年	2012 年	2013 年	2014 年	2015 年*
实际利用 FDI/亿美元	1239.9	1210.7	1239.1	1285.0	1262.7
增长/%	8.1	−2.4	2.3	3.7	6.4
第一产业利用 FDI 占比/%	1.6	1.7	1.5	1.2	1.5
第二产业利用 FDI 占比/%	45.0	42.6	39.0	33.2	32.4
第三产业利用 FDI 占比/%	53.4	55.7	59.5	65.6	66.1

资料来源：国家商务部：《利用外资统计》（2011～2015 年）

*2015 年数据不含银行、证券、保险行业利用 FDI 金额

2015 年，制造业实际使用外资 395.4 亿美元，占全部 FDI 比重下降为 31.4%，但制造业中，高技术制造业继续增长，实际使用外资 94.1 亿美元，同比增长 9.5%，占制造业实际使用外资总量的 23.8%，而钢铁、水泥、电解铝、造船、平板玻璃等国内市场产能严重过剩的行业基本上未批准新设外资企业，有效的加快了我国产业结构调整和优化进程。2015 年，我国服务业实际使用外资 771.8 亿美元，同比增长 17.3%，占全部 FDI 比重提高到 61.1%。高技术服务业利用 FDI 保持快速增长，数字内容及相关服务、信息技术服务、研发与设计服务实际使用外资，同比分别增长 538.9%、134.4%和 68.8%。跨国公司在华投资设立的地区总部、研发机构等高端功能性服务机构继续聚集。截至 2015 年年底，外商投资在华设立研发机构超过 2400 家。

外资并购交易日趋活跃。商务部新闻办公室发布数据显示，2015 年，以并购方式设立外商投资企业 1466 家，实际使用外资金额 177.7 亿美元，同比分别增长 14.4%和 137.1%。并购在实际使用外资中所占比重由 2014 年 6.3%上升到

2015 年的 14.1%。外商投资企业对经济社会促进作用显著。目前，外商投资企业创造了我国近 1/2 的对外贸易、1/4 的工业产值、1/7 的城镇就业和 1/5 的税收收入，对经济社会可持续发展的促进作用进一步增强。

与利用 FDI 增速放缓形成鲜明对比的是，我国 ODI 在全球直接投资大幅波动背景下，却“异军突起”，表现出持续、快速增长态势。ODI 流量由 2011 年的 746.5 亿美元增加到 2014 年的 1231.2 亿美元，2012 年起 ODI 流量增速保持在两位数。同期，ODI 存量由 4247.8 亿美元增加到 8826.4 亿美元，年均增速保持在在 24%以上。ODI 流量和存量的迅速增长也使中国境外投资在全球的排位大幅提升，分别由 2011 年的第 6 位和第 13 位提升到 2014 年的第 3 位和第 8 位（表 4-13）。

表 4-13　2011～2015 年中国 ODI 发展情况

项目	2011 年	2012 年	2013 年	2014 年	2015 年*
ODI 流量/亿美元	746.5	878.0	1078.4	1231.2	1180.2
增长/%	8.5	17.6	22.8	14.2	14.7
全球排位	6	3	3	3	3
第一产业 ODI 占比/%	1.1	1.7	1.7	1.3	—
第二产业 ODI 占比/%	31.3	27.5	30.3	25.3	—
第三产业 ODI 占比/%	67.6	70.8	68.0	73.4	—
发达经济体 ODI 占比/%	18.0	15.4	12.8	19.4	—
发展中经济体 ODI 占比/%	80.3	79.7	85.1	79.3	—
转型经济体 ODI 占比/%	1.7	4.9	2.1	1.3	—
ODI 存量/亿美元	4247.8	5319.4	6604.8	8826.4	—
增长/%	33.9	25.2	24.2	33.6	—
全球排位	13	13	11	8	—

资料来源：国家统计局，商务部：《中国对外直接投资统计公报》（2011～2014 年）；国家商务部境外投资统计

*不含银行、证券、保险行业 ODI 金额。经济体划分标准按照 UNCTAD《世界投资报告 2015》；UNCATD 划定的转型经济体国家包括：阿尔巴尼亚、波黑、塞尔维亚、黑山、马其顿共和国、格鲁吉亚、亚美尼亚、阿塞拜疆、白俄罗斯、吉尔吉斯斯坦、摩尔多瓦、俄罗斯、乌克兰、塔吉克斯坦、哈萨克斯坦、土库曼斯坦、乌兹别克斯坦等 17 个国家

在 2011 年以来的中国 ODI 中，第一产业所占比重较低（低于 2%）；第三产业占 2/3 以上比重；而第二产业所占比重在 31.3%～25.3%。中国 ODI 的 80%以上投向发展中和转型经济体，投向发达经济体的 ODI 不到 20%。这反映出，

中国境外投资有较为明显的“产业转移”和“市场资源寻求”动机。

在规模迅速扩大的同时，中国 ODI 的市场范围也不断拓展，投资覆盖国家数量到 2014 年年底达到 186 个，占全球国家数量的比重为 76.5%。境内有越来越多的企业通过 ODI“走出去”，开展多种形式的国际化经营。在境外投资设立的企业数量也迅速增加，到 2014 年年底已接达到 1.97 万家。中国境外 ODI 企业，不仅取得良好的经营业绩，企业总资产和销售收入稳定增长；而且为所在国税收和就业做出突出贡献；同时对货物进出口也起到了显著的带动作用，与 ODI 有关的货物贸易增速，明显快于同期中国整体对外贸易增速（表 4-7、表 4-14）。这反映出，中国 ODI 的投资收益、经营效益和贸易带动效应，均保持在较高水平。

表 4-14　2011～2014 年中国境外投资企业及经营状况

项目	2011 年	2012 年	2013 年	2014 年
境内 ODI 投资者数量/万家	1.35	1.60	1.73	1.85
境外 ODI 企业数量/万家	1.8	2.2	2.54	2.97
ODI 覆盖经济体数量/个	177	179	184	186
境外企业总资产/万亿美元	2.0	2.3	3.0	3.1
境外企业销售收入/亿美元	10 448.0（47.1%）	12 462.0（19.3%）	14 268.0（14.5%）	15 692.0（10.0%）
向所在国缴纳税金/亿美元	220	221.6	370.0	191.5
境外企业就业人数/万人	122.0	149.3	196.7	185.5
其中：外方员工/万人	88.8	70.9	96.7	83.3
ODI 投资带动贸易/亿美元	1 845.0（35.0%）	3 733（102.3%）	4 167.0（11.6%）	4 481.0（7.5%）
其中：出口/亿美元	588.0（62.0%）	789.0（34.2%）	1 089.0（38.0%）	1 102.0（1.2%）
进口/亿美元	1 257.0（25.2%）	2 944.0（134.2%）	3 078.0（4.6%）	3 379.0（7.8%）

资料来源：同表 4-13

注：括号内数据为年增长率

特别值得关注的是，“自贸区”协定的签署，推动了中国企业对“自贸区”协定国家 ODI 的更快增长。统计数据显示，中国对“自贸区”协定国家的 ODI，无论流量（除 2012 年外）还是存量，其增速均高于同期全国整体水平。使得中国对“自贸区”协定国家 ODI 流量和存量所占比重，除 2012 年外，呈现逐步提高态势（表 4-15）。2014 年起，“一带一路”战略的逐步实施，也带动中国企业对“一带一路”沿线国家的ODI流量增长“由负转正”、所占比重“由降转升”（表4-16）。这反映出，“自贸区”战略和“一带一路”战略，在促进企业境外投资上的作用，随着战略措施的深入推进，将越来越大。

表 4-15 2010～2014 年中国对“自贸区”协定国家 ODI 情况

项目	2010年	2011年	2012年	2013年	2014年
ODI流量/亿美元	50.0	65.1	62.7	78.8	91.7
增长率/%	74.1	30.2	−3.7	25.7	16.4
占中国ODI比重/%	7.3	8.7	7.1	7.3	7.4
ODI存量/亿美元	174.6	248.0	317.3	399.0	536.3
增长率/%	51.8	42.0	27.9	25.8	34.4
占全国比重/%	5.5	5.8	6.0	6.0	6.1

资料来源：同表4-13

表 4-16 2010～2015 年中国对“一带一路”沿线国家 ODI 情况

项目	2010年	2011年	2012年	2013年	2014年	2015年
ODI流量/亿美元	73.7	100.1	132.8	126.9	136.6	148.2
增长率/%	62.9	35.7	32.7	−4.4	7.4	11.6
占中国ODI比重/%	10.7	13.4	15.1	11.8	10.9	12.6
ODI存量/亿美元	285.7	408.5	563.5	717.7	924.6	---
增长率/%	43.0	43.0	37.9	27.4	28.8	---
占全国比重/%	9.0	9.6	10.6	10.9	10.5	---

资料来源：同表4-13

在国际工程承包和劳务合作领域，自2012年起，我国也逐步走出“疲软”状态，步入新一轮较快发展期。国际工程承包项目新签合同金额，保持在10%左右的增速；实际营业金额增长，虽然波动较大，但2012～2015年的年均增速仍达到11.1%。同期，我国年末在外劳务人员数量也保持了稳定增加趋势（表4-17）。值得一提的是，“一带一路”战略在推动我国对外工程承包发展上的作用，得到迅速体现。2015年，我国企业在“一带一路”沿线国家新签对外承包工程项目合同3987份，合同额达到926.4亿美元，占我国对外承包工程新签合同额的44.1%；完成营业额692.6亿美元，占同期全国营业总额的45%。

表 4-17 2011～2015 年中国国际工程承包与劳务合作发展情况

年份	合同金额/亿美元	合同金额增长/%	营业金额/亿美元	营业金额增长/%	年末在外人数/万人
2011	1423.3	−0.6	1034.2	2.3	81.24
2012	1565.3	10.0	1165.9	12.7	85.02
2013	1716.3	9.6	1371.4	19.6	85.27
2014	1917.6	11.7	1424.1	3.8	100.58
2015	2100.7	9.5	1540.7	8.2	102.70

资料来源：国家商务部对外工程承包与劳务合作统计，http://hzs.mofcom.gov.cn/

随着我国对外工程承包规模的扩大，我国从事国际工程承包业务企业的国际竞争力，也不断增强。入选美国《工程新闻记录》(Engineering News-Record，ENR)全球最大 225 家国际承包商的中国企业数，由 2011 年的 51 家增加到 2012 年 52 家、2013 年 55 家、2014 年 62 家和 2015 年的 65 家。

我国在利用 FDI、境外 ODI 和国际工程承包劳务合作发展中，所表现出的上述特点和趋势，对青岛市意味着，从开放型经济大市走向开放型经济强市，应在扩大利用 FDI 规模的同时，重点提高利用 FDI 水平、优化 FDI 行业结构；应创新体制、机制和方式，加快企业“走出去”步伐，更加重视境外 ODI 和对外工程承包劳务合作，在产业转移、资源获取、技术进步、贸易促进和就业缓解等方面的综合作用。

第五章　从开放大市走向开放强市的路径选择
——青岛开放型经济转型升级目标与路径

第一节　转型升级目标

作为一种经济发展模式或发展道路，一个城市（或地方）的开放型经济发展，既要服从于国家开放型经济总体战略部署，同时又要服务于该城市（或地区）经济社会发展整体规划目标。

2015 年 5 月 5 日中共中央、国务院发布了《关于构建开放型经济新体制的若干意见》（以下简称《意见》），该《意见》系统地阐述了“新常态”下对外开放的新形势、新方式和新要求。明确提出，以对外开放的主动赢得经济发展和国际竞争的主动，以开放促改革、促发展、促创新，建设开放型经济强国，为实现“两个百年”奋斗目标和中华民族伟大复兴的中国梦打下坚实基础。为加快建设开放型经济强国，《意见》提出，要加快培育国际合作和竞争新优势，更加积极地促进内需和外需平衡、进口和出口平衡、引进外资和对外投资平衡，逐步实现国际收支基本平衡，形成全方位开放新格局，实现开放型经济治理体系和治理能力现代化，在扩大开放中树立正确义利观，切实维护国家利益，保障国家安全，推动我国与世界各国共同发展，构建互利共赢、多元平衡、安全高效的开放型经济新体制[①]。

以“创新、协调、绿色、开放、共享”发展理念为指导，2015 年 10 月 29 日中国共产党第十八届中央委员会第五次全体会议，审议通过的《中共中央关于制定国民经济和社会发展第十三个五年规划的建议》,进一步明确提出，“十三五”期间，必须要坚持开放发展，顺应我国经济深度融入世界经济的趋势，奉行互利共赢的开放战略，发展更高层次的开放型经济，积极参与全球经济治理和公共产品供给，提高我国在全球经济治理中的制度性话语权。2016 年 3 月 16 日第十二届全国人大四次会议通过的《国民经济和社会发展第十三个五年规划纲要》，从

① 《中共中央国务院关于构建开放型经济新体制的若干意见》，《人民日报》，2015 年 9 月 18 日 06 版。

完善对外开放战略布局、健全对外开放新体制、推进“一带一路”建设、积极参与全球经济治理和积极承担国际责任和义务等五个方面，制订了建设开放型经济强国的具体规划和行动方案。

基于青岛开放型经济大市的现实，中共青岛市委在综合考虑“十三五”时期，国内外发展形势和青岛市面临发展环境的基础上，认为“十三五”时期，青岛有条件、有能力率先实现全面建成较高水平小康社会目标、在此基础上，青岛市有必要、也有可能谋求更高水平更高质量的发展，继续走在全国全省前列。

为此，青岛市在国民经济和社会发展“十三五”规划纲要中提出，青岛市要率先全面建成较高水平小康社会，加快建设宜居幸福现代化国际城市，进而向基本实现现代化目标迈进。围绕上述发展目标，以“中国蓝谷”“青岛西海岸新区”“财富管理金融综合改革试验区”“山东半岛国家级自主创新示范区”，这四大国家级战略平台作为重要创新发展支撑，确定未来城市发展的“三大功能定位”，即打造国家东部沿海重要的创新中心、国内重要的区域性服务中心和国际先进的海洋发展中心。创新中心，以人才和科技创新为核心，以产业创新为主导，以提质增效和可持续发展为主线，推动形成创新驱动的引领型发展。服务中心，以金融和信息服务为核心，以加强现代服务业高端化能力建设为主导，以业态模式创新和增强辐射带动优势为主线，推动形成服务经济为主的产业结构和区域性服务高地。海洋发展中心，以海洋科技创新为制高点，以实施“一带一路”战略为主导，以海洋高端新兴产业发展为主线，推动形成蓝色引领的开放发展新优势。并以建设服务“一带一路”战略的大型国际数据中心、申建自由贸易港区和打造中-日-韩地方合作核心城市为重点，再创开放型经济竞争新优势，全方位拓展开放广度和深度，发展更高层次的开放型经济。

根据上述国家开放型经济发展战略和青岛市经济社会发展规划目标，青岛开放型经济转型升级目标可以概括为：优化开放型经济结构、提升开放经济水平、提高开放型经济贡献、建成开放型经济强市。具体而言，在外贸、外资和外经三大开放型经济领域内部和领域之间，协调性和平衡度不断提高；各领域对青岛市经济社会发展的贡献度稳步提升；在某一领域或三个领域中的某些行业、项目或类别上，与国内甚至国际同类城市相比，青岛市在商业模式、创新能力和国际竞争力上，具有显著不断增强的领先优势或居于主导地位，在越来越多领域逐步形成“青岛样本”“青岛模式”。

第二节 转型升级条件

国内外环境变化及未来发展趋势，要求青岛市从开放大市走向开放强市，必须实现开放型的经济转型升级，发展更高层次的开放型经济。但是，实现转型升级，必须具备一定的基础条件。如果这些条件尚不具备，就要通过体制机制改革和政策调整进行培育。作为开放大市，青岛市已经具备了走向开放强市的“规模”条件和基础，今后的重点是，如何在外贸、外资和外经三大开放型经济领域，进一步寻求特色、集聚优势、形成强势，实现“人无我有、人有我优、人优我强”。在未来世界经济、贸易和投资发展前景，充满不确定性和不稳定性的趋势下，能否实现开放型经济的转型升级，关键和核心就在于青岛市自身条件的建设和内部转型动力的增强上。

一、持续优化升级的产业基础

从相互作用关系而言，虽然经济的开放发展，对一国或地区产业结构的优化升级具有显著的促进作用。但一国或地区的产业结构特点和升级能力，毕竟对该国或地区的对外贸易、利用外资、对外投资以及国际工程承包等开放型经济各领域的产品结构、产业结构、市场结构等起着决定性作用，前者是后者的基础。这已经被欧、美、日等发达国家或地区及亚洲“四小龙”等新兴工业化经济体的开放型经济发展实践所证实（周升起等，2013）。因此，从根本上说，青岛开放型经济发展能否实现转型升级，转型升级的速度快慢，关键取决于城市产业结构优化升级的进程，以及推进产业结构优化升级的持续创新能力高低。

依靠建国后积累起来的轻纺工业优势和技术引进基础上快速成长起来的家电产业优势，改革开放以来，在经过20世纪80年代一段短暂的进口替代过渡期后，青岛市以出口导向为特征的对外贸易和利用外资两个开放性型经济领域，获得率先发展，为青岛市经济社会发展水平的提升，为青岛市成为开放大市，并确立在山东省开放型经济发展中的“龙头”地位，发挥了至关重要的作用。但是，以追求速度和规模为目标的出口导向的要素驱动型、粗放式开放型经济发展方式，也带来越来越突出的不平衡、不协调、不可持续问题，表现为贸易结构升级缓慢、国际分工地位和利益低下、企业创新动力不足、国际市场控制权和话语权不高、贸易的资源和环境效益不佳。2008年国际金融危机爆发所引起的世界经济、贸易和投资复苏、增长乏力，使上述问题更加凸显。

在我国已经进入中等收入国家行列，以低成本要素投入为特征的传统比较优势逐步丧失的背景下，要解决上述问题，提高国际分工地位和利益，增强国际市场竞争力和话语权，必须走创新驱动发展道路，以供给侧改革为主线，优化供给结构、提升供给水平、扩大有效供给，满足国际市场有效需求的同时，形成国际竞争新优势。具体来说，要通过加大研发投入、增强原始创新能力，用现代高新技术改造升级传统农业、制造业和服务业的同时，跟踪、引进和创造新型业态，大力发展现代农业、现代制造业和现代服务业。同时，通过制度、体制和机制创新，形成“大众创业、万众创新”的局面和活力。在为外贸、外资和外经三大开放型经济领域向更高层次推进，提供产业基础和支持的同时，增强促进产业持续升级的能力，为青岛开放型经济不断走向更高水平提供持续升级的产业基础和内部动力。

二、适应高层次开放型经济的管理体制与机制

高层次开放型经济需要有相适应的高水平管理体制和机制。在我国市场经济体制仍不完善，面对日趋激烈和复杂的国际市场竞争，多数企业经营规模小、国际化经营经验缺乏、国际市场竞争力和风险承受能力普遍较低的背景下，政府职能部门在提供国际市场信息服务、规范企业经营行为、激发企业创新活力、引导企业转变经营方式、开展市场风险预警等方面，在今后相当长时间内，都将起到至关重要的作用。

在市场对资源配置的决定性作用越来越大的趋势下，政府促进开放型经济向更高层次转型升级的职能，主要是通过制度、体制和机制创新、宏观政策调整、绩效考核与政策实施机制改革等，向市场释放激励或约束信号，来引导和影响企业主体的决策和行为预期等途径来实现。

因此，向更高层次开放型经济转型升级，要求青岛市政府职能部门在开放型经济管理体制和机制上，应首先做出必要的改革、调整和创新，以向各类企业主体传达转变经营模式、创新技术和产品、提升价值创造力和市场竞争力的明确信号（唐海燕等，2011）。比如，为抓住以“一带一路”战略和“自贸区”战略为重点的中国新一轮对外开放机遇，并以此为契机推动开放型经济转型升级，为逐步走向开放强市培育竞争新优势，青岛市应不失时机地成立“一带一路”及“中-韩自贸区”（以及未来“中-日-韩自贸区”）建设领导机构和相应的部门协调机制。

在经济、金融全球化和国际分工不断深化，所导致的贸易、投资、工程、技术、产业、文化与劳务合作等各领域日益融合发展，“你中有我、我中有你，相互影响、相互依赖”的趋势下，现有的以业务内容不同来设置管理处室（如外贸处、外资处、合作处等）的开放型宏观管理体制，应尽快向按地理或经济区域来设置管理处室（如欧洲处、非洲处、东亚处、北美处、拉美处等）的体制转变。现有的以规模及增速为主要考核指标的政府管理绩效考核机制，也应向突出“结

构优化与质量效益”为主要内容的综合考核机制转变。

在企业开展国际化经营，面临的竞争日趋激烈、面对的环境复杂多变的背景下，更加完善、规范和国际化的企业融资担保机制、风险预警与补偿机制、贸易投资促进与救济机制，有助于降低贸易和投资交易成本的审批、商检、通关及税收等贸易便利化机制等急需建立。而新的开放型经济政策的制定、调整和实施，也应更多地体现对新型业态、新型交易方式、新型营销模式和新技术、新产品与新市场开发，以及自主品牌国际化和本土跨国公司成长的支持。

三、适应复杂多变国际市场的企业决策与行为能力

市场经济体制下，企业是开放型经济发展和实现转型升级的决策与行为主体。因此，政府建立和实施的开放型经济促进体制、机制和政策措施，能否产生预期的实施效果，最终要落实到各类企业所采取的具体决策及经营行为上。面对复杂多变的国际市场环境，只有越来越多的企业具备了足够强的国际化经营决策与行为能力，才能抓住各项激励机制和优惠政策所带来的发展机遇，在实现企业自身经营模式转型、产品结构优化、价值创造力和市场竞争力提升的同时，推动全市整体开放型经济转型升级目标的逐步实现。决策与行为能力强的国际化经营企业数量越多、经营规模越大，它们对青岛开放型经济转型升级的促进作用就会越大，迈向开放强市的步伐也就会越快、越踏实。而那些决策与应变行为能力弱（或不足）的企业，面对政府出台的各宗“利好”政策和市场变化带来的发展机遇，也只能是“望利兴叹”“心有余而力不足”。

决策与行为能力弱（或不足）的企业，由于创新行为能力不足而往往对传统管理模式、传统市场、传统经营方式、传统经营产品、固定交易对象和营销渠道等产生较强的“路径依赖”[①]。如果这种路径依赖不能尽快打破，在一定时期内，将会对全市开放型经济转型升级发展进程产生阻滞作用。如果决策和应变行为能力弱的企业数量和规模力量，大于决策和行为能力强的企业整体力量，则存在开放型经济发展进程受阻甚至倒退的可能性。在发生经济危机或出现经济不景气时期，政府短期内把开放型经济工作重点放在“保增长”方面时，也会放松对决策和行为创新能力不足企业的约束，从而使开放型经济中的某些指标出现下滑。2008年国际金融和世界经济危机之后，青岛市、山东省机电产品和高新技术产品出口

① 路径依赖（path – dependence）现象由保罗·大卫（Paul A. David）在研究技术变迁（进步）时于1985年提出并证明，后来被新制度经济学和行为经济学，在研究制度变迁（创新）和企业决策行为问题时广泛使用。路径依赖是指，行为主体由于某种原因，对已经发展起来的方式、方法产生依赖，并在以后的发展中沿着已熟悉的路径继续下去，甚至不断自我强化的现象。路径依赖类似于物理学中的“惯性”。

所占比重，分别于 2009 年和 2010 年之后出现不同程度下降就是代表性的例证，2014 年起才开始有所回升（表 5-1）。

表 5-1　青岛市、山东省机电产品与高新技术产品出口比重变化（单位：%）

年份	青岛市		山东省		全国	
	机电产品	高新技术产品	机电产品	高新技术产品	机电产品	高新技术产品
2008	41.6	11.5	41.2	14.7	57.6	29.1
2009	38.3	10.8	43.0	17.2	59.3	31.4
2010	38.9	9.8	43.2	16.9	59.2	31.2
2011	37.8	9.2	40.4	12.1	57.2	28.9
2012	36.5	6.5	39.1	11.1	57.6	29.3
2013	36.3	6.4	37.8	12.8	57.3	29.9
2014	39.2	8.3	38.8	14.2	56.0	28.2
2015	43.5	10.0	40.0	12.3	57.6	28.8

资料来源：《山东统计年鉴》《中国统计年鉴》(2009～2015 年)；山东省商务厅、国家商务部：商务数据月报

因此，各类国际化经营企业的决策与行为能力强弱，对政府开放型经济政策措施的实施效果有着重要影响。作为微观决策和行为主体的企业，不断提高自身决策和行为能力，是从开放大市走向开放强市，实现开放型经济逐步转型升级的关键。国际化经营企业的决策和行为能力主要包括：政策理解及执行能力、市场信息收集、筛选和行情判断能力、企业领导者的决策能力、新技术研发与新产品开发能力、品牌推广能力、融资能力、谈判能力、市场渠道开发和营销网络构建能力、风险防范与规避能力等。

四、不断提高的人力资本水平

从开放型经济转型升级的内涵来看，创新是实现转型升级的最主要驱动力。但是，无论是开放型经济宏观管理体制、机制的创新，还是企业技术、产品、组织管理方式的创新，还是交易手段、品牌推广和营销模式的创新，都离不开“人才”这一核心要素。而一个人是不是人才，以及人才的能力大小，又取决于其“人力资本”水平高低[①]。与自然资本、物质资本相比，人力资本具有更大的增值空间，特别在知识和信息经济时代，人力资本在提升企业和国家创新、创造能力和国际竞争力上，比自然资本、物资资本等有越来越重要的作用。但由于人力资本强烈依附于个人，既具有“专有性”，又具有“流动性”，企业要把具备高人力资本水平的人才吸引

① 人力资本（human capital）：是指通过教育、培训、保健、迁移、交流等获得的凝结在个人身上的创造力、技能、学识、健康状况和水平的总和。人力资本具有自我累积、自我增值性。

来，并充分发挥其在组织、管理、技术、产品和商业模式创新等方面的作用，一方面，应对高人力资本水平的人才有相应的激励（包括薪金、产权、地位激励）；另一方面，应提供合适的工作岗位，营造宽松的工作环境；再者应有长期的人力资本投资规划和安排，不断提升现有人才的人力资本水平。只有这样，才能使具备高人力资本水平的人才“进得来、用得上、留得住”，才能有效发挥人力资本对企业提升价值创造能力和国际竞争力的作用。

根据课题组对青岛大学 2010～2015 年青岛大学国际经济与贸易本科专业毕业生，就业及工作状况的跟踪调查。国际经济与贸易本科毕业生在各类国际化经营企业（包括进出口公司、外资企业、境外投资企业、国际运输及报关、报验代理企业等）的初次就业率保持在 70%左右。但就业半年内离职的毕业生占 34%，一年内离职的占 62%，三年内离职的占 71%。就业三年内平均每位毕业生转换工作超过 2 次；毕业生主动提出辞职的占离职总数的 86%。毕业生离职的原因包括：“个人发展空间不够”居首位（占 31%），其次是“薪资福利偏低”(占 25%)，第三位为“想改变职业或行业”(占 13%)。而对国际化经营企业的调查结果则显示：企业新招进大学毕业生一年后留下来的不到 20%。企业对毕业生的综合素质的评价是：责任心、敬业精神差（占 33%），独立开展业务能力差（占 31%），协调、解决问题能力不足（占 21%）。对员工有长期培训规划或安排的外贸企业仅占被调查企业的 27%。

从以上调研结果可以看出：青岛市各类国际化经营企业是国际经济与贸易毕业生就业的主要去向，企业提供的就业岗位和报酬，能让具备一定人力资本水平的本科毕业生“进得来”。但毕业生就职后却很难“用得上”，主要原因在于很多毕业生以学历来体现的人力资本数量较高，但以能力来衡量的人力资本质量或水平却较低，造成工作中责任心、敬业精神差，独立开展业务能力差，协调、解决问题能力不足。而企业较少开展员工培训、薪资福利偏低，导致个人发展空间不够，又使较大比例的大学毕业生难以在一个企业长期“留得住”。

因此，如果不能使满足国际化经营企业需求的、具备较高人力资本质量或水平（而不是数量）的各类人才，在企业“进得来、用得上、留得住”，不仅日常业务难以正常开展，更谈不上企业的组织、管理、技术、产品和商业模式创新了。而要解决这一难题，需要政府、高校、培训机构和企业的共同努力。

五、日益便利的国际营商环境

在价格竞争仍是世界市场主要竞争手段的局面下，企业交易或经营成本高低决定着企业盈利水平和发展潜力大小，而企业交易或经营成本高低则主要受制于所处商务运营环境（以下简称营商环境）好坏或便利化与否。进一步分析，一国或地区营商环境的好坏，则又是该国经济管理制度、体制和机制运行效率的具体体现。

因此，要不断提高本国或地区企业的国际竞争力和创新发展潜力，政府就要为企业提供或创造一个有利于降低交易或经营成本的便利化的营商环境，并为此不断发现、调整、改革和去除不利于营商环境改善的管理制度、体制和机制。

在世界经济增长缓慢、国际投资大幅波动、世界市场需求疲软的外部环境制约，和国内经济增速下滑、产业结构优化、需求结构升级等内部环境约束的双重压力下，通过简政放权减少政府干预，创新管理体制、提高服务效率，不断提高营商环境便利化水平，降低企业交易或经营成本，不仅有助于本国（地区）企业增强国际化经营能力，而且有利于提高对外国优秀企业和优质资本、技术的吸引力。其结果，自然会通过本土和外资企业的技术、产品、品牌和营销模式的创新、升级，推动开放型经济向更高层次发展。

为考察和比较世界各主要经济体营商环境好坏和便利化水平高低，为各经济体改革经济制度、体制和机制提供可衡量、可比较的基准指标，达到鼓励各经济体竞相提高市场监管效率、降低企业运营成本的目的，世界银行于 2002 年启动了“营商”（Doing Business）研究项目，通过编制量化指标，在科学涉及和广泛调研的基础上，定量计算了涵盖全球各主要经济体的“营商环境”便利化指数，并于 2003 年开始发布年度全球《营商环境报告》，迄今已连续发布 14 期。

该报告从开办企业、办理施工许可、获得电力、登记财产、获得信贷、保护少数投资者、纳税、跨境贸易、执行合同和办理破产等与企业经营紧密相关的十个指标，对全球各经济体的营商环境便利度，进行计算和排名。表 5-2 列出了 2007 年以来，中国营商环境整体及分指标便利化度在世界各经济体的排名变化情况。

表 5-2　中国营商环境便利度在世界各经济体排名变化

年份	营商环境便利度	开办企业	办理施工许可	获得电力	登记财产	获得信贷	保护少数投资者	纳税	跨境贸易	执行合同	办理破产
2007	93	128	153	78*	21	101	83	168	38	63	75
2008	83	135	175	86*	29	84	83	168	42	20	57
2009	83	151	176	111*	30	59	88	132	48	18	62
2010	89	151	180	140*	32	61	93	130	44	18	65
2011	79	151	181	—	38	65	93	114	50	15	68
2012	91	151	179	115	40	67	97	122	60	16	75
2013	91	151	181	114	44	70	100	122	68	19	82
2014	90	158	185	119	48	73	98	120	74	19	78

续表

年份	营商环境便利度	开办企业	办理施工许可	获得电力	登记财产	获得信贷	保护少数投资者	纳税	跨境贸易	执行合同	办理破产
2015	83	127	177	86	41	71	133	133	96	7	53
2016	84	136	176	92	43	79	134	132	96	7	56

资料来源: World Bank Group. Doing Business Report 2007-2016. Http://www.doingbusiness.org/reports/global-reports [2016-04-28]

*2007～2010 年数据为"雇佣工人"便利度排名。参与排名的经济体数量为：2007 年 175 个；2008 年 178 个；2009 年 181 个；2010～2012 年 183 个，2013 年 185 个；2014～2016 年 189 个

随着数据采集范围的不断扩大，除对各经济体整体和分指标营商环境便利度进行测算、排名外，《营商环境报告》还把十个分指标中，具体指标构成的实际调研数据及其变化同时发布。表 5-3 是该报告发布的 2007～2015 年中国跨境贸易便利度世界排名，以及构成该指标的六项内容的实际数值变化。考虑人口规模大的经济体，其内部不同城市或地区，由于民族、宗教、文化、习惯及地方管理制度差异，各自营商环境便利化程度也会出现较大差异，该报告也对世界 11 个人口超过 1 亿的经济体（孟加拉、巴西、中国、印尼、日本、墨西哥、尼日利亚、俄罗斯和美国），将数据采集范围扩大到所属主要商业城市，并发布这些城市在该国的营商环境便利化程度排名。表 5-4 列出了 2016 年中国境内营商环境便利度前十位的城市。该报告根据学术界、从业者和审阅者的反馈意见，不断对十个分指标及其内容进行调整和细化，以更准确反映各经济体的营商环境便利度的真实水平。

表 5-3　中国跨境贸易便利度及指标构成变化

年份	跨境贸易便利度	出口文件/个	出口时间/天	出口成本/（美元/集装箱）	进口文件/个	进口时间/天	进口成本/（美元/集装箱）
2007	38	6	18	335	12	22	375
2008	42	7	21	390	6	24	430
2009	48	7	21	460	6	24	545
2010	44	7	21	500	5	24	545
2011	50	7	21	500	5	24	545
2012	60	8	21	500	5	24	545
2013	68	8	21	580	5	24	615
2014	74	8	21	620	5	24	615
2015	96	8	21	823	5	24	800

资料来源：同表 5-2

注：出口、进口文件，是指办理出口、进口报关，港口码头货物处理，运输以及银行业务所需单证数量。出口、进口时间，是指一个合同下的货物，获取、填报与提交单证、内陆运输与处理、检验与报关和港口码头装运货物所需全部时间（不包括海运时间），以天为单位。出口、进口成本，是指所有单证处理、内陆运输与处理、检验与报关和港口码头装运货物，所支出正是成本，以 20 英尺标准集装箱为单位

表 5-4　2016 年中国境内营商环境便利度排名前 10 位城市

城市	营商环境便利度排名	开办企业便利度排名	登记财产便利度排名	执行合同便利度排名
广州	1	3	2	1
南京	2	2	5	2
上海	3	5	1	4
杭州	4	1	7	3
济南	5	4	4	6
天津	6	8	6	5
福州	7	7	3	12
北京	8	6	12	9
沈阳	9	9	14	10
重庆	10	17	9	8

资料来源：同表 5-2

通过对《营商环境报告》所发布各国营商环境便利度指标的比较，不仅可为各国企业开展国际贸易、投资和工程、技术合作，提供有价值的决策依据，更加重要的是，可为各国及地区不断提高整体及分领域营商环境便利化水平，进行有针对性的制度、体制与机制改革和创新，提供明确的指向和重点。比如，2007 年以来，虽然我国整体营商环境便利化程度在不断提高，但是在开办企业、办理施工许可、登记财产、获得信贷、保护少数投资者和跨境贸易等六个方面，便利化程度反而呈下降趋势（表 5-2）。因此，今后提高我国营商环境便利化的改革重点应放在制约上述六个领域便利化提升的制度、体制和机制上。而从造成我国跨境贸易便利化水平不升反降的主要原因在于出口文件增加、出口时间和进口时间多年未见缩短导致出口成本和进口成本大幅上升（表 5-3）也可以看出，今后我国要不断提高跨境贸易便利化水平，应通过简化出口手续，减少单证数量；加快通关、商检、物流、银行智能化信息系统建设，提高信息共享及业务办理效率；改革物流管理体制，创新物流运输经营模式，构建多式联运机制，以遏制进出口成本过快上升。

六、不断增强的国际市场需求创新能力

国际分工理论和各国参与国际分工的实践表明：由要素禀赋不同决定的产品比较成本差异，不仅决定着一国产品的生产结构，而且在很大程度上影响着该国

的贸易、投资和需求结构。由于收入水平低的发展中国家在资源、劳动密集和低技术产品或服务的生产上具有比较优势，不仅发展中国家本国企业会专注于这些产品或服务的生产和出口，发达国家的跨国公司也往往通过 ODI 或外包（out-sourcing）等形式，把这些产品或服务的生产加工转移到发展中国家，然后再通过其掌握的营销渠道销往发达国家市场。这就在全球范围内形成资源、劳动密集和低技术产品或服务在发展中国家生产，在发达国家销售的生产和销售，而资本、技术和知识密集型产品和服务，大部分在发达国家生产、在全球销售的生产和市场格局。

这一格局长期演化所带来的发达国家劳动密集型和低技术产业“空心化”，势必造成发达国家市场消费者，对发展中国家生产的劳动密集和低技术产品或服务，产生路径依赖甚至“锁定”现象。而发展中国家劳动密集和低技术产品或服务的生产、贸易企业，在看到国际市场仍对这些传统出口产品或服务有着持续旺盛需求的情况下，由于技术、产品创新和销售市场转换必须要承担高成本、高风险和不确定性，其研发新技术、开发新产品和新市场的主动性和积极性就会大大受到削弱或丧失。而企业缺乏或丧失创新和改变的主动性和积极性，必然对整体开放型经济转型升级进程带来负面影响。

因此，在青岛市外贸、外资和外经这三大开放型经济领域，尤其是进出口贸易和利用外资领域，仍以发达国家或地区市场为主的局面下，国际市场需求结构及其变化，对青岛开放型经济转型升级进程将产生很大程度的影响。

拉丁美洲的巴西、阿根廷、智利和秘鲁等国的开放型经济，在经过 20 世纪 70、80 年代的快速增长后，自 90 年代陷入增长低迷和转型乏力的教训，和同一历史时期迅速发展起来的亚洲“四小龙”韩国、新加坡、中国台湾和中国香港等国家或地区，开放型经济实现成功“转型”和持续增长的经验明确告诉我们，要减少或克服国际市场需求对一国或地区开放型经济转型升级进程的不利影响，需要政府和企业共同努力，进行制度、体制、机制和技术、产品、品牌、营销等全面创新，从被动适应、满足国际市场需求，转变到主动创新、变革和引领国际市场需求变化。

政府应通过制订长期战略规划、建立激励约束机制、实施专门信贷、产业、技术、人才、投资和贸易政策，为企业经营主体进行技术、产品、品牌和市场营销模式创新形成良好行为预期，让率先做出改变和创新的企业获得应有的受益，并通过“示范效应”来激发更多企业创新的主动性和积极性，引导越来越多的企业通过创造概念、创新理念和创建市场，改变国际需求结构，开拓新的国际需求空间。

在国际市场需求不振，消费者对购买传统商品和服务缺乏热情的情势下，作为市场经营主体的企业，更应该认识、把握消费者追求品质、新奇、个性化和便利化的消费心理，结合行业、产品和市场定位，在用现代技术改造升级传统产业、提升产品质量和功能的同时，将“互联网+”思维应用于企业决策、组织和实施的全过程，通过提出新的产品生产概念、新的消费理念、新的营销模式，研发新的技术、新的产品、提供新的服务，不断开辟和创建新市场，成为国际市场新消费观的倡导者，新技术、新产品的创造者和新市场的引领者。

美国苹果公司、韩国三星公司，在数字化智能产品国际市场创新和创建上的实践，是引领国际市场需求变革的成功范例。青岛市海尔、海信、青啤及金王等一批企业（集团），通过概念、理念、技术、产品及营销创新，也迅速成为本行业市场需求变革的引领者，在实现企业自身生产经营方式持续转型升级的同时，逐渐成长为在所经营产品领域具有较强国际竞争力的跨国公司。

第三节　转型升级路径

从第二章第一节对青岛开放型经济发展历程的分析总结，我们已经看到，通过采取针对性政策措施，青岛市近年来外贸、外资和外经这三大开放型经济领域的不平衡状况和内部结构，已经开始呈现逐步改善和优化趋势（表 2-57）。而且，青岛市外贸、外资和外经三大领域的结构状况，整体而言要好于山东省和全国平均水平。2015 年，青岛市外贸、外资和外经三者之间的比例结构为 87.69∶7.07∶5.24；山东省为 89.54∶5.29∶5.17；全国是 92.14∶2.49∶5.37（表 5-5）。

表 5-5　2015 年青岛市、山东省和全国开放型经济领域占比重比较

项目	开放型经济总规模/亿美元	对外贸易占比/%		利用 FDI 占比/%	国际经济合作占比/%	
		货物贸易	服务贸易		工程承包	境外 ODI
青岛市	945.79	87.69		7.07	5.24	
		74.22	13.47		3.85	1.39
山东省	3 081.60	89.54		5.29	5.17	
		78.45	11.09		3.30	1.87
全国	50 700.00	92.14		2.49	5.37	
		78.08	14.06		3.04	2.33

资料来源：根据山东省商务厅、国家商务部发布数据计算

但是，青岛市开放经济三大领域中，外资、外经占比重低、外贸占比重高的基本格局，仍未发生根本改变（表 5-5）；外贸领域，服务贸易占比重低、货物贸易占比重高的基本格局，也未发生根本改变。而且，无论与已经成为贸易强市的北京、

上海、深圳和广州相比（表 5-6），还是与发达国家、“金砖”国家及世界平均水平相比（表 5-7），青岛市服务贸易在全部对外贸易中所占比重，还有明显差距。在货物贸易领域，青岛市进出口不平衡状况，明显差于山东省和全国整体状况。2015 年，青岛贸易顺差达到 204.6 亿美元，占货物贸易总额的比重为 29.1%，而同年山东省和全国贸易顺差占货物贸易总额的比重仅分别为 19.2%和 15.0%。在服务贸易领域，青岛同山东和全国一样，都呈现逆差局面，但服务贸易逆差占服务贸易总额的比重，青岛市（22.0%）虽低于山东省（28.4%），但要高于全国 19.2%的平均水平（表 5-8）。在货物贸易商品结构上，反映出口结构优化升级和贸易利益提升的主要指标，高附加值机电产品和高新技术产品出口所占比重，青岛市明显低于全国整体水平，高新技术产品出口所占比重，甚至也低于山东省整体水平（表 5-1）。另外，在境外直接投资方面，青岛市虽然发展较快，但是在开放型经济中所占比重，目前，仍然不及山东省和全国整体水平（表 5-5）。

表 5-6　2015 年青岛与北京、上海、深圳、广州货物与服务贸易占比重情况比较

地区	贸易总额/亿美元	货物贸易		服务贸易	
		金额/亿美元	占比/%	金额/亿美元	占比/%
青岛	829.4	702.0	84.6	127.4	15.4
北京	4545.2	3195.9	70.3	1349.3	29.7
上海	6472.0	4505.3	70.2	1966.7	29.8
深圳	5827.9	4667.9	80.1	1160.0	19.9
广州	1630.4	1338.7	82.1	291.7	17.9

资料来源：各市商务局发布 2015 年商务统计数据

表 5-7　2014 年青岛与世界主要国家（地区）货物与服务贸易占比情况

国家（地区）	贸易总额/亿美元	货物贸易		服务贸易	
		金额/亿美元	占比/%	金额/亿美元	占比/%
世界	466 030	370 010	79.4	96 020	20.6
欧盟	150 911	117 188	77.7	33 723	22.3
美国	51 726	40 326	78.0	11 400	22.0
德国	33 223	27 283	82.1	5 940	17.9
英国	17 077	11 897	69.7	5 180	30.3
法国	17 694	12 624	71.3	5 070	28.7
日本	18 541	15 061	81.2	3 480	18.8

续表

国家（地区）	贸易总额/亿美元	货物贸易		服务贸易	
		金额/亿美元	占比/%	金额/亿美元	占比/%
韩国	12182	10982	83.3	2200	16.7
新加坡	10390	7760	74.7	2630	25.3
中国	43116	35986	83.5	7130	16.5
印度	10558	7778	73.7	2780	26.3
俄罗斯	9897	8047	81.3	1850	18.7
巴西	5910	4642	78.5	1268	21.5

资料来源：WTO. Statistics. http://www.wto.org/english/res_e/statis_e/statis_e.htm [2016-04-28]

表 5-8　2015 年青岛市、山东省和全国贸易差额变化比较

项目	货物贸易		服务贸易	
	贸易差额/亿美元	占贸易额比重/%	贸易差额/亿美元	占贸易额比重/%
青岛市	204.6	29.1	−28.0	22.0
山东省	463.7	19.2	−97.2	28.4
全国	5945.0	15.0	−1366.2	19.2

资料来源：根据山东省商务厅、国家商务部发布数据计算

因此，青岛开放型经济发展中，不平衡、不协调、不可持续问题，仍然较为突出，开放型经济转型升级仍然“任重道远”。不过，这些不平衡、不协调、不可持续表现，也恰恰为青岛市今后开放型经济，指明了转型升级的路径选择方向和重点。

一、大力发展服务贸易

与货物贸易相比，服务贸易属于低消耗、低排放、高增值的“绿色”贸易产业，因此，服务贸易的快速发展和在贸易总额中所占比重的提高，本身就是在推进对外贸易结构优化和发展方式转型。更进一步讲，服务贸易中的生产性服务贸易（包括银行、保险、物流、知识产权、工业设计、计算机软件等）的扩大，将大大有助于农业和制造业领域产品结构的升级和生产效率的提高，从而促进外贸领域中货物贸易内部结构的优化和发展方式的转型。

而且，随着全球价值链（global value chain，GVC）分工的日益深化和拓展，以计算信息（information technology outsourcing，ITO）、业务流程（business process outsourcing，BPO）和知识流程（knowledge process outsourcing, KPO）服务外包

为代表的服务业国际分工，正在快速发展（UNCTAD，2013；Baldwin et al.，2014）。大力发展服务贸易，是提高本国和本地区服务业国际分工地位和分工利益，助推服务业加快发展的不然选择（周升起等，2014）。再者，不仅高水平外资项目的引入，需要有高水平服务来配套，越来越多的国内企业“走出去”，无论承揽国际工程项目，还是投资开展产业、产能合作，越来越需要服务贸易的参与和支持。因此，大力发展服务贸易，对“外资”和“外经”两大开放型经济领域的发展及转型升级，也有着重要的促进作用。

为此，大力发展服务贸易，对于加快整个对外贸易发展“转方式、调结构”进程，进而促进开放型经济的转型升级，无疑具有重要的战略意义。青岛市服务贸易发展落后于全国平均水平（当然，更落后于亚洲“四小龙”和世界平均水平）的先现实（表 5-6、表 5-7），固然与经济发展阶段和服务业发展滞后有关，但更重要的是与对发展服务贸易重要性的认识滞后、缺少规划和政策支持不到位有关。

二、积极扩大货物进口

消费品进口能满足或丰富国内市场需求，资本品进口则能弥补国内要素资源不足或提高要素资源质量。消费品进口不仅可以提升国内消费水平、优化消费结构，更重要的是，能通过“竞争效应”，给国内同类产品生产者带来市场竞争压力，促使其采取学习、模仿和创新等手段提高产品质量、加快技术和产品创新。资本品进口则通过“资源配置效应”和“技术外溢效应”，提高资源配置和利用效率、提升生产设备技术水平，进而促进产品和产业结构优化升级。而上述效应，都会通过直接或间接渠道，提升出口产品生产经营企业创新能力、新技术研发投资能力和国际竞争力，从而推动开放型经济不断转型升级。

青岛市货物贸易顺差占贸易总额比重，远高于山东和全国平均水平的现实（表 5-8），说明进口贸易在促进青岛市经济发展“转方式、调结构”，和开放型经济转型升级上的作用，明显低于山东和全国平均水平。但也预示着，通过扩大进口尤其是国内稀缺的高质量能源和自然资源、先进技术和关键仪器设备，来推动青岛市经济发展“转方式、调结构”进程，和加快开放型经济转型升级步伐，有着更大的潜力和空间。

在世界经济、贸易和投资增长前景预期暗淡，和国内经济发展“转方式、调结构”面临越来越大资源环境约束的局面下，扩大进口不只是简单地减小贸易顺差，而是通过扩大进口，拉动地区经济增长，与贸易伙伴分享贸易利益，真正体现互利共赢。更重要的是，通过增加进口国内产业转型升级所需的稀缺资源、先进技术和装备（包括服务），加快创新驱动发展能力和水平的提升，在推动开放型经济向更高水平发展的同时，增强贸易对国内经济社会发展的贡献。

三、努力提高机电和高新技术产品出口比重

作为资本、知识、技术密集型产品的代表，机电产品和高新技术产品出口占货物出口比重的高低及其变化反映出一国或地区出口商品结构现状与改善趋势，也在很大程度上表明该国或地区开放型经济增长特征与转型升级前景。而且，由于机电产业和高新技术产业对生产性服务业质量和水平的要求也相对较高，机电产品和高新技术产品出口比重的提高也会有效带动国内高端服务业的发展和服务贸易结构的改善，促进服务业国际竞争力的提升。如果一国或地区机电产品和高新技术产品出口所占比重高于他国或地区且呈不断上升趋势，则表明该国或地区贸易结构和贸易发展方式优于其他国家或地区，且贸易结构还在不断升级，贸易增长的质量和效益也在逐步提高。反之亦反。

从表 5-1 的统计数据来看，青岛市近年来的机电产品和高新技术产品出口占货物出口的比重，低于全国平均水平，高新技术产品出口所占比重，也明显低于山东省整体水平，且 2009～2013 年呈持续下降态势，2014 年其才开始有所回升。这说明青岛市对外贸易结构和发展方式，不仅劣于山东省和全国平均水平，而且贸易结构改善与发展方式转变效果不佳。这与青岛市机电产业和高新技术产业发展现状呈现较大反差。

由表 5-9 可以看出，无论机电产业还是高新技术产业，其产值占规模以上工业企业总产值比重，青岛市均明显高于山东和全国平均水平，而机电产品和高新技术产品占货物出口比重，青岛市却反而低于山东和全国平均水平（表 5-1）。最可能的原因主要有两个：一是青岛市很多机电产品和高新技术产品生产企业，尚未把国际市场作为其主要销售目标市场；二是把国际市场作为销售目标市场的青岛企业，其机电产品和高新技术产品综合出口竞争力，低于山东省和中国其他省份企业的同类出口产品。

表 5-9　青岛市、山东省与全国机电和高新技术产业产值占比重对比（单位：%）

项目	机电产业产值占规模以上工业总产值比重					高新技术产业产值占规模以上工业总产值比重				
	2010 年	2011 年	2012 年	2013 年	2014 年	2010 年	2011 年	2012 年	2013 年	2014 年
青岛市	37.7	40.0	41.2	43.0	44.3	36.9	37.8	39.0	39.9	40.7
山东省	31.2	31.9	32.1	32.6	33.9	26.0	28.2	28.7	30.2	31.4
全国	27.5	28.6	28.8	29.1	29.9	22.6	22.3	22.0	22.7	22.8

资料来源：根据《青岛统计年鉴》《山东统计年鉴》《中国统计年鉴》（2011～2015 年）发布数据计算

注：全国的数据为机电产业和高新技术产业主营业务收入占规模以上工业企业主营业务收入的比重。机电产业和高新技术产业二者之间存在交叉与重叠

为此，要迅速提高机电产品和高新技术产品出口所占比重，青岛应从解决造成上述两个原因的根源入手。

四、大力开拓发展中经济体市场

如果说在工业化和经济发展初期，一国或地区凭借产业结构差异和产品互补性，以及廉价资源和劳动力所形成的低成本优势，把购买力强的发达经济体作为主要贸易市场，的确对推动该国或地区产业建立、经济发展和社会进步起到了重要作用的话。那么，在工业化和经济发达程度达到中等收入国家水平的时候，发展中经济体市场就将逐渐成为该国或地区产业、贸易结构优化升级和经济、贸易增长质量提升的关键。

一方面是由于，达到中等收入水平之后，一国或地区与发达经济体的产业、技术、管理等差距逐步缩小、产品之间的竞争性迅速增强，发达经济体市场对该国或地区产品需求的增速会逐步放缓甚至下降。因此，发达经济体市场在促进该国或地区经济、产业、贸易结构优化和经济、贸易增长质量提升上的作用会越来越小。

另一方面，达到中等收入水平之后，该国或地区相对于其他发展中经济体，资本、产业、技术和管理等优势日益明显，产品的互补性逐步增强，其资本和技术密集型产品的质量、性能和价格水平，相比更发达经济体的同类产品，更加适合于发展中经济体的市场需求，具有巨大的潜在市场空间。同时，发展中经济体丰富、低价的自然资源和劳动密集型产品，以及广阔的市场空间，也正是该国或地区过剩产能转移、产业升级和发展方式转型之所需。

因此，把开拓发展中经济体市场作为重点，是推进青岛开放型经济结构优化和发展方式转型升级的必然选择。而目前，青岛市对外贸易尤其是出口贸易对发达经济体市场（特别是欧、美、日、韩等传统市场）的依赖程度，明显高于山东和全国平均水平的现状（表 5-10），表明在开拓发展中经济体市场上，青岛市政府还应采取更加积极有效的政策措施。而贸易企业在开发适合发展中经济体市场需求特点的产品上，在选择贸易方式、提升产品品牌形象，和充分利用互联网大数据技术，开展“精准”市场营销和建立专门化产品营销渠道等方面，也还有很多具体工作要做。

表 5-10　2014 年青岛市、山东省和全国出口市场分布情况比较

经济体	青岛市		山东省		全国	
	出口额/亿美元	占比/%	出口额/亿美元	占比/%	出口额/亿美元	占比/%
发达经济体	305.7	66.8	877.2	60.6	11615.1	49.6

续表

经济体	青岛市		山东省		全国	
	出口额/亿美元	占比/%	出口额/亿美元	占比/%	出口额/亿美元	占比/%
日本	60.0	13.1	160.0	11.1	1494.4	6.4
韩国	47.7	10.4	138.4	9.6	1003.4	4.3
欧盟	82.3	18.0	230.6	15.9	3708.8	15.8
美国	83.4	18.2	243.7	16.8	3960.8	16.9
小计	273.4	59.7	772.7	53.4	10167.4	43.4
发展中经济体	152.0	33.2	570.3	39.4	11812.4	50.4

资料来源：《青岛统计年鉴》《山东统计年鉴》《中国统计年鉴》（2015年）

我国“十三五”时期，重点实施的“一带一路”战略所涉及的65个沿线国家，及沿线所辐射其他国家和地区，除少数（以色列）外，绝大多数均为发展中经济体。无论贸易、投资还是工程承包项目合作，这些经济体的市场份额，在青岛开放型经济中的比重，目前还相对较低。而无论资金、技术、产品还是品牌，青岛市在这些经济体均具有较显著竞争力。如能充分把握国家“一带一路”战略机遇，运用好丝路基金、亚洲基础设施投资银行（Asian Infrastructure Investment Bank，AIIB）和“金砖”国家开发银行等，由中国主导的新的多边融资机制，未来上述经济体市场，在促进青岛开放型经济转型升级上的潜力和作用将不断增强。

五、着力提升利用外资水平

改革开放以来，利用外资特别是FDI，在弥补国内发展资金缺口、加快工业化进程、促进对外贸易发展、扩大就业以及提高企业技术、设备和管理水平，进而增强地区经济社会持续发展能力上，所发挥的巨大推动作用，已为实践所证实。但不可否认的是，受国内体制、机制改革滞后、各领域对外开放进程不平衡以及政策失误等因素影响，利用外资在促进经社会发展“转方式、调结构”和开放型经济转型向更高层次转型升级上的作用，仍未得到充分发挥。

比如，从青岛市、山东省和全国实际利用FDI产业结构比较可以发现，2015年青岛市实际利用FDI产业结构虽然要优于山东全省整体水平，但是明显差于全国平均水平。青岛市2015年服务业利用FDI所占比重为47.2%，比全国平均水平低13.9个百分点（表5-11）。制造业仍在青岛市利用FDI中占主导地位，即使在第二产业，青岛市高端制造业和高技术项目利用FDI占比，与全国相比还有很大差距。根据青岛市商务局发布数据，“十二五”期间，青岛市高端制造业、高新技术项目利用FDI所占比重，比“十一五”期间提高5个百分点，占第二产业利用FDI的19.4%。而按照商务部发布数据，2015年仅高技术制造业全国实际利用FDI就达到94.1亿美元，占制造业实际使用FDI的23.8%[①]。

表 5-11　2015 年青岛市、山东省和全国实际利用 FDI 产业结构比较

产业	青岛市		山东省		全国	
	FDI 金额/亿美元	占比/%	FDI 金额/亿美元	占比/%	FDI 金额/亿美元	占比/%
第一产业	1.8	2.7	4.0	2.5	95.5	7.5
第二产业	33.5	50.1	98.3	60.3	395.4	31.4
第三产业	31.6	47.2	60.7	37.2	771.8	61.1

资料来源：山东省商务厅、国家商务部发布利用 FDI 统计数据

因此，在继续扩大利用FDI规模的同时，如何进一步创新利用FDI模式，尽快引入在上海“自由贸易（试验）区”已经成熟的“负面清单”管理制度，按国际标准为投资者提供公平、透明的投资环境，将高质量FDI吸引到战略性新兴产业，尤其是青岛市“蓝色经济”为核心的海洋资源综合开发、现代渔业、海洋生物、海水利用、港口物流、保税物流、临港工业、滨海旅游等特色产业上来，是今后青岛市政府和企业应重点考虑的问题。

六、加快境外直接投资步伐

境外直接投资通过产业转移、资源获取、市场开拓及知识和技术溢出等途径，能有效推进投资国产业结构的优化升级，这一结论已为众多国家的实践经历和国内外研究文献的结论所证实（周升起等，2011）。因此，通过开展境外直接投资，转移落后产能和技术，以加快国内产业结构优化升级步伐，进而推动青岛开放型经济向更高层次演进，应是青岛市今后的必然选择。

英国经济学家Dunning（2001）通过对全球67个发展中国家人均GDP与境外ODI关系的经验研究发现，发展中国家人均GDP提高与该国境外ODI发展存在阶段性规律，一般会经历四个阶段：第一阶段，人均GDP低于1000美元时，由于经济发展水平低，外资流入（FDI）和ODI都很少或几乎没有；第二阶段，人均GDP为1000～3000美元时，FDI迅速增加，并开始有少量的ODI，净ODI金额为负数，且绝对值不断增大；第三阶段，人均GDP为3000～10 000美元时，该国ODI大幅上升，增速将超过FDI，但是净ODI金额仍为负数，绝对值不断变

① 商务部例行新闻发布会：http://www.mofcom.gov.cn/xwfbh/20160120.shtml。

小；第四阶段，人均 GDP 超过 10 000 美元时，该国 ODI 金额将超过 FDI，净 ODI 金额为正且呈增加趋势。

根据上述阶段划分，中国全国的人均 GDP 与 ODI 发展的关系，十分符合 Dunning 的经验研究结论。2011～2015 年中国的人均 GDP 从 5576.6 美元增长到 7903.9 美元，相应的境外 ODI 增速超过利用 FDI 增速，使得 FDI 与 ODI 的比值，从 2011 年的 1∶0.60 迅速变化到 2014 年的 1∶0.96 和 2015 年的 1∶0.93。如果考虑到金融类境外直接投资，2015 年中国 FDI 与 ODI 的比例很有可能超过 1∶1（表 5-12）。可以期待，虽然中国人均 GDP 超过 10000 美元，还需等待几年，但是中国境外 ODI 即将超过 FDI 已是不争的事实。

表 5-12 青岛市、山东省和全国人均 GDP 和利用 FDI 与境外 ODI 比例变化比较

年份	青岛市		山东省		全国	
	人均 GDP/美元	FDI∶ODI	人均 GDP/美元	FDI∶ODI	人均 GDP/美元	FDI∶ODI
2011	11699.2	1∶0.06	7328.8	1∶0.22	5576.6	1∶0.60
2012	13097.8	1∶0.20	8200.9	1∶0.28	6264.4	1∶0.73
2013	14499.3	1∶0.19	9185.1	1∶0.30	6994.8	1∶0.87
2014	15713.4	1∶0.20	9910.6	1∶0.26	7590.8	1∶0.96
2015	16413.9	1∶0.20	10272.3	1∶0.35	7903.9	1∶0.93*

资料来源：《青岛统计年鉴 2015》《山东统计年鉴 2015》《中国统计年鉴 2015》；山东省商务厅、国家商务部发布境外投资统计数据

*2015 年全国数据不包括金融类境外直接投资。人均 GDP 按照当年人民币兑美元年平均汇率折算

然而，反观青岛市人均 GDP 与境外 ODI 发展关系的变化，却与 Dunning 的经验研究结果表现出巨大的差异。早在 2011 年，青岛市人均 GDP 就达到 11 699.2 美元，明显超过 10000 美元。然而，当年青岛市 FDI 与 ODI 的比例却只有 1∶0.06，境外 ODI 的规模仅为利用 FDI 规模的 6%。之后，随着人均 GDP 的不断提高，青岛市境外 ODI 规模也在逐步扩大，但是与利用 FDI 的比例，始终徘徊在 1∶0.20，即境外 ODI 占利用 FDI 的比重在 20%左右。这一比例与全国相比差距巨大，甚至与同年山东省利用 FDI 与境外 ODI 比例相比，也有明显差距（表 5-12）。

出现这一状况的原因，固然与中国境外 ODI 行为中，中央企业占有主导地位有着直接关系①。然而，作为山东省对外开放"龙头"，境外 ODI 整体表现不及

① 根据中国商务部、国家统计局和国家外汇管理局联合发布《2014 年度中国对外直接投资统计公报》中的数据显示，2014 年中国境外 ODI 中，中央企业实现的 ODI 占 55.5%，而截至 2014 年年底的 ODI 存量中，中央企业则占到 73.4%。

山东省平均水平的事实，在很大程度上说明，青岛市境外 ODI 的表现，与其山东省对外开放“龙头”城市地位，和在全国开放型经济发展“大市”中的地位很不相称。在推动企业“走出去”开展境外投资方面，青岛市在体制、机制建设和推进政策上，与实际需求还存在相当大差距。加快企业“走出去”步伐，并充分发挥境外 ODI 对国内产业升级、技术进步的综合带动作用，推动开放型经济加速转型升级，势在必行。

第六章　开放强市进程评价及影响要素分析
——青岛开放型经济转型升级评价

第一节　开放型经济转型升级评价指标体系

从前文的分析和论述可以看出，青岛市从开放大市走向开放强市，继续在山东省全面综合改革和深化对外开放中发挥“龙头”作用，并在率先全面实现“两个百年”伟大目标中居于全国领先地位，必须实现开放型经济的转型升级。但开放型经济转型升级是一个发展过程，衡量开放型经济是否在逐步转型升级？促进开放型经济转型升级的政策实施效果如何？都必须建立在可操作的评价指标体系之上，并通过建立评价模型，利用可获得的统计数据进行定量评价。而在开放型经济转型升级定量评价的基础上，找出影响开放型经济转型升级的关键要素，则对今后有针对性地进行转型升级战略及政策调整，可以提供重要的决策依据。

一、评价指标体系构建思路

虽然开放强市（何绍华，1998；毛光烈，2008）、开放强国（胡鞍钢，2007；门洪华，2008）、开放型经济强国（裴长洪等，2013）和开放型经济转型升级（见本书第一章第二节国内外研究文献综述）等概念早就被提出和使用，并且，为加快建设开放型经济强国，以开放促改革、促发展、促创新，中共中央、国务院 2015 年 5 月 5 日出台实施了《关于构建开放型经济新体制的若干意见》，但是，对于如何衡量或评价开放强市、开放强国、开放型经济强国或开放型经济转型升级，迄今，却没有看到有人或机构进行界定，或提出、构建详细的评价指标体系，并进行具体的评价。

不过，对“贸易强国”如何界定和评价，国内学者已经进行了多角度的探索，并构建起由不同评价指标构成的评价指标体系（详见本书第一章第二节国内外研究文献综述）。本书将借鉴“贸易强国”评价指标选取和评价指标体系的构建思路，来探索构建走向开放强市目标的“开放型经济转型升级”评价指标体系。

之所以构建“开放型经济转型升级”评价指标体系，而不是直接构建开放强市评价指标体系，是出于以下考虑。首先，开放强市是未来青岛开放型经济发展的具体目标，但是，开放强市的标准是什么？哪个或哪些城市已经是开放强市？迄今，国际上也没有任何人或机构进行界定。其次，衡量青岛市离开放强市差距还有多大？需要在设定“目标”城市的基础上，进行横向比较。尚且不论现在没有国际公认的开放强市目标城市，即使有了“目标”城市，由于统计数据可得性和可比性的困难，也很难直接进行定量化比较。最后，正如本书所分析，从开放大市走向开放强市，必须实现开放型经济的转型升级。也就是说，通过评价青岛开放型经济是否在逐步转型升级？转型升级的速度如何？就可以判定其是否在向开放强市目标接近，以及接近的速度快慢。而且，在评价青岛开放型经济转型升级状况时，由于是时间序列的纵向评价，只需要青岛市的相关统计数据即可，因此，在数据的可得性上较为容易。

二、评价指标选取

开放型经济的转型升级，包含“转型”和“升级”两个方面，二者虽然有着内在联系，但也有着一定的区别。根据党的十八大报告，对经济发展方式由要素驱动型向创新驱动型转变的内涵要求，开放型经济“转型”，主要是指外贸、外资和外经这三大开放型经济领域，由过去的以速度和规模为特征的数量型发展方式，向制度、体制、机制和技术、产品、品牌、交易方式和营销模式等创新基础上的质量和效益型发展方式转变。而开放型经济升级，则主要是指外贸、外资和外经三大领域之间的结构日益均衡和各自内部结构的逐步优化与升级。

根据以上界定，并考虑到指标数据的代表性和可获得性，青岛开放型经济转型升级评价指标体系，由“转型”和“升级”两个一级指标组成。

开放型经济“转型”一级指标，由外贸转型、外资转型和外经转型三个二级指标构成，每个二级指标分别由两个三级指标组成。

其中，外贸转型二级指标下，选取自主品牌出口产品占当年货物出口比重（代表贸易企业技术、产品和品牌出口创新能力）、跨境电商贸易额占货物贸易额比重（代表贸易企业利用新技术进行交易模式创新能力）两个三级指标。外资转型二级指标下，选取 FDI 企业高新技术产品产值占全市比重（代表利用 FDI 的产品创新能力）、FDI 企业 R&D 支出占全市比重（代表 FDI 企业的技术创新能力）

两个三级指标。外经转型二级指标下，选取“交钥匙”合同数占全部合同比重[①]（代表国际工程承包企业的整体创新能力）、研发型 ODI 项目占全部 ODI 项目比重（代表境外 ODI 对国内技术进步的“逆向溢出”能力）两个三级指标。

开放型经济“升级”一级指标，由外贸、外资和外经三大领域之间的结构均衡度、外贸升级、外资升级和外经升级四个二级指标构成。

其中，三大领域结构均衡度二级指标下，选取 FDI 实际使用额占开放型经济比重、工程承包营业额与 ODI 金额占开放型经济比重（代表外贸、外资和外经三大领域之间的及结构均均衡度）两个三级指标。外贸升级二级指标下，选取服务贸易占对外贸易比重（代表对外贸易结构的优化升级状况）、机电和高新技术产品出口占货物出口比重（代表货物贸易内部结构优化升级状况）、对发展中国家贸易额占全市货物贸易额比重（代表贸易市场结构优化升级状况）、民营企业出口占货物贸易出口额比重（代表贸易主体结构优化升级状况）四个三级指标。外资升级二级指标下，选取第三产业实际利用 FDI 占全部 FDI 比重（代表利用 FDI 产业结构优化升级状况）、装备制造业和高技术制造业实际利用 FDI 占第二产业 FDI 比重（代表制造业利用 FDI 结构优化升级状况）两个三级指标[②]。外经升级二级指标下，选取承包发达国家工程项目营业额占全部国际工程承包营业额比重（代表国际工程承包领域的市场结构和技术结构优化升级状况）、生产型 ODI 项目占全部 ODI 项目比重（代表境外 ODI 结构优化升级状况）两个三级指标。

三、评价指标体系构成

表 6-1 列出了所选择的由 16 个三级级指标，7 个二级指标，以及“转型”（T_i）、“升级”（U_i）2 个一级指标（指数）构成的青岛开放型经济评价指标体系——开放型经济转型升级指数（TU_i）。上述评价指标体系是基于目前数据的可得性和数据之间的可比性而选取的最能代表青岛开放型经济外贸、外资和外经三大领域转型升级的部分指标，因此，还存在一定个缺陷。随着今后开放型经济数据的统计越来越全面和完整，其他能更好评价外贸、外资和外经三大开放型经济领域转型升级的指标，如贸易便利化（代表贸易领域的制度创新能力），投

① “交钥匙”国际承包工程合同是指国际承包商负责项目的设计、材料采购、工程施工、设备安装和生产运行的全过程，在项目产品质量合格或项目运行符合要求后，才算完成承包任务，才能交付国外发包商的国际工程承包合同。这种合同对承包商的技术、施工及管理水平和创新能力，有着更高的要求。

② 根据国家统计局的划分，装备制造业包括：金属制品业，通用设备制造业，专用设备制造业，汽车制造业，铁路、船舶、航空航天和其他运输设备制造业，电气机械和器材制造业，计算机、通信和其他电子设备制造业，仪器仪表制造业。高技术产业包括：医药制造业，航空、航天器及设备制造业，电子及通信设备制造业，计算机及办公设备制造业，医疗仪器设备及仪器仪表制造业，信息化学品制造业。

资便利化（代表利用外资和对外投资领域的制度创新能力），现代服务业出口比重（代表服务贸易结构优化升级状况），资源产品、技术进口比重（代表进口对国内产业结构优化升级的作用）等指标充实进去，该评价指标体系就更加完善，能更准确评价青岛市（以及其他城市、省级和国家层面）开放型经济转型升级状况。

表 6-1　青岛开放型经济转型升级评价指标体系

综合指标	一级指标	二级指标	三级指标	指标性质
开放型经济转型升级指数（TU_i）	转型指数（T_i）	外贸转型指数（MT_i）	自主品牌出口产品占货物出口比重（X_{m1}）	正指标
			跨境电商贸易额占货物贸易额比重（X_{m2}）	正指标
		外资转型指数（ZT_i）	FDI 企业高新技术产品产值占全市比重（X_{z1}）	正指标
			FDI 企业 R&D 支出占全市比重（X_{z2}）	正指标
		外经转型指数（JT_i）	“交钥匙”合同数占全部合同比重（X_{j1}）	正指标
			研发型 ODI 项目占全部 ODI 项目比重（X_{j2}）	正指标
	升级指数（U_i）	外贸、外资和外经均衡指数（JH_i）	FDI 实际使用额占开放型经济比重（X_{H1}）	正指标
			工程承包营业额与 ODI 金额占开放型经济比重（X_{H2}）	正指标
		外贸升级指数（MU_i）	服务贸易占对外贸易比重（X_{M1}）	正指标
			机电和高新技术产品出口占货物出口比重（X_{M2}）	正指标
			对发展中国家贸易额占全市货物贸易额比重（X_{M3}）	正指标
			民营企业出口占货物贸易出口额比重（X_{M4}）	正指标
		外资升级指数（ZU_i）	第三产业实际利用 FDI 占全部 FDI 比重（X_{Z1}）	正指标
			装备制造业与高技术制造业实际利用 FDI 占第二产业 FDI 比重（X_{Z2}）	正指标
		外经升级指数（JU_i）	承包发达国家工程项目营业额占全部国际工程承包营业额比重（X_{J1}）	正指标
			生产型 ODI 项目占全部 ODI 项目比重（X_{J2}）	正指标

不过，基于现有评价指标体系，建立评价模型，计算出近年来青岛开放型经济转型升级指数，并通过该指数的变化情况，可以从历史比较和发展的角度，在一定程度上看出青岛开放型经济是否在转型升级？转型升级的发展速度如何？外贸、外资和外经三个领域，哪个领域对青岛市整体开放型经济的贡献更大？这无疑对今后青岛市制定和调整开放型经济转型升级战略及政策措施，具有重要的决策参考价值。

第二节　开放型经济转型升级评价模型

要利用表 6-1 的青岛开放型经济转型升级评价指标体系，来定量计算开放型经济转型升级指数，还必须建立可计算的评价模型，并确定各评价指标的计算权重。

一、评价模型建立

从表 6-1 的 16 个三级指标设置可以看出，所有指标均为无量纲的百分比指标，无需考虑指标之间因计量单位不同而进行转换和标准化处理问题。同时，16 个三级指标均为正指标，性质相同，因此，可以直接进行赋权基础上的加权平均运算。为此，建立以下数学评价模型：

$$\mathrm{TU}_i = W_t \cdot T_i + W_u \cdot U_i \tag{6-1}$$

其中，TU_i 为开放型经济转型升级指数；T_i 和 U_i 分别为转型指数和升级指数；W_t 和 W_u 分别为转型指数和升级指数在开放型经济转型升级指数中所占权重。

$$T_i = W_m \cdot \mathrm{MT}_i + W_z \cdot \mathrm{ZT}_i + W_j \cdot \mathrm{JT}_i \tag{6-2}$$

$$U_i = W_H \cdot \mathrm{JH}_i + W_M \cdot \mathrm{MU}_i + W_Z \cdot \mathrm{ZU}_i + W_J \cdot \mathrm{JU}_i \tag{6-3}$$

式（6-2）中，MT_i、ZT_i 和 JT_i 分别为外贸、外资和外经转型指数；W_m、W_z 和 W_j 分别为外贸、外资和外经转型指数在开放型经济转型指数中所占权重。

式（6-3）中，JH_i 、MU_i 、ZU_i 和 JU_i 分别为外贸、外资和外经结构均衡指数、外贸、外资和外经升级指数；W_H、W_M、W_Z 和 W_J 分别为上述四个升级指数在开放型经济升级指数中所占权重。

式（6-2）中：

$$\mathrm{MT}_i = \sum\nolimits_j W_n \cdot X_{mj} \qquad (j = 1,2,3,\cdots) \tag{6-4}$$

$$\mathrm{ZT}_i = \sum\nolimits_j W_n \cdot X_{zj} \qquad (j = 1,2,3,\cdots) \tag{6-5}$$

$$\mathrm{JT}_i = \sum\nolimits_j W_n \cdot X_{jj} \qquad (j = 1,2,3,\cdots) \tag{6-6}$$

式（6-4）、式（6-5）、式（6-6）中，W_n 为外贸、外资和外经转型指数中各个三级指标所占权重；X_{mj}、X_{zj} 和 X_{jj} 分别为外贸、外资和外经转型指数各构成要素。

式（6-3）中：

$$\mathrm{JH}_i = \sum\nolimits_j W_N \cdot X_{Hj} \qquad (j = 1,2,3,\cdots) \tag{6-7}$$

$$\mathrm{MU}_i = \sum\nolimits_j W_N \cdot X_{Mj} \qquad (j = 1,2,3,\cdots) \tag{6-8}$$

$$\mathrm{ZU}_i = \sum\nolimits_j W_N \cdot X_{Zj} \qquad (j = 1,2,3,\cdots) \tag{6-9}$$

$$\mathrm{JU}_i = \sum\nolimits_j W_N \cdot X_{Jj} \qquad (j = 1,2,3,\cdots) \tag{6-10}$$

式（6-7）、式（6-8）、式（6-9）、式（6-10）中，W_N 分别为外贸、外资和外经升级指数中各个三级指标所占权重；X_{Nj}、X_{Mj}、X_{Zj} 和 X_{Jj} 分别为外贸、外资和外经升级指数各构成要素。

二、指标权重确定

所构建评价数学模型中，各个二级指标和三级指标权重的大小，对转型升级指数的计算结果起着决定性影响。为此，必须科学、合理、客观地确定各个指标的权重大小。

确定指标的权重大小，一般有专家打分法、层次分析法和主客观相结合赋分法等多种方法。专家打分法，由于受专家数量、专家知识水平和专家偏好的影响，所确定各个指标权重难以做到科学性。层次分析法利用统计学原理来分配各个指标所占权重，虽然做到了科学性，但是，对开放型经济转型升级评价而言，却难以做到合理性和客观性。为此，我们选择主客观相结合平均赋分法，来确定各个指标的权重大小。各个评价指标的权重大小见表 6-2。

表 6-2 青岛开放型经济转型升级评价指标权重赋分

综合指标	一级指标	二级指标	三级指标
开放型经济转型升级指数	转型指数 权重：1/2	外贸转型指数 权重：1/3	自主品牌出口产品占货物出口比重 权重：1/2
			跨境电商贸易额占货物贸易额比重 权重：1/2
		外资转型指数 权重：1/3	FDI 企业高新技术产品产值占全市比重 权重：1/2
			FDI 企业 R&D 支出占全市比重 权重：1/2
		外经转型指数 权重：1/3	“交钥匙”合同数占全部合同比重 权重：1/2
			研发型 ODI 项目占全部 ODI 项目比重 权重：1/2
	升级指数 权重：1/2	外贸、外资和外经均衡指数 权重：1/4	FDI 实际使用额占开放型经济比重 权重：1/2
			工程承包营业额与 ODI 金额占开放型经济比重 权重：1/2
		外贸升级指数 权重：1/4	服务贸易占对外贸易比重 权重：1/4
			机电和高新技术产品出口占货物出口比重 权重：1/4
			对发展中国家贸易额占全市货物贸易额比重 权重：1/4
			民营企业出口占货物贸易出口额比重 权重：1/4
		外资升级指数 权重：1/4	第三产业实际利用 FDI 占全部 FDI 比重 权重：1/2
			装备制造业与高技术制造业实际利用 FDI 占第二产业 FDI 比重 权重：1/2
		外经升级指数 权重：1/4	承包发达国家工程项目营业额占全部国际工程承包营业额比重 权重：1/2
			生产型 ODI 项目占全部 ODI 项目比重 权重：1/2

之所以采用这种权重赋分方法，是基于以下考虑：开放型经济包括外贸、外资和外经三大领域，虽然客观实践的表现是，外贸在这三大领域中一直占有绝对大的比重，但更应该考虑到的是，外贸、外资和外经这三大领域之间，在实际运行中的相互联系和影响越来越密切，其中任何一个领域的转型或升级，都会促进或带动其他领域的转型或升级。而且，并没有确凿的经验证据或一致的研究结论证明，在开放型经济中占比重大的外贸领域，其微小幅度的转型升级，就一定能带动开放型经济整体上有较大的转型升级表现，而占比重较小的外资和外经领域的转型升级，对开放型经济整体转型升级的带动或影响，就一定不大。从本书第二章第二节就外贸、外资和外经三大开放型经济领域，对青岛市经济社会发展的贡献分析中，就可以“窥见一斑”。

另外，从应用性和可操作性考虑，平均权重赋分法也有利于政府相关管理职能部门，不必考虑权重变化而简单、便捷地随时跟踪分析开放型经济转型升级效果。不仅可以考察开放型经济转型升级的年度效果及其变化，如果有季度、月度指标统计数据，也可以方便地分析开放型经济转型升级效果的季度和月度动态变化情况。

三、评价时间区间及指标数据来源

青岛开放型经济转型升级政策的出台、落实和实施，主要起步于“十二五”时期。因此，利用上述所建立的评价指标体系和评价模型，对青岛开放型经济转型升级效果及其变化的定量评价时间区间，确定为 2001～2015 年。

评价指标体系所涉及 16 个三级指标中，“FDI 企业高新技术产值占全市比重”、“FDI 企业 R&D 支出占全市比重”“FDI 实际使用额占开放型经济比重”“工程承包营业额与 ODI 金额占开放型经济比重”“服务贸易占对外贸易比重”“机电和高新技术产品出口占货物出口比重”“对发展中国家贸易额占全市货物贸易额比重”“民营企业货物贸易额占货物贸易额比重”“第三产业实际利用 FDI 占全部 FDI 比重”“生产型 ODI 项目占全部 ODI 项目比重”等 10 个指标的原始数据，来自《青岛统计年鉴》（2012～2015 年）、《青岛年鉴》（2012～2015 年）和山东省商务厅 2011～2015 年年度商务统计数据。其余 6 个指标的原始数据，来自对青岛商务局业务处室的年度业务统计数据的调研。2011～2015 年 16 个二级指标数据见表 6-3。

表 6-3　青岛开放型经济评价指标体系 16 个二级指标数据（单位：%）

指标名称	2011 年	2012 年	2013 年	2014 年	2015 年
自主品牌出口产品占货物出口比重	8.5	10.7	13.4	16.3	17.8
跨境电商贸易额占货物贸易额比重	0.01	0.06	0.16	0.32	0.58
FDI 企业高新技术产品产值占全市比重	46.7	47.9	49.4	49.6	50.7
FDI 企业 R&D 支出占全市比重	11.3	13.5	11.0	11.7	12.6
“交钥匙”合同数占全部合同比重	20.3	25.6	27.5	30.9	40.8
研发型 ODI 项目占全部 ODI 项目比重	4.1	6.1	2.2	2.2	3.2
FDI 实际使用额占开放型经济比重	4.35	5.11	5.68	5.92	7.07
工程承包营业额与 ODI 金额占开放型经济比重	1.85	4.71	4.65	4.69	5.24
服务贸易占对外贸易比重	9.0	9.9	10.6	12.9	15.4

续表

指标名称	2011 年	2012 年	2013 年	2014 年	2015 年
机电和高新技术产品出口占货物出口比重	47.0	43.0	42.7	47.5	53.5
对发展中国家贸易额占全市货物贸易额比重	29.4	30.9	32.7	33.2	34.8
民营企业出口占货物贸易出口额比重	33.2	38.8	41.7	45.2	50.3
第三产业实际利用 FDI 占全部 FDI 比重	43.9	44.5	45.7	46.9	47.2
装备制造业与高技术制造业实际利用 FDI 占第二产业 FDI 比重	12.7	14.9	16.1	17.7	19.4
承包发达国家工程项目营业额占全部国际工程承包营业额比重	16.2	15.9	18.0	19.8	23.9
生产型 ODI 项目占全部 ODI 项目比重	23.5	25.6	29.0	29.7	40.0

第三节　开放型经济转型升级效果评价

一、整体转型升级效果评价

根据第二节所建立的青岛开放型经济转型升级评价模型式(6-1)～式(6-10)、所确定指标权重和表 6-3 各指标数据，可以计算出 2011～2015 年青岛开放型经济转型升级综合指数，以及“转型”和“升级”两个一级指标指数（表 6-4）。从表 6-4 中数据变化可以清楚地看出以下几点。

表 6-4　青岛开放型经济转型升级指数

指数	2011 年	2012 年	2013 年	2014 年	2015 年
转型升级指数（TU_i）	0.1770	0.1965	0.2008	0.2140	0.2422
“转型”指数（T_i）	0.1516	0.1780	0.1728	0.1851	0.2094
“升级”指数（U_i）	0.2023	0.2150	0.2288	0.2428	0.2749

首先，整体而言，青岛开放型经济表现出持续转型升级发展趋势，转型升级指数(TU_i)由 2011 年的 0.1770 提高到 2015 年的 0.2422，转型升级幅度提高 36.8%。并且，转型升级幅度在 2013 年出现明显下滑后，2014 年和 2015 年出现持续加快发展态势（表 6-5）。由此可以看出，青岛市已经采取的各项开放型经济转型升级促进政策措施，其效果虽有波动，但整体呈现不断增强之势。

表 6-5 青岛开放型经济转型升级增速（单位：%）

增速	2011 年	2012 年	2013 年	2014 年	2015 年
转型升级增速	—	11.0	2.2	6.6	13.2
转型增速	—	17.4	−2.9	7.1	13.2
升级增速	—	6.3	6.4	6.1	13.1

其次，从转型指数（T_i）和升级指数（U_i）的比较来看，升级指数对青岛整体开放型经济转型升级的贡献率，明显大于转型指数的贡献，二者对青岛开放型经济整体转型升级的贡献率相差 9～15 个百分点（表 6-6）。这说明，青岛开放型经济的整体转型升级，主要是由外贸、外资和外经三大领域之间均衡度的改善，及其内部结构的优化升级来推动实现的。

表 6-6 转型与升级对青岛开放型经济整体转型升级贡献率（单位：%）

贡献率	2011 年	2012 年	2013 年	2014 年	2015 年
转型贡献率	42.8	45.3	43.0	43.2	43.2
升级贡献率	57.2	54.7	57.0	56.8	56.8

最后，纵向比较分析可以发现，由于转型的增速除 2013 年出现下降外，其他年份都高于升级的增幅，转型对青岛市整体开放型经济转型升级的贡献率，2014 年和 2015 年与 2011 年相比均有小幅提升，而升级的贡献率则出现小幅下降（表 6-6）。这说明，虽然转型对青岛市整体开放型经济转型升级的贡献还小于升级的贡献率，但是，转型贡献率的增速要快于升级的贡献率。这也在一定程度上说明，由制度、体制、机制和技术创新“驱动”的开放型经济发展方式转型，在效果显现上的“滞后效应”更加明显。但是，随着“创新”潜在效果的显现，转型对青岛开放型经济整体转型升级的贡献将不断提高。这也从一个侧面印证，持续性“创新”投入在促进开放型经济转型升级中的重要性。

二、“转型”效果评价

进一步从构成转型指数的三级指标分析，外资转型指数（ZT_i）高于外经转型指数（JT_i），更是高于外贸转型指数（MT_i）（表 6-7）。这说明，在促进转型发展的三大力量中，外资转型贡献率最大，外经转型的贡献率次之，外贸转型的贡献最小（表 6-8）。这也反映出，在青岛开放型经济三大领域中，相比较而言，外资领域的转型发展效果最为突出，外经领域的转型发展效果次之，外贸领域的转型发展效果最差。

表 6-7　青岛市外贸、外资和外经转型指数

指数	2011 年	2012 年	2013 年	2014 年	2015 年
转型指数（T_i）	0.1516	0.1780	0.1728	0.1851	0.2094
外贸转型指数（MT_i）	0.0426	0.0538	0.0678	0.0831	0.0919
外资转型指数（ZT_i）	0.2900	0.3070	0.3020	0.3065	0.3165
外经转型指数（JT_i）	0.1220	0.1585	0.1485	0.1655	0.2200

但是，从 2011～2015 年“转型”贡献率增长幅度来看，外资转型贡献率出现大幅下滑，由 2011 年的 63.8%下滑到 2015 年的 50.4%，而外贸和外经转型贡献率则均有明显提升，分别由 2011 年的 9.4%、26.8%，提高到 2015 年的 14.6%、35.0%（表 6-8）。这与 2011～2015 年外贸和外经领域转型发展平均增速大大高于外资领域有关，虽然外贸转型增速出现持续下降；外经转型增速也出现较大波动（表 6-9）。

表 6-8　外贸、外资和外经转型对青岛开放型经济整体转型升级贡献率（单位：%）

贡献率	2011 年	2012 年	2013 年	2014 年	2015 年
外贸转型贡献率	9.4	10.1	13.1	15.0	14.6
外资转型贡献率	63.8	57.5	58.3	55.2	50.4
外经转型贡献率	26.8	32.4	28.6	29.8	35.0

表 6-9　青岛市外贸、外资和外经转型增速

增速	2011 年	2012 年	2013 年	2014 年	2015 年
转型增速	—	17.4	−2.9	7.1	13.1
外贸转型增速	—	26.3	26.0	22.6	10.6
外资转型增速	—	5.9	−1.6	1.5	3.3
外经转型增速	—	29.9	−6.3	11.4	32.9

以上说明，在影响青岛开放型经济转型发展的三大领域中，外资领域贡献最大，但是贡献潜力空间逐渐缩小；外贸领域贡献最小，但是其未来贡献增长潜力

也最大；外经领域的贡献增长最快，且也有较大增长潜力。今后，要进一步加快青岛开放型经济转型发展进程，如何加快外贸转型发展？如何保持外经转型快速发展势头？是政府和企业应重点考虑的关键问题。

三、“升级”效果评价

在构成青岛开放型经济发展升级的四个二级指标中，其升级指数均呈现持续提高趋势（表 6-10）。其中，外贸和外资两个领域的升级指数较高；外经升级指数次之；外贸、外资和外经三大领域结构均衡度指数最低（表 6-11）。这说明，外贸、外资和外经三大领域之间的结构趋于均衡，和各个领域内部结构的改善优化，对 2011～2015 年青岛开放型经济发展的升级均发挥了促进作用。但相比较而言，外贸和外资两个领域，对青岛开放型经济升级的贡献和促进作用较大，外经领域的贡献和促进作用次之，三大领域均衡度的贡献和促进作用还较小。

表 6-10　青岛市外贸、外资和外经升级指数

指数	2011 年	2012 年	2013 年	2014 年	2015 年
升级指数（U_i）	0.2023	0.2150	0.2288	0.2428	0.2749
均衡度指数（JH_i）	0.0310	0.0491	0.0517	0.0531	0.0616
外贸升级指数（MU_i）	0.2965	0.3060	0.3193	0.3470	0.3850
外资升级指数（ZU_i）	0.2830	0.2970	0.3090	0.3230	0.3330
外经升级指数（JU_i）	0.1985	0.2075	0.2350	0.2475	0.3195

表 6-11　外贸、外资和外经升级对青岛开放型经济整体转型升级贡献率（单位：%）

贡献率	2011 年	2012 年	2013 年	2014 年	2015 年
三大领域均衡度贡献率	3.9	5.7	5.6	5.5	5.6
外贸升级贡献率	36.6	35.6	34.9	35.7	35.0
外资升级贡献率	35.0	34.6	33.8	33.3	30.3
外经升级贡献率	24.5	24.1	25.7	25.5	29.1

但是，从四个二级指标对青岛开放型经济升级贡献率的增长幅度比较，2011～2015 年，外贸和外资两个领域的升级贡献率均有所下降，外资升级贡献率的下降幅度更加明显，与 2011 年相比，2015 年下降近 5 个百分点。而三大领域均衡度

和外经升级的贡献率，则均有所提升，其中，外经领域的升级贡献率，2015 年比 2011 年提升 4.6 个百分点（表 6-11）。这显然也与外贸和外资两个领域的升级平均增速低于三大领域均衡度和外经升级的平均增速有关（表 6-12）。

表 6-12　青岛市外贸、外资和外经升级增速

增速	2011 年	2012 年	2013 年	2014 年	2015 年
升级增速	—	6.3	6.4	6.1	13.2
三大领域均衡度增速	—	58.4	5.3	2.7	16.0
外贸升级增速	—	3.2	4.3	8.7	10.9
外资升级增速	—	4.9	4.0	4.5	3.1
外经升级增速	—	4.5	13.3	5.3	29.0

从以上分析可以看出，在影响青岛开放型经济升级的四个二级指标中，外贸和外资两个领域的贡献较大，外经领域的贡献次之，三大领域均衡度的贡献还较小。但是，外贸和外资两个领域的升级贡献率，呈不断降低趋势，尤其是外资领域下降幅度明显，并且升级增速缓慢。外贸领域的升级贡献率虽有所下降，但是升级增速却呈现加快之势，预示着该领域的升级潜力仍然较大。而外经领域和三大领域均衡度的升级贡献率，则呈逐步上升态势，尤其是外经领域提升幅度显著，并且升级增速较快。就开放型经济升级而言，今后如何拓展外资升级的空间？如何发挥外贸升级的潜力？如何保持三大领域均衡度和外经升级增速？是未来青岛市政府和企业政策与行动的着力点。

综合转型和升级效果评价结果可以发现，外资领域，无论对青岛开放型经济转型还是升级的贡献均较高，因而，对青岛开放型经济整体转型升级的贡献率最大。但是，由于其转型和升级的增速放缓，其对青岛开放型经济转型和升级的贡献率，也即对开放型经济转型升级整体的贡献率，出现不断下降态势。外经领域，无论对青岛开放型经济转型还是升级的贡献率，虽然目前仍低于外资领域，但是，三大领域中其贡献率增长最快，因而，其对青岛开放型经济整体转型升级进程不断加快的贡献也就最大。而外贸领域，对青岛开放型经济转型和升级贡献，表现出明显不同的效果，在三大领域中，其对转型的贡献最小，而对升级的贡献最大。另外，三大领域的结构均衡度，目前对青岛开放型经济升级的贡献，虽然有所提升但仍然处于较低水平。

在结合前文对于青岛开放型经济整体转型升级效果的评价结果，我们就可较为清晰地描绘出，未来青岛市走向开放强市，加快开放型经济转型升级的行动“路线图”。

首先，继续加大对制度、体制、机制和技术、产品、管理、品牌、商业模式等方面的“创新”投入，促进外贸、外资和外经三大领域发展方式的加速转型，以提高转型对青岛开放型经济转型升级的整体贡献率。

其次，在保持外经领域转型快速发展的同时，应遏制外贸和外资领域，尤其是外贸领域转型增速持续大幅下滑趋势，加速外贸领域的发展方式转型，更快提高其对青岛开放型经济转型的贡献率。

最后，采取更加有效政策措施，切实加快利用外资、国际工程承包和境外投资发展，加速改善外贸、外资和外经三大领域的结构不均衡状况，进一步提高三大领域结构均衡度与外资和外经内部结构优化升级，对青岛开放型经济升级的贡献率。

第四节　开放型经济转型升级影响因素实证检验

前文利用外贸、外资和外经三大开放型经济领域，所实际完成和实现的 16 个三级指标，以及所建立评价模型，对 2011～2015 年青岛开放型经济转型升级效果，进行了定量测算和评价，得出青岛开放型经济已呈现出持续转型升级发展趋势。这也就说明，青岛市已经在从开放大市逐步向开放强市迈进。

为进一步加快这一转型升级进程，推动青岛市从开放大市加速走向开放强市，调整、优化和完善现有政策措施，制定、出台和实施新的政策措施，就成为必然选择。而有效的政策措施和政策措施的有效实施，都必须建立在对影响青岛开放型经济转型升级关键要素，进行准确分析和识别的基础上。为此，本节采用实证研究方法，基于第三节转型升级效果评价结果，对影响青岛开放型经济转型升级的关键要素，进行分析和识别。

一、影响要素选择与数据来源

本书第四章第二节，就走向开放强市目标，青岛开放型经济发展实现转型升级，所必须具备的基础条件，进行了系统、全面的阐述和分析，认为“持续优化升级的产业基础”“适应高层次开放型经济的管理体制与机制”“适应复杂多变国际市场的企业决策与行为能力”“不断提高的人力资本水平”“日益便利的国际营商环境”“不断增强的国际市场需求创新能力”等，是青岛开放型经济实现持续转型升级应具备的六项基础条件。这些基础条件，影响并决定着青岛开放型经济实现持续转型升级进程的速度快慢。因此，这些基础条件也就是关键影响要素。

在上述六项关键影响要素中，除“适应复杂多变国际市场的企业决策与行为能力”和“不断增强的国际市场需求创新能力”是“企业微观要素”外，其他四项均为“宏观要素”。由于“适应复杂多变国际市场的企业决策与行为能力”这一关键要素目前尚无具体指标来进行定量描述，也找不到合适代理变量，下面的实证分析只好“暂时”不考虑这一要素。

（1）“持续优化升级的产业基础”要素，简称为“产业结构升级”要素，用“IU”表示。衡量产业升级的方法有多种。国外关于产业升级的测度方法比较完备，如霍夫曼系数、钱纳里标准结构方法等，但这些方法需要有几十甚至上百年口径统一的统计数据来支持，山东省产业升级的数据并不能支持这些统计方法。近年来，国内学者也提出多种测度产业结构升级的方法，主要包括：用第三产业占 GDP 的比重衡量（陈静，2003）；用非农化水平来表示（靖学青，2008；王英，2010）；用产业结构层次系数来衡量（肖丹，2012；江东，2010；杨建清等，2013）；从产业分类角度出发，赋予第一、第二、第三产业不同权重，然后乘以各自占 GDP 比重来测量（徐德云，2008；谭延明，2011）；构建产业结构升级指标体系来衡量（程如轩等，2001）。这些指标有的比较简单，如第三产业占比和非农化水平，有的指标有人为确定的权重系数，如产业结构层次法。

为更加客观衡量山东产业结构升级水平，本书借鉴周昌林等（2007）、李逢春（2012）测度产业升级的方法。他们认为产业结构的优化升级，是伴随着分工和专业化的深入而进行的，劳动生产率的提高是分工和专业化不断变化的结果。因此，产业结构升级水平，就可以用各产业劳动生产率和各产业增加值占 GDP 的比重乘积之和来表示，用公式表达为

$$\text{IU}=\sum_{i=1}^{3}L_i\cdot P_i \quad (i=1,2,3) \tag{6-11}$$

其中，IU 为产业结构升级指数；L_i 为各产业的劳动生产率，用各产业增加值除以各产业就业人数来表示，为了避免产业内高低生产率的差异，在计算中对劳动生产率作开方处理。P_i 为各产业增加值占 GDP 的比重，调整后的公式为

$$\text{IU}=\sum_{i=1}^{3}\sqrt{L_i}\cdot P_i \quad (i=1,2,3) \tag{6-12}$$

根据《青岛统计年鉴 2015》和《2015 年青岛市国民经济与社会发展统计公报》发布统计数据计算出的 2011～2015 年三次产业的 L_i 和 P_i 值见表 6-13。

表 6-13 2011～2015 年青岛市各产业劳动生产率及占 GDP 比重变化

年份	三次产业劳动生产率（L_i）/（万元/人）			三次产业比重（P_i）/%		
	L_1	L_2	L_3	P_1	P_2	P_3
2011	1.2979	9.0525	5.4035	4.6	47.6	47.8
2012	1.4045	9.4509	5.8222	4.4	56.6	49.0
2013	1.5786	10.2549	7.0658	4.3	45.6	50.1
2014	1.7967	10.9981	8.3404	4.0	44.8	51.2
2015	1.9749	11.4625	9.3390	3.9	43.3	52.8

资料来源：根据《青岛统计年鉴 2015》和《2015 年青岛市国民经济与社会发展统计公报》数据计算

根据式（6-12），可以计算出青岛市 2011～2015 年的产业结构升级指数（表 6-14）。

（2）“适应高层次开放型经济的管理体制与机制”要素。由于开放型经济体制和机制由开放型经济制度所决定，这一要素简称为“制度环境”要素，以“IE”表示。用“非国有经济”增加值占青岛市 GDP 比重来衡量（朱启荣和言英杰，2012）。

（3）“逐步提高的人力资本水平”要素，简称为“人力资本水平”要素，以“HC”表示。用青岛市“普通高校毕业生人数”来衡量。

（4）“日益便利的国际营商环境”要素，简称“营商环境”要素，以“DB”表示。用世界银行“营商环境报告”中，“中国营商环境综合排名”来衡量。

（5）“不断增强的国际市场需求创新能力”，简称为“市场需求创新”要素，以“MC”表示。用青岛市“企业新产品销售额比重”来衡量。

上述影响要素的指标值见表 6-14。

表 6-14 青岛开放型经济转型升级各影响要素指标值

项目	2011 年	2012 年	2013 年	2014 年	2015 年
产业结构升级指数（IU）	260.07	266.74	282.61	297.84	308.35
制度环境指数（IE）/%	76.6	78.3	78.4	79.0	82.3
人力资本水平指数（HC）/万人	7.95	7.98	7.90	7.75	8.00
营商环境指数（DB）	79	91	91	90	83
市场需求创新指数（MC）/%	29.3	27.0	27.2	28.0	29.7

二、模型建立及实证检验

以开放型经济转型升级指数（TU）为因变量，产业结构升级指数（IU）、制度环境指数（IE）、人力资本水平指数（HC）、营商环境指数（DB）和市场需求创新指数（MC）等为自变量，构建实证分析模型：

$$\mathrm{TU} = \beta_0 + \beta_1\mathrm{IU} + \beta_2\mathrm{IE} + \beta_3\mathrm{HC} + \beta_4\mathrm{DB} + \beta_5\mathrm{MC} + \varepsilon \tag{6-13}$$

为了避免非平稳变量导致伪回归问题，对上式两边分别取对数后变为

$$\ln\mathrm{TU} = \beta_0 + \beta_1\ln\mathrm{IU} + \beta_2\ln\mathrm{IE} + \beta_3\ln\mathrm{HC} + \beta_4\ln\mathrm{DB} + \beta_5\ln\mathrm{MC} + \varepsilon \tag{6-14}$$

式（6-13）、式（6-14）中，β_0 为常数项；β_1～β_5 为各变量对于“开放型经济转型升级”影响的弹性系数；ε 为回归的残差项。对上述变量进行单位根检验，IU 和 MC 通过了 5%的显著性检验，IE、HC 和 DB 通过了 1%的显著性检验，说明各变量是平稳的，可以进行协整关系检验。进一步采用 EViews 6.0 软件进行 Johnson 协整检验，数据之间存在两两协整关系，说明各变量之间存在着长期稳定的协整关系，可以直接进行回归分析。回归结果如下。

采用最小二乘法（ordinary least square，OLS）和 2011～2015 年自变量与因变量时间序列数据，对式（6-14）进行回归，得到表 6-15 的估计结果。

表 6-15　各关键要素对青岛开放型经济转型升级影响的估计结果

截距参数	IU	IE	HC	DB	MC	调整后的 R^2	D.W.
0.975 （1.381）	0.397 （1.981*）	0.338 （3.298**）	0.285 （4.576**）	0.172 （2.847**）	0.185 （1.847*）	0.985	1.97

注：括号内是 T 统计量

*、**表示统计检验值分别达到 5%和 1%显著性水平

从回归估计结果中可以看出，回归系数的 T 统计量为 1.847～4.576，分别通过了 1%和 5%的显著性检验，调整后 R^2 系数为 0.985，模型的拟合效果很好。查阅 Durbin-Watson 检验表，可知当显著性水平 α=1%时（n=11，k=2），d_l=0.519，d_u=1.297。当 α=5%时（n=10，k=1），d_l = 0.879，d_u =1.320，而 d_u < D.W. =1.97 <4 – d_l，模型已较好地通过了序列自相关检验。

三、实证结果分析

从表 6-15 的回归结果可以得出结论，2011～2015 年，产业结构升级、制度环境、人力资本水平、营商环境和市场需求创新等要素每提高 1%，会带动青岛开放型经济转型升级分别提高 0.397%、0.338%、0.285%、0.172%和 0.185%。这说明上述五个要素均对青岛开放型经济转型升级有积极影响。其中产业结构升级、制

度环境和人力资本水平三个要素对过去五年青岛开放型经济转型升级的促进作用较为显著，而营商环境和市场需求创新两个要素的促进作用，则相对较低。换句话说，2011 年以来，青岛开放型经济发展的持续转型升级，主要是通过内部产业结构升级、制度环境改善和人力资本水平提升，来带动实现的。营商环境改善和市场需求创新，对青岛开放型经济转型升级的促进作用，尚未得到有效发挥。

这一实证分析结果所具有的重要意义在于，今后在继续推动该内部产业机构升级、优化对外开放制度环境和提高人力资本水平的同时，应通过建立开放型经济管理新体制，迅速提升贸易和投资便利化水平；进一步加大对企业技术、产品、管理、品牌和商业模式等供给侧改革和创新的支持力度，以大幅度改善营商环境、提升企业创造市场新需求、升级市场需求结构的能力，进而提高“营商环境”和“市场需求创新”要素，对今后青岛开放型经济转型升级的贡献度。

第七章　走向开放强市的战略及对策——青岛开放型经济转型升级战略

第一节　开放型经济转型升级战略内容

未来复杂多变的世界政治经济形势，虽然使青岛开放型经济转型升级，从开放大市走向开放强市，会面临不少的困难和国内外竞争压力。但是，正如《青岛市国民经济和社会发展第十三个五年规划》中所指出，国际和平与发展的时代主题没有变、我国发展仍处于可以大有作为的重要战略机遇期。在这一大背景下，青岛面临四大机遇：一是海洋强国战略的实施，为青岛市发展海洋经济，建设国内海洋强市和国际先进的海洋发展中心提供了广阔空间。二是“一带一路”和“自贸区”战略的深入实施，为青岛市更高水平开放，建设新亚欧大陆桥陆海口岸支点、中日韩深度合作“核心”城市和财富管理特色的金融改革发展示范区，提供了有力支撑。三是创新驱动战略的实施，为青岛市建设“创新之城、创业之都、创客之岛”，打造区域性创新中心提供了重大机遇。四是新型城镇化战略的实施，为青岛市深化全域统筹战略，集聚人力资源，推进重大基础设施建设，构建海湾型国际大都市区提供了强大动力。因此，应抓住这一重要战略机遇期，实施开放型经济转型升级战略。

一、战略定位

正如本书第五章第一节所言，一个城市（或地方）的开放型经济发展，既要服从于国家开放型经济总体战略部署，同时又要服务于该城市（或地区）经济社会发展整体规划发展目标。根据《中共中央国务院关于构建开放型经济新体制的若干意见》和《中国国民经济与社会发展第十三个五年规划纲要》中所提出的建设开放型经济强国、构建全方位开放新格局的总体部署，以及《青岛市国民经济和社会发展第十三个五年规划》所提出的“率先全面建成较高水平小康社会、进而向基本实现现代化目标迈进”和“打造国家东部沿海重要的创新中心、国内重要的区域性服务中心和国际先进的海洋发展中心”的具体目标要求，青岛市未来开放型经济转型升级新战略应定位为：以“创新、协调、绿色、开放、共享”发展新理念为指导，以“一带一路”重大战略部署为重点，以服务于全市经济社会发展总体规划目标实现为目的，以开放促改革、促发展、促创新，全面参与国际分工和国际市场竞争，努力提升在全球价值链国际分工地位，全面提高开放型经济各领域对城市经济发展和社会进步的贡献度，全面增强青岛市在国家和区域经济社会发展中的地位和国际影响力。

二、战略内涵

基于以上战略定位，青岛开放型经济转型升级战略应被赋予新的内涵。这一新内涵，概括而言，就是从过去的数量、规模、速度为特征的要素驱动型开放型经济方式，走向质量效益提升、结构优化升级为特征的创新驱动型开放型经济发展方式。青岛市未来开放型经济转型升级发展，应以显著提高对外开放的经济、技术、社会、文化、人口、资源与环境等方面的综合效益为着力点，更加主动、积极地利用国际、国内“两种资源、两个市场”，提升各类要素资源的配置和利用效率，在更高层次上获取更加综合的国际分工利益。具体来说，应加快转变对外贸易发展方式，优化升级对外贸易结构；强化利用外资质量、层次和水平，提高利用外资的资源、技术、产业和规模效应；更积极主动地参与区域贸易、投资、金融、产业与技术合作，大力推进 ODI 进程，重点培育一批具有自主知识产权、较强国际市场竞争力的本土知名跨国公司；积极推进国际经济技术合作从工程项目承包、劳务输出等向研发、文化、教育、医疗卫生等更广泛领域扩展，以获取更加广泛的对外开放利益。

三、战略目标

（一）战略总目标

到“十三五”末，青岛开放型经济总规模，位居副省级城市和计划单列市前三位，在东亚地区同等规模城市中，开放型经济综合竞争力位居前列；开放型经济各领域对青岛市经济社会发展的贡献度明显提升，外贸、外资和外经三大领域之间均衡度显著改善、各领域内部结构显著优化；跨国经营企业和跨国公司数量成倍增加，在某些领域和某些产业，培育形成多个“青岛模式”和“青岛样本”；初步具备开放强市的基本特征。

（二）战略分目标

（1）对外贸易：青岛市总体对外贸易年均增速，在副省级和计划单列市中位居前列。服务贸易在总贸易中的比重持续提高，到“十三五”末，该比重在副省级城市中位居前列。货物贸易顺差和服务贸易逆差逐步缩小，到“十三五”末，实现进出口贸易（包括货物和服务贸易）的基本平衡。对外贸易创新能力明显增强、贸易结构显著优化，到“十三五”末，机电产品和高新技术产品出口比重，达到或超过全国平均水平；自主品牌产品出口比重达到或超过 50%；跨境电商交易额占对外贸易比重，达到或超过 30%；对“一带一路”沿线国家和“自贸区”国家贸易额所占比重，超过全国平均水平。“互联网+贸易”商务模式得到普及应用，国际营销网络体系基本建立，企业品牌知名度和品牌价值明显提升。

（2）利用外资：利用外资增速和规模，持续在副省级城市和计划单列市中保持领先地位；利用外资行业与产业结构，与青岛市行业发展与产业规划布局，呈现显著一致性。利用外资产业结构持续优化升级、质量和水平稳步提高，到“十三五”末，青岛市服务业利用 FDI 所占比重，超过全国平均水平，并在同类城市中居于领先地位；高端制造业和战略性新兴产业 FDI 所占比重，达到或超过 50%；驻青跨国公司地区总部或运营中心数量明显增加；外资企业对于全市就业、税收和科技进步的贡献稳步提高。

（3）境外投资：境外直接投资保持快速、健康发展，逐步成为带动货物、服务和技术设备出口、开发国内稀缺资源和能源、转移国内过剩产能和技术、促进国内产业结构优化升级和开放型经济转型升级的主导力量。“十三五”期间，境外直接投资年均增速位居副省级城市和计划单列市前列；境外 ODI 生产型项目所占比重超过 50%，研发类项目所占比重达到或超过 10%，在发达国家 ODI 投资项目所占比重有显著提高；投资建设并运行的境外工商中心和境外经贸合作区分别达到十个以上。境外 ODI 企业或项目的资产规模稳步扩大、盈利能力持续提升。

（4）对外工程承包与劳务合作：以提高国际工程承包、设计咨询项目的规模与技术水平、提升国际劳务合作层次为战略重点，使越来越多从事国际经济合作的各类企业，通过兼并重组、战略联盟等形式，参与发达国家以及新兴经济体市场各种大型基础设施项目的设计咨询、工程承包与市场开发，保持对外工程承包和劳务合作营业额增速在同类城中的领先地位。到“十三五”末，争取新增 2～3 家对外工程承包企业进入世界 250 家最大国际承包商行列；在“一带一路”沿线国家和在发达国家承包工程，完成营业额所占比重得到大幅提升。

第二节　开放型经济转型升级战略实施对策

开放型经济转型升级新战略目标的实现，要求必须采取一系列相配套的政策措施。本节根据第五章第二节对开放型经济转型升级条件的理论阐述，以及第六章第四节对开放型经济转型升级影响要素的实证结果，提出推进实施青岛开放型经济转型升级战略应采取的九大对策。

一、加快供给侧结构性改革，为转型升级奠定坚实的产业基础

第五章第二节的理论分析认为，内部产业发展方式的转型和结构的优化升级，是开放型经济转型升级的产业基础，第六章第四节对2011～2015年，青岛开放型经济转型升级影响要素的实证分析，也得出产业结构升级对这一时期青岛开放型经济转型升级贡献最大的结论。

我国《国民经济和社会发展第十三个五年规划纲要》指出，“十三五”时期是全面建成小康社会决胜阶段。我国经济发展进入新常态，向形态更高级、分工更优化、结构更合理阶段演化的趋势更加明显。但同时，发展方式粗放，不平衡、不协调、不可持续问题仍然突出，经济增速换挡、结构调整阵痛、动能转换困难相互交织，面临稳增长、调结构、防风险、惠民生等多重挑战。因此必须“准确把握国内外发展环境和条件的深刻变化，积极适应把握引领经济发展新常态”，必须“以供给侧结构性改革为主线，扩大有效供给，满足有效需求，加快形成引领经济发展新常态的体制机制和发展方式”。

为此，青岛市政府应在充分认识到开放型经济转型升级、建设开放强市任务复杂性、艰巨性、渐进性和长期性特点的基础上，以“世界眼光、国际标准”加快优化青岛产业规划和空间布局，不断提升要素禀赋结构、培育动态比较优势，并通过扩大参与国际分工转化为国际竞争优势。应抓住山东半岛“蓝黄”两区建设和“中-韩自贸区”签署实施、“中-日-韩自贸区”及“区域经济伙伴关系协定”（regional comprehensive economic partnership，RCEP）谈判的良好机遇，将中国“蓝色硅谷”、青岛西海岸新区、财富管理金融综合改革试验区和山东半岛国家自主创新示范区等四大国家战略平台，作为创新发展、推动供给侧改革的重要支撑。

应积极对接国家“十三五”规划纲要重点领域改革，大胆先行先试。争创自由贸易港区、军民融合创新示范区、临空经济示范区和邮轮旅游发展实验区，深入推进跨境电商综合试验区、国内贸易流通体制改革发展综合试点和旅游业改革创新先行区建设。以尚具比较优势的机电产业、高新技术产业为基础，以具有潜

在比较优势的“战略性新兴产业”“海洋产业”“现代服务业”为培植重点，分阶段、有步骤地坚决淘汰、转移（包括向国内中西部地区转移和向其他发展中经济体转移两个方向）已失去比较优势的产业、产能和技术。同时，努力培育迈向高端的产业体系，以信息化、服务化、融合化、绿色化引领产业向中高端迈进，以智能制造为主攻方向，打造国内重要的互联网工业强市。加快建设高速、移动、安全的新一代信息基础设施，推动数据共享开放和开发应用，培育大数据产业等。以为开放型经济发展转型升级奠定良好的产业基础。

二、通过制度体制机制创新，建立开放型经济新型管理体制

正如第五章第二节的理论分析所言，高层次开放型经济需要有相适应的高水平管理体制和机制。第六章第四节的实证分析也证明，制度体制环境对青岛开放型经济转型升级的作用仅次于产业升级。根据美国、日本及亚洲“四小龙”的成功经验做法，开放型经济转型升级目标的实现，离不开政府的积极引导，而政府引导的效果如何，则很大程度上与政府采取的开放型经济制度和管理体制，是否与开放型经济转型升级目标要求相适应有关。在国际分工深化拓展所导致的生产国际化、经济全球化程度日益增强的趋势下，外贸、外资和外经活动，逐步由过去的相互独立走向深度融合，外贸的发展不断在为外资、外经等带来新的机会，同样，外资、外经领域的快速发展也在直接或间接地为外贸创造和拓展市场。而且，不断涌现的企业之间、国家之间、区域之间的新型国际经济合作方式，越来越多地体现出多种国际商务方式的综合。例如，方兴未艾的自由贸易区，传统上仅限于货物贸易领域，但近年来各国所签署的现代“自易区”协议，虽然协议的名称还叫“自贸区”协议，但是协议的内容却发生实质性变化，不仅已扩展到“服务贸易”领域，还包括贸易便利化、投资、工程、技术和劳务合作，甚至文化合作、环境合作以及信息合作等内容。再如，青岛市有越来越多的企业已从过去从事单一的货物进出口、利用外资、对外投资、对外工程承包、劳务合作或承接服务外包业务，在逐步向融贸易、投资、工程承包和技术合作、服务外包等业务员于一体的、真正意义上的全领域国际商务活动发展。在此过程中，企业的经营范围不断拓展、产品结构不断得到优化升级，企业技术创新能力、价值创造能力、品牌国际影响力和盈利能力也在逐步提高。海尔、海信、青啤、双星以及金王、即发等企业（集团）即是典型案例。因此，现有的以业务性质不同来设置管理和服务职能部门的政府开放型经济制度和管理体制，越来越不能适应开放型经济向更高层次转型升级发展的需要，必须及时进行改革和调整。

改革和调整的基本方向是：打破政府（商务局）现有按照业务性质设置职能

部门的组织机构框架，按地区重新设置管理机构和业务职能。即按照地理区位，并结合民族、宗教、语言、文化和消费习惯，来设置政府开放型经济管理机构，如欧洲（事务）处、亚洲（事务）处、非洲（事务）处等。这种管理体制的合理之处在于：由于受宗教、语言和文化影响，同一区域内的各国之间在市场需求结构和消费习惯上，往往存在较大的相似性，而不同区域市场之间却又表现出明显的差异性。因此，按照地理区位分布来设置开放型经济管理机构，能够切实根据不同地区市场供求特点，来有针对性地制定外贸、外资和外经发展的政策措施，实现实质上的开放型经济各领域的融合发展，同时充分发挥外贸、外资和外经各领域等开放型经济转型升级的推动作用。在目前国家、山东省现有开放型经济管理体制尚未进行全面改革和调整，青岛市自己大幅度改革和调整现有管理体制存在制约和困难的情况下，建议抓住“中-韩自贸区”签署实施和“中-日-韩自贸区”谈判加速的有利时机，在青岛市商务局内新设立“东（北）亚处”，进行管理体制改革试点。通过内部工作人员和业务职能调整，将现有外贸、外资和外经等各业务主管处室中，涉及日本、韩国（包括俄罗斯、朝鲜）的业务全部划归该处负责，由该处统筹管理青岛市与“东（北）亚”地区各国之间的全部国际商务活动。通过试点积累经验、发现问题，待条件成熟后，不失时机地进行全面改革。

三、通过提高企业行为能力，创造和引领国际市场需求

尽管由于无具体指标来进行定量描述，也找不到合适代理变量，本书第六章第四节没能就“企业决策与行为能力”对开放型经济转型升级的影响大小，进行实证检验。但是，从第五章第二节的理论分析和经验总结可以看出，企业“企业决策与行为能力”不足和不强，的确在很大程度上阻碍了过去青岛开放型经济转型升级进程。因此，企业决策和行为能力的提升，应成为开放型经济转型升级新战略实施对策的重中之重。因为，归根结底，企业是市场经济下开放型经济转型升级的主体，任何政策措施都必须通过企业的决策和经营行为来实现，企业决策和行为能力强，则会是政策效果达到甚至超过预期，反之则会大降低政策绩效，甚至出现与预期相反的结果，从而减缓开放型经济转型升级进程。

提高企业行为能力。一方面要靠改善企业外部环境，降低市场交易成本，这是政府应该履行的职能；另一方面要靠企业内部提高自身创新和创造力，在技术、标准、产品、品牌、管理和营销模式上，持续推陈出新，创造并引领市场需求。这是企业在国际市场竞争中生存、发展和壮大的内在动力。本书仅从政府如何改善企业外部环境角度，提出建设性对策。

按照市场经济发展规律要求，政府除应为各类国际化经营企业提供不断完善

的基础设施，建立公平、公正、公开、透明的市场制度外，有责任和义务建立统一的国际市场供求、价格和商务法律信息等公共服务平台，降低因信息不完全、信息不对称而给企业带来的决策困难和决策失误；依托现有产业集聚区和各类开发区，培育一批具有自主品牌、自主知识产权的外贸、外资转型升级示范基地；针对中小型企业国际化经营经验缺乏、风险承担能力小的特点，通过在境外国家建立工商中心、经贸合作区等方式，支持更多的企业走出去“抱团”发展；对中小型企业建立国际营销网路、品牌推广、产品国外认证、质量安全体系建设和制定行业标准等给予专门扶持；健全和完善投资合作、知识产权、环境与气候、贸易调查、贸易救济、贸易促进、信用管理等相关法律法规；制订实施高层次开放型经济经营管理人才培养培训规划和支持政策等。尤其是，政府应通过制度、体制和机制创新，采用先打互联网信息技术，大幅度提升贸易和投资便利化水平。

四、通过引入高端国内外教育资源，提升人力资本水平增强创新能力

如同传统要素驱动增长模式下，开放型经济的规模扩张和增速提高，需要具备丰富的自然资本和物质资本一样，创新驱动发展模式下，开放型经济的转型升级，需要具备丰富和水平不断提高的人力资本。但与自然资本和物质资本的“有形”属性，以及边际报酬递减（即随着资本被利用其所带来的收益不断减少）特征不同，人力资本是“无形”的且具有边际报酬递增的特性，即随着人力资本的被使用，其所带来的收益不仅不会减少，反而会逐渐增加。因此，加大对人力资本的投资、不断积累和提高人力资本水平，将在提高创新驱动发展能力，推进开放型经济的转型升级的同时，提高投资的长期收益率。由于人力资本蕴藏于人的身体中，其数量结构和质量水平与人才的数量结构和质量水平成正比。为此，优化人力资本结构、提升人力资本水平和增强创新发展能力，必须首先优化人才结构、提高人才培养质量和水平。而人才结构的优化、人才培养质量和水平的提升，则要求不断优化教育培训领域的资源配置，培育并引入高端国内外优质教育培训资源。

为推进《青岛市国民经济与社会发展第十三个五年规划》目标的实现，贯彻落实创新驱动战略，大力融合集聚科技资源、教育资源、人才资源，提高人力资本水平、提升创新能力，厚植发展优势，为建设创新型城市、加快开放型经济转型升级提供人才支撑和智力支持，在青岛市 2016 年 3 月 2 日出台的《关于加快引进优质高等教育资源的意见》中提出，到 2020 年，在青高等教育机构（含军事院校）总数由目前的 25 所增加至 50 所以上。引进高校研究院、研究生院、国际化人才基地、技术转移中心等机构 20 所以上；研究生数量在现有基础上翻一番，在校生数量和高校

数量位居计划单列市首位，在副省级城市中处于上游水平；建成一批在国内外有重要影响力的高水平大学，使青岛成为充满活力的创新高地和人才高地。同时，“十三五”期间, 青岛市还要重点引进海洋开发、新一代信息技术、新能源、新材料、节能环保、高端装备制造、生物医药、新能源汽车、轨道交通、船舶海洋工程、航空经济以及文化影视传媒、商学、财富金融管理等领域的学科专业。相信这一《意见》的有效实施，将会对提高青岛市人力资本水平和创新发展能力，起到重大促进作用。

但应该考虑到，开放型经济转型升级所需人才和人力资本，尤其是国际化经营企业所需人才和人力资本，更加注重的是实战经验和实践能力。这样的人才和人力资本，单纯依靠高等教育机构难以培养出来。因此，在关注高等教育机构培养开放型经济转型升级所需人才和人力资本的同时，更应该重视企业内部的在职培养和培训。应制定开放型经济转型升级所需各类专门人才的在职培养、培训政策措施，强化对国际化经营企业在职人才培训和人力资本投资的补贴或税收减免支持力度；提高政府对国际化经营企业引进技术研发、新产品设计、营销创新、品牌推广、商务策划、商务谈判等创新型国内外人才的政策性补贴。鼓励更多企业把在职人才，输送到国内外跨国公司进行实习和实训，以提高本企业人才和人力资本的“实用性”。同时，还应充分发挥社会“智库”在国际商务发展重大问题及决策上的参与和咨询作用。

五、通过提升贸易投资便利化水平，大幅改善营商环境

第六章第四节的实证分析结果显示，营商环境对 2011～2015 年青岛开放型经济转型升级的促进作用，在五个影响要素中最小。这一方面说明，由于我国整体营商环境不佳且改善幅度不大，在很大程度上减缓了过去几年青岛开放型经济转型升级的速度；另一方面也预示着，如果采取有效措施，通过提升贸易和投资便利化水平，大幅改善营商环境，将会加快今后青岛开放型经济转型升级增速和进程。

从表 5-2 世界银行发布的历年《全球营商环境报告》中，中国的营商环境便利度综合排名及十个分项指标的排名变化可以看出，虽然中国的营商环境便利度综合排名，在全球 189 个经济体中，由 2007 年的第 93 名上升到 2016 年的第 8 名，但是，在“开办企业”“办理施工许可”“获得电力”“登记财产”“保护少数投资者”“跨境贸易”等六项指标上的排名均有不同程度下滑，分别从 2007 年的第 128、第 153、第 78、第 21、第 83 和第 38 名，下滑到 2016 年的第 136、第 176、第 92、第 43、第 134 和第 96 名，其中“保护少数投资者”和“跨境贸易”两个指标的便利度排名下滑幅度最大，分别下滑 51 名和 58 名。只是在“获得信贷”“纳税”“执行合同”“办理破产”四个指标上，中国的排名有所上升，

分别从2007年的第101、第168、第63和第75名，上升到2016年的第79、第132、第7和第56名，其中，在“执行合同”指标上的便利度排名上升幅度最大，上升了56名（表5-2）。

在营商环境排名靠前的11个经济体中，除发达国家外，就是实现开放型经济转型升级较为成功的亚洲“四小龙”新加坡、韩国、中国香港和中国台湾（由此，也可以判断出营商环境在促进开放型经济发展和转型升级中的重要作用）。与排名前11位的经济体相比，中国除在“执行合同”一项指标上的便利度较高外，其他指标上的便利度都还有巨大差距（表7-1）。

表7-1　中国与部分经济体2016年营商环境便利度排名对比

经济体	营商环境便利度	开办企业	办理施工许可	获得电力	登记财产	获得信贷	保护少数投资者	纳税	跨境贸易	执行合同	办理破产
中国	84	136	176	92	43	79	134	132	96	7	56
新加坡	1	10	1	6	17	19	1	5	41	1	27
新西兰	2	1	3	31	1	1	1	22	55	15	31
丹麦	3	29	5	12	9	28	20	12	1	37	9
韩国	4	23	28	1	40	42	8	29	31	2	4
中国香港	5	4	7	9	59	19	1	4	47	22	26
英国	6	17	23	15	45	19	4	15	38	33	13
美国	7	49	33	44	32	4	35	53	34	21	5
瑞典	8	16	19	7	11	70	14	37	17	24	19
挪威	9	24	26	18	13	70	14	14	45	8	6
芬兰	10	33	27	16	20	42	66	17	32	30	1
中国台湾	11	22	6	2	18	59	25	39	65	16	21

资料来源: World Bank Group. Doing Business Report 2016. Http://www.doingbusiness.org/reports/global-reports[2016-04-28]

由此可见，中国在改善营商环境以促进开放型经济转型升级上，还有大量的制度、体质和机制的改革与创新工作要做，营商环境改善的空间和潜力还十分巨大。在资源、环境和人力成本不断攀升，人民币汇率持续升值，导致生产、贸易和投资成本大幅提升、利润大幅下滑的背景下，青岛市政府相关职能部门，通过管理制度、体制和机制的改革创新，迅速提升贸易与投资便利化水平，对于迅速改善营商环境，降低贸易、投资和生产运营成本，进而提高贸易、投资和生产经营效率，加快开放型经济转型升级进程，无疑具有重要的现实意义。

以 WTO《贸易便利化协定》（*Trade Facilitation Agreement*）签署后（中国于2015 年 9 月 4 日接受该协定），在成员国大力推进的贸易便利化为例，根据 WTO 测算，该协定经 2/3 成员方接受有效实施后，将使发达国家贸易成本降低 10%，发展中国家成本降低 13%～15.5%。该协定实施最高可使发展中国家出口每年增长 9.9%（约 5690 亿美元），发达国家增长 4.5%（约 4750 亿美元），带动全球 GDP 增长 0.5%（约 9600 亿美元），增加约 2100 万个就业岗位，如果考虑到所涉及的劳动密集型产业的情况，这一数字可能会增至 3000 万左右（WTO，2015）[①]。

提高贸易便利化水平所能带来的收益，国外学者及国际机构也已经进行了经验研究，Wilson 等（2003，2005）对 75 个国家地区进行研究，发现以港口效率、海关环境、规制环境以及服务业基础设施测算的贸易便利化水平的提升，将会增加 3770 亿美元的贸易额，即相当于国际贸易提高了 9.7%。Duval（2006）研究了进出口时间延误、物流服务和国际贸易间的关系，发现诸如繁杂的进出口手续等时间延误不仅会影响贸易流量，还会影响公司的竞争力。Engman（2005）根据世界银行数据，对海关措施以及行政措施对贸易流量的影响进行了拟合，结果表明诸如海关关境延误、繁复的通关手续等都会影响贸易的发展，为提高贸易流量，首先应该简化这些阻碍措施。Wille 等（2007）亦根据世界银行数据库，分析了贸易便利化对部门贸易流量的影响。结果表明，降低运输费用和缩减贸易过程中的时间延误，可以提高贸易流量。

APEC[②]（1999）研究发现，如果 APEC 范围内工业化成员降低 1%水平的贸易交易成本，同时发展中成员降低 2%的水平，将会为整个 APEC 地区带来 460 亿美元的福利提高。UNCTAD（2001）的研究发现，发展中国家的水路及空运费用降低 1%，将会带来全球 GDP 70 亿美元的提高。APEC（2002a）进一步对贸易交易成本的福利影响进行估算，结果显示 APEC 内交易成本 5%的下降，将会为地区内带来 GDP 0.9%的提高，相当于 1540 亿美元。OECD（2003）也对降低贸易交易成本带来的福利效应进行了估算，发现货物贸易交易成本每降低 1 个百分点，将会为全球带来每年 400 亿美元的福利提高。

① 虽然迄今尚无一个被普遍接受的统一定义，但“贸易便利化”一词在研究文献和世界各国的政府文件中却屡见不鲜。WTO（1998）、UNCTAD（2001）、OECD（2001）和 APEC（2002b）均对贸易便利化有过定义，综合上述机构各自的阐述，贸易便利化可以理解为：一般是指使用新技术和其他措施，对国际贸易程序（包括国际贸易流动所需要的信息收集、提供、沟通及处理数据的活动、做法和手续）的简化和协调，目的是降低贸易成本，提高贸易企业效率和收益，推动货物和服务更高效的流通。因此可以看出，贸易便利化主要是对进出口贸易流程的简化和标准化，其水平的高低对企业对外贸易成本有着显著影响，而其中对阻碍贸易的程序及行政障碍进行的简化、统一、新技术采纳及其他措施，是提高贸易便利化水平的关键，这涉及审批、商检、通关、税收、港口、物流、外汇与结算等各个环节（APEC，2002b）。

② APEC：Asia-Pacific Economic Cooperation，亚太经济合作组织。

对青岛市而言，提高贸易便利化水平，首先应成立由青岛商务局牵头，青岛发改委、国税局、地税局、市口岸办、金融办、工商局、海关、出入境检验检疫局、外管局等部门参加组成的“青岛市贸易便利化联席会议”，制定青岛市“贸易便利化工作规程”和“贸易便利化指标框架”，梳理进出口贸易流程中影响贸易效率的制度和程序。其次，借鉴世界银行的做法，由“青岛市贸易便利化联席会议”组织实施或委托专业机构，对青岛市进出口企业进行贸易便利化调研。通过对调研结果的比较分析，明确青岛市当前的贸易便利化水平高低，哪些环节或因素制约了青岛贸易便利化水平的提升？进出口企业对提高贸易便利化的诉求有哪些？再次，根据调研结果制定实施提升青岛市贸易便利化水平的政策措施。这些可能的措施将包括：尽快实现政府相关管理部门的联网及信息共享，为进出口企业提供更加优质、便捷的公共信息服务；提高进出口物流效率，保障国际贸易供应链安全；加强对出口退税、出口信贷、出口信保、加工贸易等方面政策的宣传；加快推进与“原产地”认证相关的贸易便利化进程。通过建立与“贸易便利化”有关的政府协调工作机制，加快推进“大通关”、地方电子口岸、电子检验检疫网络的“互联互通”，建立国际贸易“单一窗口”①；推行进出口货物电子监管、直通放行、绿色通道等便利化措施；完善海关企业分类管理办法，优化通关环境，提高通关效率；加强检验监管体系建设，创新检验监管模式和手段，完善进出口商品法定检验监督管理制度；创造条件尽快实施“一站式”通关；加强进出口收费监管，减轻企业通关负担；简化商务人员出入境审批程序。第四，建立青岛“贸易便利化”评价指标及政策实施评价机制，定期对青岛贸易便利化水平改善状况及政策实施效果进行评价，并根据评价结果对今后的政策实施进行调整和完善。

就投资便利化而言，发达国家普遍推行，在我国上海自由贸易（试验）区实施，在天津、广东和福建三个自由贸易（试验）区推广的“负面清单”管理制度，政府对利用外资和境外投资审批管理上，逐步推进实施的“权力清单”和“责任清单”做法，都是青岛市政府应该借鉴实施的经验做法。

---

① 国际贸易“单一窗口”（single window、sole window）：按照联合国贸易便利化和电子商务中心 33 号建议书做出的解释，单一窗口大概是这样一个概念：它是指参与国际贸易和运输的各方，通过单一的平台提交标准化的信息和单证以满足相关法律法规及管理的要求。单一窗口通常要具备四个要素：一是一次申报，也就是说贸易经营企业只需要一次性向贸易管理部门提交相应的信息和单证；二是通过一个设施申报，该设施拥有统一的平台，对企业提交的信息数据进行一次性处理；三是使用标准化的数据元，贸易经营企业提交的信息应为标准化的数据；四是能够满足政府部门和企业的需要。从单一窗口的概念以及它的基本要素来看，与中国所建设的“中国电子口岸”是十分相近或者说是相似的。但是中国的电子口岸具有中国特色，它考虑到了地域的不同、管理体制的不同，分为中央层级跟地方层级两个平台，相互协作，互为补充，但是它要完成的目标和国际上提倡的“单一窗口”是一致的。也可以说，我国的电子口岸是具有中国特色的“单一窗口”工程。

六、利用互联网大数据技术，精准定位和开拓新市场

全球经济低迷、国际投资震荡和世界市场需求下滑，导致中国对外贸易增长出现连续下降，2015 年甚至出现−8.0%的负增长。利用外资、对外投资、国际工程承包和承接离岸服务外包等，虽然仍保持正增长，但是增速也是逐年放缓。这无疑为企业开展国际化经营，带来日益严峻的挑战，以制度、技术、品牌、管理和经营模式等方面的创新，来创造、引领和开拓新的市场需求，就成为未来企业不得不做出的艰难选择。幸运的是，互联网、物联网以及大数据技术的迅速普及应用，为企业更加精准地了解不同地区、不同国家以及不同阶层的市场消费和投资需求，进而通过定制方式，进行定向投资和精准营销提供了有效的技术工具。

但精确了解是市场投资和消费需求信息，开展定向投资和精准市场营销，一方面需要有大数据网络平台，对海量数据进行搜集、挖掘、处理和分析；另一方面也需要企业在投资决策、研发设计、原料采购、生产组织、物流配送和售后服务等各个环节，进行流程、组织和管理再造；更需要政府在制度和管理体制上进行创新，为企业开展精准的国际化经营，提供更加全面、高效、精准的公共服务，推动企业由被动依赖外需，向外需与出口供给相互促进发展方式转变，以“大数据+国际商务”精准高效开拓国际市场。

政府应加快培育国际投资、国际贸易大数据市场信息专业服务平台，探索与国际大型互联网企业、国家大数据中心开展数据信息合作共享的有效途径与方式。通过对国际投资、国际贸易和国际工程承包市场数据的精确分析，帮助企业了解其投资及供给产品与服务，在不同目标市场的需求变化、消费意愿及竞争力强弱，引导企业根据外需情况调整投资方向、投资规模，定向研发新技术、新产品，并通过精准营销有效增加市场供给及投资效益。同样，利用互联网大数据平台，发布利用外资“负面清单”，也可以在更大程度上引导高质量、高水平国际资本的流入，促进利用 FDI 质量、水平和结构的进一步提升。

应把发展跨境电子商务，作为推动国际商务模式创新的重要途径，加快推进国家跨境电子商务综合试验区建设，打造跨境电商产业园区和创业园区，构建优良的跨境电子商务创业和发展环境。还应鼓励更多的跨境电商企业走出去，在海外重点市场建设契合当地消费习惯的在线销售平台，集中建设一批跨境电子商务公共“海外仓”，以海外电子商务销售平台、海外仓库组合在目标市场构建新兴市场零售网络，带动我市相关产品以“整出零销”方式直接进入当地零售市场。同时，尽快在保税港区建设跨境电商出口货物返修基地，建立跨境电商出口售后服务体系。

为尽快缩小贸易顺差，实现进出口贸易的基本平衡，在满足国内市场消费需求转型升级的同时，发挥进口对城市经济社会发展的更大促进作用，应加快建立内外贸融合发展的现代流通新体系，实施“扩进口”与“促消费”相结合的新型消费服务体系。支持国际化经营企业，建立基于跨境电商平台的进口产品国内销售网络和自有品牌，逐步建立自主控制的国外商品采购体系，打破内外贸企业经营的差别和阻隔，打通内外销商品流通对接渠道，整合内外贸资源，打造外贸商品城、外贸商品特色街、出口商品网上商城、外贸内销市场等一批载体，推动建立内外贸融合发展的新机制。

七、借力“自贸区”和“一带一路”战略，加快市场多元化进程

贸易和投资市场结构优化和多元化，是开放型经济转型升级应有之内涵。而且，通过减小对传统发达经济体投资和贸易市场的依赖，扩大与发展中经济体市场的投资和贸易往来，可以通过投资和贸易的互补效应，加快落后产能和技术转移，加速进出口商品质量和结构提升。但开拓市场机制不成熟、法规不健全的发展中经济体市场，对于国际化经营企业尤其是中小型企业而言，不仅要投入较高的市场开发成本，而且会面临巨大的市场风险。因此，降低对发展中经济体新兴市场开拓成本和进入风险，对所有国际化经营企业来说都具有十分重要的现实意义。这就要求企业在对目标市场进行充分调研、分析和做好可行性研究的基础上，选择进入成本和风险相对较低的新兴经济体作为重点目标市场。待建立积累经验之后，在逐步开拓其他新的市场。

与我国已经签订和正在谈判签订“自贸区”协定的国家或地区，以及“一带一路”沿线国家和地区，应成为青岛市企业实现投资和贸易市场多元化的重点，以及投资和贸易增量的最主要市场。一方面是因为，无论是“自贸区”协议，还是“一带一路”合作协议，均相互给予对方企业的投资及产品以各种保护、优惠和便利化政策和安排，使企业投资或产品能以更高的效率、更小的成本和更低的风险，进入到对方国家或地区市场；另一方面是因为，“自贸区”协议和“一带一路”战略合作协议内容的泛化，可以在最大程度上使国际化经营企业，在对方国家或地区市场，有效实施贸易、投资、生产、销售与工程施工、技术合作等一体化融合发展战略，取得综合的国际化经营效益。截至2015年年底，我国已经与22个国家或地区（包括中国香港、澳门和台湾）签署不同类型的“自贸区”协定，正在进行谈判和研究的“自贸区”协定，涵盖了20多

个国家或地区[①]。而“一带一路”沿线所涉及国家则达到 65 个。上述国家或地区，除少数几个如韩国、日本、中国香港、中国台湾和澳大利亚等为青岛市贸易和投资的传统市场外，其余大多数均为青岛市贸易和投资的新兴市场，而且有多数为发展中经济体。因此，以“自贸区”协定和“一带一路”沿线国家或地区市场，作为未来青岛市投资和贸易的重点开拓市场，将大大加快其贸易和投资市场“多元化”升级进程。

但“自贸区”协定和“一带一路”合作协议对进出口货物关税减免、贸易便利化、投资政策及市场准入措施等往往规定有较为复杂、严格的程序化要求、资格和条件，这就要求政府必须通过信息服务平台和开展专门培训，让国际化经营企业充分了解和掌握与“自贸区”协定和“一带一路”合作协议成员方开展贸易、投资活动的具体规定和程序要求，以便企业顺利进入成员方市场，真正享受到“自贸区”协定和“一带一路”合作协议所带来的贸易和投资“市场扩大效应”。

八、通过创新利用 FDI 方式，加快提升利用外资质量、水平和结构

通过第二章对青岛开放型经济发展的梳理，第三章对青岛开放型经济发展贡献的总结，以及第六章对青岛开放型经济转型升级效果的定量评价，我们已经较为清楚地看到，FDI 企业不仅对青岛市对外贸易的快速发展和结构改善，发挥了主要的促进作用，不仅对青岛市经济发展和社会进步做出了突出贡献，而且对青岛市已经进行的开放型经济转型升级，所做出的贡献率最大，明显高于外贸和外经两个领域的贡献。因此，通过进一步创新利用 FDI 方式，进一步提升利用外资质量、水平和结构，无疑对今后青岛开放型经济发展向更高层次转型升级，仍将具有十分重要的实践意义。

第一是利用各种机会在国际上推介青岛市未来城市发展的产业规划布局，让世界充分了解青岛在中国和东北亚地区经济建设和发展中的突出地位。建立并不断强化与世界各国投资促进机构、联合国工贸发展组织、跨国公司在华机构、境

① 2015 年 12 月 17 日国务院发布《关于加快实施自由贸易区战略的若干意见》（以下简称《意见》），该《意见》对我国未来自贸区建设，在周边、“一带一路”和全球三个层次做出了具体规划：一是加快构建周边自贸区。力争和所有与我国毗邻的国家和地区建立自贸区，不断深化经贸关系，构建合作共赢的周边大市场。二是积极推进“一带一路”自贸区。结合周边自贸区建设和推进国际产能合作，积极同 “一带一路”沿线国家商建自贸区，形成“一带一路”大市场，将“一带一路”打造成畅通之路、商贸之路、开放之路。三是逐步形成全球自贸区网络。争取同大部分新兴经济体、发展中大国、主要区域经济集团和部分发达国家建立自贸区，构建“金砖”国家大市场、新兴经济体大市场和发展中国家大市场等。上述规划目标的实现，将使我国与自贸区伙伴贸易额占我国对外贸易总额的比重，达到或超过多数发达国家和新兴经济体的水平。

外派驻机构等组织的招商引资协作机制，并重点开展基于“互联网+外资”的网络招商。根据引进外资的产业重点，锁定引进外资的国外目标企业，开展有重点的项目推介和公关，对这些目标公司所关心的营销渠道、市场网络以及供应链上下游环节的配套企业，均做出系统性的考虑和安排，做到引进一家大型外资项目能最终形成一条完整的产业链。

第二是要创新利用FDI方式,在近年来利用FDI方式不断实现突破的基础上，积极尝试外资企业境外上市融资、吸收国际基金投资；支持对资产管理公司不良资产打包拍卖；加快金融、证券、租赁、信托投资公司等与境外金融机构之间的并购；引导行业集团和重点园区海外上市；尤其是借鉴我国企业开展国际工程承包的方式，通过BT（build-transfer，建设–转让）或BOT（build-operate-transfer，建设–运营–转让）方式利用FDI建设基础设施项目；通过租赁方式利用FDI引进青岛基础设施建设所需大型机械设备。

第三是把青岛市现有各类国家、省、市级经济园区和各类示范区、试验区，在功能和产业发展目标上进行重新定位，每个经济园区、示范区和试验区均按照产业布局和产业生态供应链要求，找出薄弱或缺失的环节，并把这些环节作为园区引进FDI的目标重点。使经济园区、示范区和试验区继续成为青岛提高利用FDI质量、水平和结构的“先导区”，在更高水平上发挥其对青岛市整体开放型经济转型升级的带动效应。

第四是继续深化制造业和服务业领域利用FDI管理体制和机制改革，在部分行业和领域探索对外资实施“准入前”国民待遇。将在上海、天津、广东和福建“自由贸易试验区”形成的可复制、可推广的外资管理制度，如“负面清单”“权力清单”“责任清单”管理制度等，切实落实到青岛市的外资管理实践中。

九、通过完善服务体系，加速提高ODI对开放型经济转型升级的促动作用

ODI对一国或地区产业、贸易结构升级和发展方式转型的促进作用，已经得到理论和实践方面的证实。本书第六章第三节对青岛开放型经济转型升级评价结果中，也清楚地显示，ODI对青岛开放型经济转型升级的贡献，正在以比外贸和外资更高的增速，对青岛开放型经济发展的“转型”和“升级”发挥作用。因此，通过增加ODI，以在更大程度上加快青岛开放型经济转型升级进程，加速向开放强市目标迈进，理应成为今后青岛市政府的政策重点之一。

但相比外贸和外资两个领域，青岛市ODI发展起步晚，尚处于积累经验阶段，绝大部分企业缺乏ODI的实践经验和风险承受能力。这就需要政府特殊政策的引

导和更加完善的公共服务的支持。第一，政府应明确 ODI 的阶段目标和工作重点，制订一个包括境外投资现状、境外投资环境、发展目标、行业定位、区域选择、投资方式、投资主体、融资策略、支持政策措施等内容的总体规划；第二，应建立 ODI 咨询服务中心和投资市场环境评估体系，对境外投资项目进行投资环境评估、可行性研究，就投资方式、资金筹措、竞争策略等提供技术指导；第三，面向中小企业建立 ODI 风险基金，完善对外投资风险担保制度；第四，通过各种形式的培训和辅导，帮助企业建立适应国际市场环境的海外企业运营模式，提高海外投资企业在国外复杂多变环境下的社会公共关系和危机管理能力。

就 ODI 方式选择而言，资金、技术力量雄厚的企业（集团），应大胆采用国际通行的跨国并购方式，以迅速取得境外直接投资收益。同时，青岛市政府应帮助本地企业充分利用国家给予的境外经贸合作区建设补贴资金，建立“境外园区”项目库，进行事前筛选和培育，通过出台相配套的特别税收或补贴措施，支持青岛更多有条件的大型企业，选择到经济处于上升期、市场发展潜力大的新兴发展中经济体，尤其是与中国签订“自贸区”协定的国际或地区，“一带一路”沿线国家或地区，投资兴建更多的境外经贸合作区和境外工商中心，为资金和风险承担能力小的中小型企业实施“抱团”式境外投资创造条件和机会。

第三节　开放型经济转型升级战略保障机制

为确保青岛开放型经济转型升级战略对策的有效实施和战略目标的顺利实现，还需要建立和不断完善相应的实施保障机制。

一、建立基于开放型经济转型升级效果评价体系的行政绩效考核机制

改革开放以来的开放型经济发展实践表明，要素驱动型的粗放式增长方式的形成和延续，很大程度上与过分重视和追求速度和规模增长的“GDP 政绩”的行政考核机制有关。因此，实现开放型经济结构的优化和发展方式的逐步转型，必须建立并不断完善涵盖“转型”和“升级”两个方面，强调质量、结构和效益的开放型经济转型升级效果评价指标体系，并基于该评价体系定期考核政府职能部门的行政绩效。由于该评价指标体系将转型和升级的质量、结构和效益放在突出地位，基于该评价指标体系的定期测算结果来考核各级政府开放型经济相关职能部门的行政绩效，可以引导和促使各级政府职能部门将行政工作重点切实转移到优化开放型经济结构、提升发展质量与效益的轨道上来。

二、强化开放型经济转型升级发展政策实施效果评价机制

为加快开放型经济向更高层次发展，近年来，国家、山东省和青岛市陆续出台了一系列激励与支持政策措施，这些政策措施既有针对不同行业的专项发展资金、技术创新基金、市场风险基金和服务平台建设资金，也有针对不同类型企业的税收优惠、信贷支持、新兴市场开拓基金、品牌推广补贴和认证补贴等。这些鼓励与支持政策措施的实施效果如何？今后是否要继续实施？继续实施的力度和方向是否需要调整等等，都需要有相应的评价机制（包括评价机构和专门人员），依据科学的评价指标体系，做出定期的评价和分析，并把评价结果作为政府调整、制定政策的决策参考。

目前出台的各项激励政策和措施在实施过程中，有人都曾经进行过程跟踪和审计评价，但多数是把重点放在评价政策实施过程是否符合程序，审核专项支持资金的使用是否违规。对政策实施是否达到预期效果？资金的使用是否促进了企业创新能力、产品质量的提高、产品结构的升级，是否开辟了新的市场、提高了品牌国际知名度，是否提高了经营效益等，往往放在次要地位或不予考虑。另外，政策实施效果评价指标的简单和单一、考核评价机构和人员的临时性等，也是目前政策实施效果评价机制存在的主要缺陷。

三、健全开放型经济转型升级数据信息统计与发布机制

无论开放型经济转型升级政府行政绩效考核机制，还是激励政策实施效果评价机制，其有效运转和发挥作用，都要建立在对开放型经济实际运行数据进行准确统计和科学分析的基础上。因此，实时公布全面、准确、完整的开放型经济发展统计数据信息，定期发布开放型经济发展统计分析报告，具有十分重要的决策参考意义。应该说，目前青岛市商务局、统计局在发布青岛市对外贸易、利用外资、境外投资以及国际工程承包的“面上”基本数据上（金额、增长率等）已经做到了及时和准确。但是在数据信息的全面性上则有待改进，在外贸领域，有关服务贸易、服务外包、国际旅游（尤其是出境旅游）增速、规模及结构变化，机电产品、高新技术产品、新产品、自主品牌产品以及贸易市场份额变化、不同贸易主体进出口的月度、季度变化数据等，目前还无法及时查看到。在外资和外经领域，利用 FDI、对外 ODI 以及国际工程承包的项目合同数量与金额、产业结构、地区结构、资金构成、投资方式变化等月度、季度分类统计信息，还难以见到。类似于商务部定期发布的《中国对外贸易形势报告》《服务贸易统计》《利用外资统计报》《对外直接投资统计公报》等形式的，有关青岛开放型经济发展情况的外贸、外资和外经领域的统

计分析报告更是难以看到，可以查看到的个别年份由商务局发布的开放型经济各领域的情况分析或年度总结，在内容上也尚未做到全面、详细和具体。

开放型经济发展数据信息统计与发布机制不健全的原因，与海关、旅游、口岸、商务、外汇管理和统计等部门之间，尚未做到信息系统的互联互通和数据信息的共享有很大关系。但更重要的是，与相关部门对数据信息统计重要性认识不够、数据信息统计及发布制度缺失以及专业化统计分析人才不足有关。这一机制的完善有两条途径：一是将各个部门内部封闭运行的数据信息系统，全部实现与青岛市统计局统计信息系统的互联互通，实现数据信息的共享，并由青岛市统计局按照相关统计制度要求，在商务局和统计局官方网站定期发布青岛开放型经济各领域的进展数据，同时发布各领域的年度统计报告（或公报）。二是发挥高校和专业研究机构统计分析和研究人才力量的优势，各部门把开放型经济各领域统计数据，向指定高校的专业院系或青岛市专业研究机构开放和共享，委托他们对开放型经济各领域的统计信息，进行挖掘、整理和分析，形成统计分析报告，交由商务和统计部门审核后，定期在官方网站发布。

四、完善国际化经营企业公共服务和风险保障机制

在世界经济仍未走出 2008 年国际金融危机阴影，影响全球经济、贸易和投资的不确定性和不稳定性因素增多，对国际市场发展前景难以准确判断的形势下，企业开展国际化经营就面临越来越大的风险，当然，因市场波动和变化加快，也会带来不少的商机。这既对国际化经营企业的判断、决策和行为能力有了更高期待，也对企业的风险防范和应对能力提出更高要求。但在目前青岛市绝大部分国际化经营企业为中小型，决策、行动和风险管理能力普遍较低的状况下，政府就应该为企业防范风险和减少风险损失，提供更全面的公共服务，建立更完善的风险保障机制。

这一机制主要包括：①国际市场供求信息发布与风险预警机制。通过建立统一的信息发布平台和市场风险评估指标体系，为国际化经营企业实时提供准确、翔实的国际市场信息，对可能出现的市场风险进行诊断并发出预警，供企业决策参考。②摩擦应对与救济服务机制。通过建立专门机构和争端解决专家库，一方面，应对外国针对国内企业和商品实施的各种投资、贸易壁垒，解决争端并对遭受损失的企业进行救济；另一方面，对进入国内市场的外国企业和产品，接受本地企业申请开展公平竞争调查。③企业国际化经营风险保障机制。通过完善国际投资保险、进出口信用担保制度，不断扩大保险和信用担保的企业与产品范围，同时，引导和鼓励有条件的企业通过开展期货保值和外汇保值业务，规避和降低汇率波动风险。

第八章　研 究 结 论

通过对青岛开放型经济发展历程的回顾与梳理，对青岛开放型经济发展贡献的总结，对青岛开放型经济转型升级面临国内外环境、转型升级方向和路径选择的分析，以及对青岛开放型经济转型升级效果的评价，本书得出以下研究结论。

（1）在从封闭发展走向开放发展的过程中，从发展的速度、规模和结构特点来看，青岛开放型经济发展，可以划分为起步探索（1981～1992年）、快速推进（1993～2001年）、全面发展（2002～2010年）和转型升级（2011年至今）四个阶段。在这四个阶段的发展中，青岛开放型经济发展呈现出，规模持续扩大、质量不断提升、结构逐步优化，由低层次逐渐向高层次推进的演变历程，全领域、全方位、全产业链的新型开放型经济发展格局基本形成。但是，结构不合理、不均衡，规模大、效益低，国际分工地位低、市场影响力弱，传统竞争优势弱化、新竞争优势不明显，创新发展能力不强等问题仍十分突出。实现开放型经济发展转型升级，势在必行。

（2）经过四个阶段的持续发展，无论与同类的副省级及计划单列市比较，还是与多个省、自治区比较，就开放型经济整体及外贸、外资和外经各个领域的规模而言，青岛已经从沿海开放城市，发展成为对外开放大市，但仍不是开放强市。在从沿海开放城市到对外开放大市的形成过程中，青岛开放型经济各领域均对城市经济发展及社会进步，做出了突出贡献，且这些贡献显著大于山东省和全国整体水平。其中，外贸和外资领域，对青岛市经济发展和社会进步的贡献大于外经领域。但2008年国际金融危机之后，外贸和外资领域的贡献，从部分指标上来看，呈现波动中下降态势，而“外经”领域的贡献则出现明显提高趋势。

（3）开放强市应具有以下几个基本特征：第一，开放强市，必须是开放大市，外贸、外资和外经等各个领域的规模大，对内、对外开放程度高，开放型经济规模占城市GDP比重高。第二，开放强市，在某些领域和产业，具有显著的国际竞争优势和新型竞争优势培育再造能力，在某些行业国际技术和产品标准制定上具有主导权和话语权。第三，开放强市，拥有相当数量国际知名产品和服务品牌，拥有一批处于全球价值链分工高端的跨国公司，和具有控制权的全球市场营销网络体系。第四，开放强市，外贸、外资和外经等三个领域之间的结构相对均衡、各个领域内部结构相对优化，进出口贸易基本平衡、服务贸易占全部贸易比重明显高于世界平均水平，货物贸易和服务贸易市场分散化程度高，引领国际投资（利用外资和对外投资）和国际工程项目合作发展趋势。第五，开放强市，是国际或区域性航运中心、金融中心和技术研发中心，有众多跨国公司总部或地区运营中心常驻。

（4）在中国经济社会发展进入“新常态”背景下，要进一步提高开放型经济对城市经济发展和社会进步的贡献度，青岛必须从开放大市走向开放强市，而要实现开放强市目标，就必然要推动开放型经济发展实现持续不断的转型升级。全球经济增长乏力、国际投资前景黯淡和世界市场需求疲软的国际大环境，以及中国经济从高速转向中高速增长、对外贸易增速放缓、企业“走出去”步伐加快这一国内形势，也凸显青岛市走向开放强市，必须加快开放型经济转型升级的必要性和迫切性。

（5）城市开放型经济转型升级，既要服从于国家开放型经济总体战略部署，又要服务于该城市经济社会发展整体规划目标。因此，根据国家开放型经济发展战略部署和青岛市经济社会发展规划目标，青岛开放型经济转型升级目标可以概括为：优化开放型经济结构、提升开放经济水平、提高开放型经济贡献、建成开放型经济强市。而要实现上述目标，应具备“持续优化升级的产业基础”“适应高层次开放型经济的管理体制与机制”“适应复杂多变国际市场的企业决策与行为能力”“不断提高的人力资本水平”“日益便利的国际营商环境”“不断增强的国际市场需求创新能力”。通过“大力发展服务贸易”“积极扩大进口”“努力提高机电及高新技术产品出口比重”“大力开拓发展中经济体市场”“着力提升利用外资水平”“加快境外直接投资步伐”等路径来实现。

（6）根据所建立由“转型”和“升级”两个二级指标，及16个三级指标构成的青岛开放型经济转型升级评价指标体系，对2011～2015年青岛开放型经济发展的转型升级效果进行了定量评价，结果显示：青岛开放型经济表现出持续转型升级发展趋势；外资无论对青岛开放型经济“转型”还是“升级”的贡献均较高，但其贡献率呈不断下降态势；外经对青岛开放型经济转型升级的贡献率，虽然目前仍低于外资领域，但是其贡献率增长最快；而外贸对青岛开放型经济“转型”的贡献最小，而对“升级”的贡献最大。另外，三大领域的结构均衡度，对青岛开放型经济升级的贡献，虽然有所提升但仍处于较低水平。根据转型升级评价结果所做的实证分析发现，产业结构升级、制度环境、人力资本水平、营商环境和市场需求创新等五个要素均对青岛开放型经济转型升级有积极影响。其中，产业结构升级、制度环境和人力资本水平这三个要素促进作用较为显著，而营商环境和市场需求创新两个要素的促进作用还相对较低。

（7）加快实现开放强市目标，青岛市应实施开放型经济转型升级战略。这一战略“十三五”期间的总目标可以描述为：到“十三五”末，青岛开放型经济总规模，位居副省级城市和计划单列市前三位，在东亚地区同等规模城市中，开放型经济综合竞争力位居前列；开放型经济各领域对青岛市经济社会发展的贡献度明显提升，外贸、外资和外经三大领域之间均衡度显著改善、各领域内部结构显著优化；跨国经营企业和跨国公司数量成倍增加，在某些领域和某些产业，培育形成多个“青岛模式”和“青岛样本”；初步具备开放强市的基本特征。

实现上述战略目标，青岛市应加快供给侧结构性改革，为转型升级奠定坚实的产业基础；通过制度体制机制创新，建立开放型经济新型管理体制；通过提高企业行为能力，创造和引领国际市场需求；通过引入高端国内外教育资源，提升人力资本水平增强创新能力；通过提升贸易投资便利化水平，大幅改善营商环境；利用互联网大数据技术，精准定位和开拓新市场；借力“自贸区”和“一带一路”战略，加快市场多元化进程；通过创新利用 FDI 方式，加快提升利用外资质量、水平和结构；通过完善服务体系，加速提高 ODI 对开放型经济转型升级的促动作用。为确保战略对策的有效实施，同时应建立和完善基于开放型经济转型升级效果评价体系的行政绩效考核机制；发展政策实施效果评价机制；数据信息统计与发布机制和国际化经营企业公共服务和风险保障机制。

上述研究结论，是基于现有可以获得的有限数据信息，对改革开放以来青岛开放型经济发展成就以及转型升级效果做出的初步研究结果，尚需在获得更加翔实、系统统计数据及做深入分析研究的基础上，进一步补充、修正和完善，这也是我们今后将继续努力研究的方向。

参 考 文 献

蔡爱军, 朱传耿, 仇方道. 2011. 我国开放型经济研究进展及展望. 地域研究与开发, (4): 6-11.
陈德铭. 2012-12-04. 完善互利共赢、多元平衡、安全高效的开放型经济体系. 人民日报, 06 版.
陈飞翔. 2013. 创新开放模式, 全面提升对外经贸发展水平. 国际贸易, (4): 8-11.
陈飞翔, 吴琅. 2006. 由贸易大国到贸易强国的转换路径与对策. 世界经济研究, (11): 4-10.
陈丽丽. 2006. 迈向贸易强国的战略研究. 成都: 西南财经大学出版社.
陈文敬, 赵玉敏. 2012. 贸易强国战略. 北京: 学习出版社, 海口: 海南出版社.
陈泽星. 2006. 中国贸易业绩指数: 2003 年当期值和 1999—2003 年变化值分析. 国际贸易, (4): 18-22.
陈中豪. 2008. 从贸易大国到贸易强国转变之服务贸易相关分析. 黑龙江对外经贸, (5): 23-25.
程恩富, 侯为民. 2011. 转变对外经济发展方式的 "新开放策论". 当代经济研究, (4): 37-45.
程国强. 2004. 中国农产品出口: 增长、结构与贡献. 管理世界, (11): 85-96.
程如轩, 卢二坡. 2001. 产业结构优化升级统计指标体系初探. 中国统计, (7): 17-48.
崔日明, 张志明. 2014. 中国对外贸易新型竞争力发展战略研究. 经济学家, (2): 36-46.
戴翔, 张二震. 2013. 我国开放型经济传统优势弱化之后怎么办? 福建论坛, (3): 29-34.
戴翔, 张二震. 2015. 我国增长新阶段开放型经济的转型发展: 目标、路径及战略. 中共中央党校学报, (10): 82-91.
杜秀芝. 2015. 关于加快天津开放型经济转型升级的思考. 天津经济, (1): 14-17.
范爱军, 卞学字. 2013. 服务贸易与货物贸易对我国收入差距扩大的影响及比较. 国际贸易问题, (6): 98-105.
范爱军, 李菲菲. 2011. 服务贸易对我国就业的影响研究——基于 1982—2010 年数据的协整分析. 福建论坛, (9): 10-14.
冯雷. 2014. 进口贸易是通向贸易强国的关键——转变外贸发展方式的战略研究. 国际贸易, (12): 51-56.
高虎城. 2013. 全面提升开放型经济水平. 求是, (12): 52-54.
高虎城. 2014-03-02. 从贸易大国走向贸易强国. 人民日报, 07 版.
高晓梅. 2006. 发展 "以人为本" 的山东开放型经济. 东岳论丛, (5): 85-88.
谷永芬, 洪娟. 2011. 长三角地区对外贸易结构与产业结构互动升级研究. 经济纵横, (11): 107-110.
广东省外事调研小组. 2010. 日韩经济转型给我们的启示. 战略决策研究, (3): 83-91.
郭占恒. 2008. 浙江提高开放型经济水平研究. 浙江学刊, (5): 172-176.
何绍华. 1998. 面对新世纪的思考——成都走向 "开发强市". 中国外资, (10): 9-11.
何新华, 王玲. 2000. 比拼经济实力——对外经济贸易强国主要特征和指标分析研究. 国际贸易, (12): 14-18.
洪涛, 霍菲菲, 颜泽新, 等. 2013. 我国内外贸联动发展的理论与实践//洪涛, 朱振荣. 内外贸联动发展: "第三届贸易强国论坛" 论文集. 北京: 经济管理出版社: 1-15.

洪银兴. 2010. 成为世界经济大国后的经济发展战略转型. 当代经济研究, (12): 21-34.
胡鞍钢. 2007. 中国崛起与对外开放: 从世界性开放大国到世界性开放强国. 学术月刊, (9): 52-60.
胡绍玲, 刘旭. 2007. 中国工业品贸易的就业效应——基于 32 个行业面板数据的实证分析. 财贸经济, (8): 88-93.
黄锦明. 2007. 中国迈向贸易强国的理论与对策研究. 杭州: 浙江大学出版社.
黄玖立, 李坤望. 2006. 出口开放、地区市场规模和经济增长. 经济研究, (6): 27-38.
黄庆波, 范厚明. 2010. 对外贸易、经济增长与产业结构升级——基于中国、印度和亚洲 "四小龙" 的实证检验. 国际贸易问题, (2): 38-44.
吉庆华. 2010. 我国服务贸易发展与经济结构优化关系分析. 云南财经大学学报, (3): 74-80.
贾根良. 2012. 转变对外经济发展方式的新思路及其政策建议. 社会科学辑刊, (1): 11-19.
江东. 2010. 对外直接投资与母国产业升级: 机理分析与实证研究. 浙江大学博士学位论文.
蒋德恩. 2007. 超比较优势与贸易大国向贸易强国的转变. 中央财经大学学报, (12): 54-58.
蒋荷新. 2007. 我国对外贸易就业效应的实证研究——以外资企业为例. 国际贸易问题, (10): 30-34.
靖学青. 2008. 上海产业升级测度及评析. 上海经济研究, (6): 55-61.
阚大学. 2010. 我国贸易结构与就业结构的动态关系研究. 国际贸易问题, (10): 17 -23.
黎峰. 2012. 论我国开放型经济的新阶段和新模式. 开放导报, (10): 25-29.
黎秀秀. 2014. 我国对外贸易、产业结构升级与经济增长关系研究. 重庆大学硕士学位论文.
李翀. 2011. 加快推进我国对外经济发展方式转变的战略选择. 经济理论与经济管理, (3): 7-14.
李逢春. 2012. 对外直接投资的母国产业升级效应——来自中国省际面板的实证研究. 国际贸易问题, (6): 124-134.
李钢, 白明, 李俊, 等. 2010. 后危机时代中国外贸发展战略之抉择. 国际贸易, (1): 4-11.
李钢, 李俊. 2006. 迈向贸易强国——中国外经贸战略的深化与升级. 北京: 人民出版社.
李广杰. 2015. 新常态下加快培育山东开放型经济发展新优势. 理论学习, (6): 22-25.
李恒. 2011. 开放型经济发展的动力机制与模式选择——以内陆省份为例. 华中科技大学学报(社会科学版), (3): 80-86.
李俊. 2015. 中国要素贸易问题研究——全球要素分工格局与中国贸易强国建设. 北京: 经济科学出版社.
李鹏, 郑楠. 2016-01-08. 青岛开创利用外资的 "黄金时代". 国际商报, B1 版.
李琦. 2007. 从贸易大国向贸易强国转变之研究. 首都经济贸易大学硕士学位论文.
李青, 丁弦. 2008. 中国贸易强国之路——自主创新. 黑龙江对外经贸, (10): 7-9.
李胜. 2009. 我国从贸易大国走向贸易强国的对策. 黑龙江对外经贸, (2): 14-15.
李永杰, 张华初. 2008. 国际贸易影响就业的实证分析——以广东省为例. 国际经贸探索, (11): 15-19.
李玉辉, 邹建华. 2011. 经济开放影响我国收入分配的实证研究. 国际商务(对外经济贸易大学学报）, (4): 75-83.
梁丹. 2009. 河南开放型经济发展阶段跨越的理性思考. 中州学刊, (3): 72-74.
刘明霞, 王学军. 2009. 中国对外直接投资的逆向技术溢出效应研究. 世界经济研究, (9): 59-64.
刘惟蓝. 2014. 东部地区开放型经济率先转型升级的思考: 背景、原因与内涵. 世界经济与政治论坛, (6): 58-65.
刘旭. 2006. 迈向贸易强国之路——加快转变外贸增长方式研究. 北京: 中国计划出版社.
刘艳光. 2011. 出口商品结构升级与贸易强国之路. 时代金融, (10): 114.
刘勇. 2009. 国际金融危机背景下我国"开放型经济体系" 框架构建研究. 理论与改革, (3): 86-88.
柳思维. 2011. 从贸易大国走向贸易强国的制度创新思考. 大国经济研究, (3): 154-163.
卢进勇. 2012. "走出去" 战略与中国跨国公司崛起: 迈向经济强国的必由之路. 北京: 首都经济贸易大学出版社.
毛光烈. 2008. 从开放立市向开放强市的转变. 宁波经济, (7): 28-29.
毛群英. 2008. 贸易大国迈向贸易强国——基于我国外贸发展背景与现实的分析. 价格月刊, (10): 36-38.
门洪华. 2008. 从开放型大国到开放型强国——中国对外开放战略的总结与展望//胡鞍钢: 国情报告（第十一卷）(上). 北京: 社会科学文献出版社: 177-210.
明娟, 邢孝兵, 张建武. 2010. 国际贸易对制造业行业就业的影响效应研究——基于动态面板数据模型的实证分析. 财贸研究, (6): 62-69.
欧阳艳艳. 2010. 中国对外直接投资逆向技术溢出的影响因素分析. 世界经济研究, (4): 68-73.
裴长洪. 2008. 中国建立和发展开放经济的演进轨迹及特征评估. 改革, (9): 17-27.
裴长洪. 2013. "两个转变": 全面提高开放型经济水平的题中之义. 国际贸易, (8): 4-11.
裴长洪, 郑文. 2013. 中国梦: 开放型经济强国之路. 中国经贸导刊, (7): 4-6.
乔晶, 刘星. 2011. 中国加工贸易就业效应的实证研究. 当代财经, (2): 102-108.
曲如晓. 2005. 中国成为贸易强国的战略路径. 经济理论与经济管理, (9): 21-25.
邵志勤. 2009. 东亚经济复兴与东亚经济发展模式. 东南亚纵横, (2): 87-91.
沈铭辉. 2009. 东亚国家贸易便利化水平测算及思考. 国际经济合作, (7): 41-46.
沈铭辉. 2014. 亚洲新兴经济体开放型经济的增长路径. 亚太经济, (6): 86-90.
盛斌, 牛蕊. 2009. 国际贸易、贸易自由化与劳动力就业: 对中国工业部门的经验研究. 当代财经, (12): 88-94.
宋勇超. 2015. 中国对外直接投资的逆向技术溢出效应研究——理论模型与实证检验. 经济经纬, (3): 66-71.
孙杭生. 2006. 我国确立贸易强国地位的指标体系研究. 价格理论与实践, (5): 72-73.
孙晓华, 王昀. 2013. 对外贸易结构带动了产业结构升级吗. 世界经济研究, (1): 15-21.
谭延明. 2011. 我国对外直接投资对国内产业结构影响的研究. 江苏大学硕士学位论文.
唐海燕, 毕玉江, 贾德奎. 2011. 后危机时代加快转变对外经济发展方式的若干问题. 华东师范大学学报（哲学社会科学版）, (1): 16-23.
唐海燕. 2010. 金融危机后加快对外经济发展方式转变的战略思考. 国际贸易, (10): 7-12.
唐南 S, 李若瑟. 2016. 2015 年全球贸易降至金融危机以来最低谷. http: //www. ftchinese.com/story/ 001066354#adchannelID=1300 [2016-04-26].
田贵贤. 2015. 天津市对外贸易与就业、产业结构、居民收入关系的实证研究. 保定学院学报, (1): 13-18.
王立杰. 2011. 北京市开放型经济发展战略研究. 时代经贸, (4): 14-23.
王冉冉. 2005. 我国离贸易强国还有多远?——我国外贸国际竞争力现状分析. 世界经济研究, (10): 9-12.

王胜, 田涛, 谢润德. 2014. 中国对外直接投资的贸易效应研究. 世界经济研究, (10): 82-88.
王英. 2010. 对外直接投资与产业结构调整. 北京: 科学出版社.
王兆海. 2015. 山东省对外贸易对产业结构升级的影响分析. 山东师范大学硕士学位论文.
王子先. 1998. 更应注重动态效应——外贸在国民经济发展中地位与作用的再认识. 国际贸易, (10): 9-12.
王子先. 2008. 中国迈向开放型经济的路径选择. 中国金融, (9): 30-32.
王子先. 2012. 服务贸易新角色: 经济增长、技术进步和产业升级的综合性引擎. 国际贸易, (6): 47-53.
王子先, 姜荣春. 2008. 对外开放 30 年: 迈向开放型经济目标的过程及路径. 国际贸易, (9): 4-11.
魏东, 王璟珉. 2005. 中国对外直接投资动因分析. 东岳论丛, (5): 90-94.
魏浩, 马野青. 2005. 我国与世界贸易强国的差距及对策. 经济纵横, (2): 21-23.
魏浩, 丁杰, 马野青. 2004. 我国迈向世界贸易强国的外贸战略. 经济前沿, (12): 13-16.
魏浩, 毛日昇. 2003. 从贸易大国向贸易强国转变——中国对外贸易竞争力的实证分析与调整思路. 中国软科学, (9): 32-37.
魏浩, 申广祝. 2006. 贸易大国、贸易强国与转变我国外贸增长方式的战略. 世界经济与政治论坛, (3): 40-46.
魏浩, 赵春明. 2012. 对外贸易对我国城乡收入差距影响的实证分析. 财贸经济, (1): 78-86.
魏礼群, 林兆木, 张占斌, 等. 2015. 从经济大国迈向经济强国. 北京: 人民出版社.
文娟, 孙楚仁. 2008. 国际贸易对我国收入分配的影响——基于基尼系数的实证分析. 国际贸易问题, (11): 15-23.
文娟, 孙楚仁. 2009. 贸易与中国收入不平等的计量检验. 财贸研究, (1): 51-58.
吴汉嵩. 2009. 论实现贸易强国的方略. 云南财经大学学报, (6): 51-57.
吴进红. 2005. 对外贸易与长江三角洲地区的产业结构升级. 国际贸易问题, (4): 58-62.
吴进红. 2006. 对外贸易与江苏产业结构升级. 南京社会科学, (3): 134-139.
夏晶, 李波. 2013. 对外贸易发展与我国居民收入分配关系研究. 统计与决策, (1): 121-124.
夏先良. 2013. 加快改革开放步伐: 转变开放经济发展方式的基石. 国际贸易, (3): 29-33.
肖丹. 2012. 中国对外直接投资对本国产业结构升级的影响: 基于省际面板数据的实证分析. 山东大学博士学位论文.
肖璞, 侯俊军. 2011-09-15. 参与国际标准竞争建设贸易投资强国. 人民日报, 07 版.
熊晓轶. 2013. 我国对外贸易对城乡居民收入的影响研究. 产业与科技论坛, (5): 12-13.
徐德云. 2008. 产业结构升级形态决定、测度的一个理论解释及验证. 财政研究, (1): 48-51.
徐铁. 2011. 后危机时代中国由“贸易大国”向“贸易强国”跨越的路径选择. 湖北经济学院学报, (9): 27-28.
许佩倩. 2010. 开放型经济下的体制困境与突破路径. 现代经济探讨, (11): 49-56.
薛荣久. 2007. 我国“开放型经济体系” 探究. 国际贸易, (12): 10-14.
杨大楷, 肖烨, 曹黎娟. 2002. 我国企业境外直接投资动因分析. 财政研究, (8): 69-73.
杨宏华, 胡瑞平. 2012. 优化中国出口贸易结构走向贸易强国之路. 经济研究参考, (6): 64-68.
杨建清, 周志林. 2013. 我国对外直接投资对国内产业升级影响的实证分析. 经济地理, (4): 120-124.

杨圣明. 2011. 走向贸易强国的理论创新. 北京: 经济科学出版社.
杨玉华. 2006. 工业品贸易对工业就业影响的实证研究. 财贸研究, (6): 36-43.
姚宜. 2013. 广东开放型经济升级转型的若干思考. 经济论坛, (7): 29-32.
佚名. 2007. 大力实施“开放强市”战略, 全面提升对外开放水平. 宁波通讯, (10): 4-5.
殷阿娜, 王厚双. 2014. 中国开放型经济转型升级的路径研究. 经济问题探索, (4): 106-110.
余芳东, 寇建明. 2001. 我国与世界贸易强国差距有多大. 中国国情国力, (6): 26-27.
张春萍. 2012. 中国对外直接投资的贸易效应研究. 数量经济技术经济研究, (6): 75-86.
张二震, 戴翔. 2012. 当前开放型经济发展的几个认识问题. 现代经济探讨, (1): 23-27.
张汉东, 王君英. 2013. 构建浙江开放型经济新格局. 今日浙江, (8): 34-35.
张莉. 2012. 构建转变外贸发展方式理论体系探讨. 国际贸易, (5): 28-32.
张丝思. 2008. 对外贸易与产业结构升级的理论关系. 时代经贸（下旬刊）, (2): 101-102.
张松涛. 2008. 全面提高开放型经济水平的若干问题. 国际贸易, (1): 4-10.
张亚斌, 李峰, 曾铮. 2007. 贸易强国的评判体系构建及其指标化: 基于 GPNS 的实证分析. 世界经济研究, (10): 3-8.
张亚斌, 易先忠. 2013. 12. 贸易强国目标与外贸发展方式转变. 长沙: 湖南师范大学出版社.
张燕, 陈漓高. 2007. 从对外贸易角度看中国产业升级的路径——基于投入产出法的实证分析. 世界经济研究, (12): 42-48.
张懿, 佘雪峰. 2015. 中国对外贸易与行业收入分配不均的实证研究. 改革与战略, (5): 166-170.
张幼文, 徐明棋. 2014. 开放转型的政策创新——从经济大国到经济强国的战略升级. 上海: 上海社会科学出版社.
张雨, 戴翔. 2012. 江苏开放型经济转型问题探析. 江苏社会科学, (1): 252-256.
张志明, 崔日明. 2014. 服务贸易、服务业 FDI 与中国服务业就业结构优化. 财经科学, (3): 88-95.
张宗斌. 2006. 中国作为贸易强国的现实差距及路径选择. 社会科学辑刊, (4): 82-86.
赵蓓文. 2013. 实现中国对外贸易的战略升级: 从贸易大国到贸易强国. 世界经济研究, (4): 3-9.
赵成柏. 2009. 服务贸易的就业效应分析——基于 1982-2006 年时序数据的计量检验. 改革与战略, (6): 136-139.
赵娜. 2015. 服务贸易影响我国服务业结构升级的实证分析. 山东财经大学硕士学位论文.
赵仁康. 2005. 论中国对外经贸发展战略的整合——基于实现贸易强国目标的战略思考. 财贸经济, (12): 82-85.
赵晓霞. 2010. 对外贸易、FDI 与中国城乡居民收入结构变化的对比研究——来自中国省际面板数据的证据. 国际贸易问题, (9): 22-27.
郑甘澍, 蔡宏波, 罗彩瑜. 2013. 中国实现贸易强国的路径探析——基于国家贸易生态位的国际竞争力实证分析. 国际贸易问题, (13): 3-13.
中国浦东干部学院昆山分院课题组. 2015. 新常态下昆山开放型经济转型升级之路. 唯实, (9): 52-55.
钟山. 2012. 中国外贸强国发展战略研究——国际金融危机之后的新视角. 北京: 中国商务出版社.
周昌林, 魏建良. 2007. 产业结构水平测度模型与实证分析——以上海、深圳、宁波为例. 上海经济研究, (6): 17-23.
周升起. 2009. 中国对外直接投资: 现状、趋势与对策. 东亚论文, (75): 1-34.

周升起. 2011a. ODI 与投资国(地区)产业结构调整：文献综述. 国际贸易问题, (7): 135-144.
周升起. 2011b. 后危机时代的青岛对外开放战略. 青岛社会科学, (1): 60-72.
周升起, 戴玉才, 徐永辉. 2009. "入世"过渡期后青岛市出口结构调整问题研究. 青岛市科技发展计划软科学项目(07R-40)研究报告.
周升起, 戴玉才, 徐永辉, 等. 2010. 积极承接服务外包, 推进青岛现代服务业发展的机制与对策研究//郭芳. 2011 青岛经济与社会发展研究报告. 青岛：中国海洋大学出版社: 80-89.
周升起, 李春. 2014. 中国服务业在全球价值链分工地位考察——基于 Koopman 等的"GVC 地位指数". 山东省世界经济学会 2014 年学术年会论文集.
周升起, 徐永辉, 郑玉琳, 等. 2011. 对外直接投资促进青岛市产业结构调整的机制与对策研究. 青岛市科技发展计划软科学项目（10-3-3-40-6-zhc）研究报告.
周升起, 徐永辉, 郑玉琳, 等. 2012. 后危机时期青岛外向型经济发展研究. 青岛市社科规划委托项目(DDSKL110302)研究报告.
周升起, 郑玉琳, 徐永辉, 等. 2013. 青岛对外贸易发展 "转方式、调结构" 的路径选择、机制设计与对策研究. 青岛市科技发展计划软科学项目(12-1-3-84-(30)-zhc)研究报告.
周肇光, 宗永平. 2006. 韩国开放型经济发展模式对中国的启示. 亚太经济, (4): 55-57.
朱燕. 2010. 对外贸易对中国产业结构升级影响研究. 特区经济, (3): 256-257.
朱钟棣. 2009. S-S 定理在中国的适用性检验——贸易对地区和城乡收入差别的影响. 当代财经, (3): 91-97.
Amighinia A, Sanfilippob M. 2014. Impact of south–south FDI and trade on the export upgrading of African economies. World Development, 64(12): 1-17.
APEC. 1999. Assessing APEC trade liberalization and facilitation: 1999 update. http: //www. apec. org[2016-04-16].
APEC. 2002a. Measuring the impact of APEC trade facilitation on APEC economies: a CGE analysis. http: //www. apec. org[2016-04-16].
APEC. 2002b. Trade facilitation action plan. http: //www. apec. org [2016-04-16].
Balassa B. 1978. Exports and economic growth: further evidence. Journal of Development Economics, 5(2): 181-189.
Baldwin R, Nicoud F R. 2014. Trade-in-goods and trade-in-tasks: an integrating framework. Journal of International Economics, 92(1): 51-62.
Brandt L, Thun E. 2010. The fight for the middle: upgrading, competition, and industrial development in China. World Development, 38(11): 1555-1574.
Dunning J H, Kim C, Lin J. 2001. Incorporating trade into the investment development path: a case study of Korea and Taiwan. Oxford Development Studies, 29(2): 145-154.
Duval Y. 2006. Cost and benefits of implementing trade facilitation measures under negotiations at the WTO: an exploratory survey. Asia-Pacific Research and Training Network on Trade, Working Paper Series, No. 3.
Engman M. 2005. The economic impact of trade facilitation. OECD Trade Policy Working Papers 21.
IMF. 2016. World economic prospects. http: //www. imf. org/external/pubs/ft/weo/2016/update/[2016-04-17].
Lanchard B O. 2009. Global imbalance: in midstream? IMF Working Paper, No. 29.
Motohashi J K, Yun X. 2007. China's innovation system reform and growing industry and science

linkages. Research Policy, 36(8): 1251-1260.

OECD. 2001. Strengthening Trade Capacity for Development. Paris: OECD Publishing.

OECD. 2003. Quantitative Assessment of the Benefits of Trade Facilitation. Paris: OECD Publishing.

OECD. 2016. Statistics on international trade database, international trade statistics. http: //stats. oecd. org/Index. aspx [2016-04-17].

Palleye T. 2006. External contradictions of the Chinese development model export-led growth and the dangers of global economic contraction. Journal of Contemporary China, 46(15): 1-34.

Thomas I P. 2006. External contradictions of the Chinese development model export-led growth and the dangers of global economic contraction. Journal of Contemporary China, 46(15): 1-34.

UN/DESA. 2016. World economic situation and prospects. http: //www.un.org/en/development/ desa/policy/ wesp/index. shtml [2016-04-27].

UNCTAD. 2001. E-commerce and development. http: //unctad. org/en/pages/DITC/DITC. aspx[2016-04-17]

UNCTAD. 2013. Global value chains and development: investment and value added trade in the global economy. A Preliminary Analysis, UNCTAD/DIAE/2013/1, New York: 1-32.

UNCTAD. 2015. World investment report 2015: reforming international investment governance. http: //unctad. org/en/Pages/DIAE/World%20Investment%20Report/World_Investment_Report. aspx [2016-04-17].

UNCTAD. 2016. Global investment trends monitor No. 22. http: //www. unctad. org/diae/ [2016-04-27].

Wille P, Redden J. 2007. A comparative analysis of trade facilitation in selected regional and bilateral trade agreement, Asia-Pacific research and training network on trade. Working Paper Series, No. 1706.

Wilson J S, Catherine L M, Otsuki T. 2003. Trade facilitation and economic development: measuring the impact. https: //www. researchgate. net/researcher/2092058252_Wilson [2016-04-17].

Wilson J S, Catherine L M, Otsuki T. 2005. Assessing the potential benefit of trade facilitation: a global perspective. World Economy, 28 (6): 841-871.

World Bank. 1993. The East Asian Miracle: Economic Growth and Public Policy. Oxford: Oxford University Press.

World Bank. 2016a. Doing business 2016 report. http: //chinese. doingbusiness. org/data/explore economies/China [2016-04-28].

World Bank. 2016b. Global economic prospects: spillovers amid weak growth. http: //www. worldbank. org/ [2016-04-28].

WTO. 1998. Trade Facilitation – National Experience Paper. G/C/W/125. Geneva, Switzerland.

WTO. 2015. World Trade Report. http: //www. wto. org/english/ res_e/reser_e/ wtr_e. htm [2016-04-27].